DES CHANSONS

POPULAIRES

CHEZ LES ANCIENS ET CHEZ LES FRANÇAIS

ESSAI HISTORIQUE

SUIVI D'UNE

ÉTUDE SUR LA CHANSON DES RUES CONTEMPORAINE

PAR

CHARLES NISARD

TOME SECOND

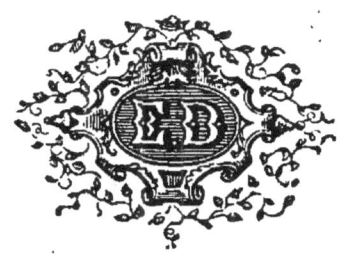

PARIS

E. DENTU, ÉDITEUR

LIBRAIRE DE LA SOCIÉTÉ DES GENS DE LETTRES

PALAIS-ROYAL, 17 ET 19, GALERIE D'ORLÉANS

1867

DES CHANSONS

POPULAIRES

TOME SECOND

PARIS. — IMP. SIMON RAÇON ET COMP., RUE D'ERFURTH, 1.

DES CHANSONS
POPULAIRES

DEUXIÈME PARTIE

ÉTUDE
SUR LA CHANSON DES RUES CONTEMPORAINE [1]

CHAPITRE PREMIER

L'AMOUR

Il n'est personne qui, en se promenant le long des quais, n'ait remarqué, de distance en distance, des files de petits cahiers imprimés, de dimension et de forme égales, étalés sur les parapets et garantis contre le vent par des morceaux de silex en guise de presse-papier ; il n'est personne non plus qui, dans certains

[1] Cette étude a déjà été publiée en grande partie, sous le titre de *La Muse pariétaire et la Muse foraine;* Paris, 1865, in-8°; caractères elzéviriens. Mais elle a reçu ici d'importantes modifications. J'ai dû, entre autres, concentrer quelquefois ou abréger mes jugements, pour faire place

quartiers où il y a encore des jardins, et où ces jardins donnent
sur la rue, n'ait remarqué le long des murs ces mêmes petits
cahiers suspendus à des ficelles, et clapotant au souffle des zé-
phirs qui les agitent en sens contraire ; on les voit encore, là où
il y a des maisons en construction, se déployer sur les décombres,
ou tapisser les clôtures en planches, à l'abri desquelles les travaux s'exécutent. Ces petits cahiers sont des chansons des rues.
C'est parce que la condition de ce genre de poésie est la même
que celle de certaine plante qui croît dans les lieux humides et
voisins des habitations, envahit les vieux murs et fleurit jusque
sur les gravois, que je lui ai donné dans ma première édition le
nom de cette plante et l'ai appelée la *Muse pariétaire*.

La *Muse foraine* est sa sœur jumelle, transplantée dans un
autre terrain. Elle végète dans les cafés-concerts, les casinos, les
cabarets, où le débitant l'offre comme appoint au consommateur ;
elle rit sous l'archet joyeux du ménétrier dans les fêtes de village, ou pousse des cris rauques par la gorge avinée des chanteurs des rues.

Les chansons de l'une et de l'autre muse sont exclusivement
à l'usage du peuple. Elles sont innombrables, bien que les sujets
en soient relativement restreints, et à ne les compter que depuis
le commencement du siècle. Il y en a peu qui soient vraiment
originales. Elles ne sont presque toutes que des redites, par le
fond et par la forme. On trouve de plus, mêlées aux plus récentes, des réimpressions de quelques-unes de Désaugiers, de
Barré, de Piis, de Brazier, de Debraux, etc. Mais elles sont là
comme dépaysées, et elles ne passent que sous la protection, et
pour ainsi dire avec la livrée des autres. Elles n'en sont pas
moins les meilleures de toutes ces chansons, et elles restent

à nombre de chansons qui ont paru depuis trois ans, et qui ont eu le plus
de vogue. J'ai aussi introduit, tantôt en note, tantôt dans le texte, plusieurs chansons anciennes ayant du rapport avec les modernes. Il m'a
semblé que la comparaison qu'on en ferait ajouterait à l'intérêt des unes
et des autres.

telles en dépit de l'avilissement où elles sont réduites, et malgré la hauteur d'où elles sont tombées. Pareilles aux chevaux de course, mais plus heureuses, elles gardent dans leur décadence la force et l'entrain de leur bon temps, au lieu que les chevaux de course, en passant par tous les degrés qui séparent le turf du tombereau, perdent l'un et l'autre et meurent sous le fouet d'un charretier brutal.

Les sujets traités dans ces chansons, à quelque époque qu'elles appartiennent, sont les mêmes invariablement. Ce n'est pas sans doute la monotonie de la perfection, mais c'est la perfection de la monotonie. Au regard seul du style, il n'y a pas plus de variété. Ce qui leur donne une date et ce qui les distingue, ce sont les événements politiques, et ils ne sont pas rares dans l'intervalle de soixante ans. A cette différence près, elles se ressemblent toutes, et l'amour, le vin, Napoléon, quelques caricatures de mœurs, un peu de philosophie et de morale plus ou moins relâchées sont leurs uniques et éternels refrains.

Examiner celles qui ont paru dans ces quinze ou seize dernières années, c'est donc les examiner toutes. Aussi ne m'occuperai-je que de celles-là, en y observant l'ordre des matières que je viens d'indiquer au paragraphe précédent.

Je commence par un honnête garçon qui n'a probablement cédé qu'à son penchant, en s'improvisant chansonnier; mais c'était un penchant trompeur, et ce brave garçon n'aurait pas dû attendre qu'un autre que lui-même le remarquât. M. Révillon (c'est ainsi qu'il se nomme), n'a pas précisément pris pour texte l'amour, dans les couplets qu'on va lire; ce sont les femmes et les agréments naturels et artificiels par lesquels elles se font aimer. C'est presque la même chose.

Oui, à Paris, les femmes sont charmantes,
Chacun admire leur goût et leurs beaux traits,
Puis, en tout temps vous les voyez aimantes;
De leurs bontés estimons les bienfaits.

Et c'est si beau de voir ces chères dames,
Car leurs appas sont doux et gracieux.
Vive Paris pour la beauté des femmes !
En les voyant on a le cœur joyeux.

Chantons toujours les beautés de la France,
C'est le pays partout très-renommé:
Voyez Paris ainsi que la Provence,
Car leur progrès est partout préféré.
L'on ne voit plus que des modes nouvelles,
C'est très-chéri en tout temps, en tous lieux ;
Les femmes sont en France les plus belles,
Aucun pays, on ne les trouve mieux.

Honneur à toi, ô belle crinoline !
Toi qu'aujourd'hui flotte dans tout Paris,
Fixe ton choix, charmante Léontine,
La nouveauté embellit le pays.
Ah ! que c'est beau, l'ornement d'une dame ;
C'est élégant, brillant à tous les yeux.
Rien n'est plus cher qu'une gentille femme,
Car auprès d'elle on est toujours heureux.

« Ces romances, dit l'auteur dans un petit avertissement, ont été faites et composées par moi, Denis Révillon, voltigeur de la garde impériale. Tous ceux qui feront la lecture de ce petit ouvrage verront bien que je ne suis pas encore bien savant. Mais enfin, le peu d'instruction que j'ai, ce n'est qu'étant soldat que je l'ai recueillie[1]. »

On ne peut s'exprimer avec plus de bon sens, de modestie et de correction. Pourquoi les vers ne sont-ils pas aussi corrects que cette prose ? Ils seraient parfaits. Mais puisque notre poëte est

---

[1] C'est à peu près ainsi, quoiqu'il s'exprime en vers, que parlait, il y a environ trois siècles, un soldat ou *compaignon aventurier* au service de la France, qui se mêlait aussi de faire des chansons. Il en fit une sur la journée de Fins (1543), petite ville située non loin de Saint-Pol et de Béthune, et près de laquelle les Impériaux furent battus par les Français.

soldat, qu'il me permette de lui dire que, comme il y a pour chaque compagnie de voltigeurs un nombre d'hommes fixé par le règlement, il y a pour chaque espèce de vers un nombre de syllabes fixé par la prosodie; que les lettres, les syllabes et les mots superflus sont aux vers ce que les passe-volants sont à ces compagnies; que dans son second vers, par exemple, la lettre finale d'*admire* est un passe-volant; que les hiatus, c'est-à-dire la rencontre face à face de deux voyelles comme *i* et *a*, dans *Oui à Paris*, sont défendus, de même qu'il est défendu dans la manœuvre de faire marcher deux compagnies de soldats en sens contraire, parce qu'elles s'entre-choqueraient. Je pourrais poursuivre ce parallèle, mais c'en est assez, je pense, pour éclairer M. Révillon, et il n'y a pas de quoi le décourager. Rien n'est louable comme les efforts qu'il a faits pour s'instruire; on ne confesse pas avec plus de candeur qu'on n'est guère savant: on ne promet pas avec plus de délicatesse qu'on le deviendra davantage.

Je voudrais bien en dire autant de M. Antoine Remy, autre chantre des femmes, et qui prend même le titre de leur *défenseur*. Mais, outre qu'il n'avoue pas aussi ingénument que M. Révillon sa faiblesse, il se montre au contraire très-jaloux de ses œuvres; il en veut être le maître et annonce qu'il en *poursuivra la reproduction*. Cela n'indique pas qu'il s'estime médiocrement.

Il y décrit le combat avec une exactitude presque minutieuse, y loue principalement Mailly, capitaine des aventuriers, et termine par le couplet suivant :

Le cronique fut fait et composé
Le jour saint Marc, environ minuyt,
D'un compaignon qui à mainte journée
En la guerre demene son deduit.
De rhétorique il n'est pas fort aduit;
Dont, s'il vous plaist, le tiendrez en excuse;
S'il a failly, point n'en fault faire bruit :
Peu faict chopper, se ung homme ne s'abuse (*a*).

(*a*) *Recueil de chansons historiques*, etc., par Leroux de Lincy, t. II, p. 51.

Voyons si la bonne opinion qu'il a de lui-même est justifiée. Il commence ainsi son plaidoyer en faveur du sexe :

> Du sexe aimable ici je prends la cause,
> En me faisant défenseur de ses droits;
> Et c'est pourquoi ma faible voix repose
> Sur la justice, et j'invoque ses lois.
> L'honnête femme ici-bas est un ange
> Dont tout chacun doit chérir la bonté.
> Pour son amour je donne ma louange;
> Gloire à la femme! hommage à sa beauté!

Le poëte, comme on le voit, s'élève tout de suite à une certaine hauteur; mais il perd haleine dès le second couplet, et retombe sur la terre au troisième :

> La femme, enfin, n'est-elle pas le guide
> De son époux et de tous ses enfants?
> Du droit chemin se faisant une égide,
> Pour sa famille a de bons sentiments;
> Quand son mari revient de son ouvrage,
> Auprès de lui goûte le vrai bonheur.
> Elle est la clef de son joli ménage,
> Par sa conduite, elle prouve un bon cœur.

Je ne sais de quel nom appeler ce trope, *se faire une égide du droit chemin*, et cet autre, qu'une femme *est la clef de son joli ménage :* ils sont d'une hardiesse à faire trembler un Beauzée et un Dumarsais. Ce n'est qu'à l'origine des langues qu'on a pu s'en permettre de pareils, alors que, selon J. J. Rousseau, les premiers motifs qui firent parler les hommes furent des passions, et leurs premières expressions des tropes.

Quand on chante la femme, on est amené naturellement à chanter l'amour. Mais ici, je ne sais pourquoi l'on est en général moins bienveillant pour lui que pour celle qui le fait naître.

Est-ce parce que, en chantant les femmes, on n'a dans la pensée
que le plaisir qu'on en reçoit, et que, en chantant l'amour, on
est effrayé du prix dont se paye ce plaisir ? ou bien, est-ce que,
dans le premier cas, on est désintéressé, et que, dans le second,
on ne l'est pas ? Quoi qu'il en soit, l'amour est ici la plupart du
temps assez maltraité, et l'on médit de lui, même en badinant
avec lui :

> Amour ! amour ! ce mot n'est que folie,
> Je n'aime pas l'entendre prononcer ;
> Ne fait-il pas le chagrin de la vie ?
> Que de regrets, quand le cœur est froissé !
> Ce petit dieu parfois est trop volage,
> Nous le voyons voltiger chaque jour ;
> Méfiez-vous surtout de son langage,
> L'amitié pur (*sic*) vaut mieux qu'un fol amour.

Ainsi chantait M. Éléonore Pecquet. Ce n'est pas un Anacréon.
S'il a été malheureux en amour, son invective est bien froide ;
s'il ne fait que se jouer sur un lieu commun, il est bien plat. Et
puis, pendant qu'il cherche à discréditer l'amour et à fonder sur
ses ruines l'amitié *pur*, ne le flatte-t-il pas un peu en disant
qu'il est *parfois* trop volage ? Mettez, mettez *toujours*, monsieur Pecquet ; la vérité n'en souffrira guère et votre vers pas
du tout. Ce qu'il y a de sûr, c'est que l'amour ne prendrait pas
votre restriction pour un compliment. C'est un drôle qui tient
plus à ce que sa réputation soit grande que bonne, et elle est
malheureusement trop bien établie pour être l'effet d'une erreur
publique. Laissez-la lui donc tout entière, et refaites-moi ce
couplet.

M. Louis Vautier, *improvisateur et chansonnier rouennais*,
établit la balance des avantages et des inconvénients de l'amour.
Ce n'est pas encore le bon moyen de lui être agréable. L'amour
veut ou qu'on soit à ses pieds ou qu'on le foule aux pieds. Il n'admet pas qu'on l'amadoue et qu'on le réprouve tour à tour. Il

se prévaut de notre bassesse pour nous tromper; il voit dans notre fureur la preuve qu'il est aimé. M. Vautier dit donc :

> L'amour est un petit trompeur
> Qui se moque de nos faiblesses,
> Quand, n'écoutant que notre cœur,
> Nous nous livrons à ses caresses ;
> Oui, l'amour est un petit gueux
> Dont on doit craindre la présence ;
> Et si par lui l'on est heureux,
> Redoutons toujours sa puissance.

> L'amour a pourtant des attraits
> Auprès d'une femme jolie ;
> Car, bien malgré tous ses méfaits,
> Il est le charme de la vie.
> Pourtant, ce n'est qu'un petit gueux, etc.

> Ici, je médis de l'amour,
> Pourtant, à tous je le confesse,
> Je m'abandonne chaque jour
> A ses transports, à son ivresse.
> Ce n'est pourtant qu'un petit gueux
> Dont on doit craindre la présence,
> Car si l'on n'en est pas heureux,
> Oui, ce n'est plus qu'une souffrance.

Allons, monsieur Vautier, vous êtes un ingrat ; votre dernier couplet en est la preuve. Craignez, quand vous serez vieux (car j'aime à croire que vous êtes jeune), d'être puni de votre ingratitude, et de sentir ce que c'est que l'ivresse et les transports de l'amour, quand il n'est plus possible de s'y abandonner.

Ceux-là goûtent mieux l'amour et les avantages qu'ils en retirent, qui font tout à fait bon marché de lui, regardent ses faveurs comme un hommage rendu à leur mérite, et accueillent ses disgrâces avec indifférence. Ce sont les hommes à

bonnes fortunes, les dons Juans et les Lovelaces. On en rencontre à tous les degrés de l'échelle sociale, et les nombreuses
chansons que j'ai sous les yeux, où leurs sentiments comme
leurs exploits en amour sont célébrés, attestent que cette scan-
daleuse engeance a des représentants jusque dans la classe la
plus humble et la plus occupée. Il va de soi que le plus souvent
c'est d'un ton extrêmement badin, et, comme on dit, à la cavalière, que les auteurs de ces chansons abordent ce sujet. En voici
une entre vingt; elle a pour titre *le Séducteur* :

> J'ai de l'amour
> Pour toute fille.
>   Gentille ;
> J'ai de l'amour,
> J'en courtise vingt par jour.

Je suis le coq, l'enfant chéri des belles,
Leur pauvre cœur mord à mon hameçon ;
Que de chagrins je cause aux demoiselles !
J'ai le malheur d'être trop beau garçon.
    J'ai de l'amour, etc.

De cent beautés j'ai de la chevelure,
Leurs billets doux servent à me friser ;
J'ai leur portrait, charmante miniature,
Qui m'a coûté rien qu'un petit baiser.
    J'ai de l'amour, etc.

Je suis vraiment la terreur des familles,
Chères mamans, prenez bien garde à vous,
Sous les verrous retenez bien vos filles,
Rien ne résiste à mon aspect si doux.
    J'ai de l'amour, etc.

Pauvres amants, j'enlève votre mie,
Elle est à moi, c'est bien vous outrager :

> Mais si jamais un jour je me marie,
> A votre tour vous pourrez vous venger.
> J'ai de l'amour, etc.

Il est vrai que tout cela n'est que pure fanfaronnade. Force gens, en effet, se vantent de n'avoir jamais rencontré de conquêtes difficiles, et content cent aventures qui ne leur sont point arrivées. Mais outre que ces vanteries sont insupportables, ceux qui ont quelque expérience des choses n'ignorent pas que ces mêmes gens sont encore plus indiscrets qu'heureux, et que ce défaut les recommande auprès d'un très-grand nombre de personnes du sexe. On me dira que cela est trop effronté pour séduire les cœurs et les empoisonner ; je le veux bien. Cependant je pourrais citer, si elles n'étaient trop lestes, d'autres pièces du même genre, où, au travers d'un style rude et grossier, on distingue quelque talent, avec la marque que les auteurs ont bien pu joindre la théorie à la pratique. L'amour apprend aux ânes à danser, dit un proverbe, et à chanter aussi.

Les filles trompées et délaissées ne le sont généralement que par des vauriens de cette espèce. Si quelque chose pouvait neutraliser le venin de chansons pareilles à celle qu'on vient de lire, ce serait le nombre beaucoup plus grand de celles où l'on peint les suites de la séduction, et où l'on anathématise les séducteurs. La poésie, par malheur, en est déplorable. Le sentiment moral y est bien tout entier ; mais on souffre de l'embarras avec lequel il s'exprime, tandis que le sentiment contraire n'en éprouve aucun, et parle même quelquefois avec esprit.

Parmi les poëtes qui se sont exercés sur ce triste sujet, la séduction, je nommerai M. Baugé de Villeneuve et M. François Durand, *natif d'Angerville-l'Orcher*. Le premier a écrit *Nelly la blonde, ou les Suites d'une séduction, chanson historique*. C'est un petit drame dont chaque couplet est, pour ainsi dire, un acte. Dans le premier, la mère conseille à sa fille de ne pas quitter le village, de peur de perdre l'auréole de sa vertu. Dans le second, la jeune fille part, nonobstant les conseils de sa mère. Dans le troisième, elle est séduite. Voici les deux derniers :

L'ABANDON.

Mais l'an d'après sombre et rêveuse,
Elle cheminait tristement,
Portant l'enfant, la malheureuse,
Coupable fruit de son égarement.
Adieu, dit-elle. Ah! tout espoir s'envole!
Fuyons, fuyons ce séjour de malheur.
Ah!
De ma vertu j'ai perdu l'auréole,
Pour me parer du sceau du déshonneur[1].

RETOUR AU VILLAGE ET MORT.

C'est ainsi que la pauvre fille
Venait de rentrer au hameau,
Sans appui, près de sa famille,
Car de sa mère elle voit le tombeau ;

[1] Les chansons du XIIIe siècle offrent souvent cet exemple et ce résultat de la séduction. En voici un couplet tiré du *Romancero françois*, p. 32 :

En chambre a or se siet la bèle Béatris,
Demente soi forment, en plourant fait ces cris :
« Hé Diex, conseilliez moi, biau pères Jésu Cris,
Enchainte sui d'Ugon, si qu'en liève mes gris (a)
Et a moillier me vuez prendre li dux Henris. »

On lit dans les *Carmina Burana*, au recueil intitulé : *Bibliothek des literärischen Vereins in Stuttgart*, XVI, p. 172 (Stuttgart, 1847, in-8°), une chanson où la jeune fille, qui en est l'objet, regrette d'autant plus le départ de son amant chassé par son père, que,

Nam venter intumuit,
Partus instat gravidie.

(a) Robe de gris.

> Elle chancelle, et sur l'herbe encore molle
> Des pleurs versés par sa plus jeune sœur,
>   Ah !
> Nelly mourut, regrettant l'auréole
> Que sut flétrir le sceau du déshonneur.

La chanson de M. Durand est *au sujet d'un amant trompeur*. C'est le titre d'une pièce de l'Anthologie grecque ; celui de M. de Villeneuve est le titre d'une pièce de la Porte-Saint-Martin. M. Durand suppose qu'un jeune garçon, qui *fréquentait* une jeune fille,

> Faisait semblant de l'adorer,
> Pour passer un moment son envie,
> Lui promettant de l'épouser.

Cet indigne manége dura deux ans. La pauvre fille espérait toujours se marier ; mais

> Par malheur, elle se trouve enceinte ;
> Son amant ne veut plus l'épouser.
> Il renonce à une tendre amie,
> Nuit et jour qui ne fait que l'aimer ;
> Cette pauvre fille si jolie,
> Très-souvent on la voit pleurer.

Tant de placidité dans le poëte racontant l'acte le plus lâche de la même manière qu'il dirait *bonjour*, est la marque, ou d'un grand stoïcisme, ou d'une sensibilité qui ne prodigue pas les démonstrations. Pour moi, à l'aspect de cette fille *qu'on voit pleurer très-souvent*, je suis tenté de rire, la douleur de la victime étant si disproportionnée à son infortune. M. Durand continue :

> Un matin, cette fille charmante
> Vit l'amant qu'elle n'a cessé d'aimer.
> Conservant sa même foi d'amante,
> Elle voulut encore l'embrasser,

Le cruel amant, sans tendresse,
Tout aussitôt la repoussa.
Comme c'est la troisième qu'il délaisse,
Le ciel juste le punira.

A la bonne heure ! mais qui dédommagera la fille séduite ?
O poëtes, ou soi-disant tels, qui composez des chansons pour le
peuple, et qui en empruntez les sujets à la vie du peuple, préve-
nez la vengeance du ciel en pareil cas, ou plutôt soyez-en vous-
mêmes les instruments. Flétrissez de vos plus noires couleurs
les misérables qui se jouent de l'honneur des filles, et n'ayez
pas l'air, en bégayant l'anathème, de participer à leur lâcheté
après qu'ils ont commis la faute, à leur apathie, quand ils de-
vraient la réparer.

M. Durand finit par cette réflexion :

Vous autres fillettes jeunes et belles,
    Prenez bien garde aux malheurs :
Les garçons ne sont pas toujours fidèles,
    Pour la plupart ils sont trompeurs.
    Quand vous rêvez le mariage,
    Vos amants vous trompent souvent ;
Et sitôt que vous êtes en ménage,
    Vous n'éprouvez que du tourment.

Certes, la morale est bonne. Que n'en puis-je autant dire de
la poésie ! Et cela s'imprime et se tire à des milliers d'exemplaires ! Cela même a les honneurs du Recueil, et se chante à
Paris ! Si la poésie est le langage des dieux, M. Durand n'est pas
dieu encore et n'est pas près de le devenir ; à moins qu'il ne
veuille nous laisser le mérite de croire en lui, sans qu'il prenne
la peine de se découvrir.

Il est digne de remarque que tous ces tableaux des effets de
la séduction n'ont pour sujets que des jeunes filles, et qu'il n'y
est jamais question de femmes mariées ; je n'en trouve un exem-

ple que dans une seule chanson et dans un seul couplet. On y fait l'éloge de l'adultère. L'auteur est M. Frédéric Fourchotte.

> D'un vieil époux impotent et goutteux,
> Avec plaisir je vois l'humeur jalouse,
> Quand un amant près de sa jeune épouse,
> Vient chaque nuit, et s'en retourne heureux.

D'où vient cette exclusion? Serait-ce de ce que le délit d'adultère est plus rare dans le peuple, où la passion est plus exempte de vanité? Je l'ignore et, à dire le vrai, j'en doute. Cependant, il y aurait dix fois moins d'adultères, si la vanité n'intervenait entre les coupables et n'opérait leur rapprochement. Que le peuple se croie le droit d'être vain en amour, comme il ne se gêne pas pour l'être en toute autre chose, je n'en disconviens pas ; il faut avouer pourtant qu'il n'en a guère le loisir. Soit donc qu'il ait véritablement de l'amour, soit qu'il n'en ait que l'illusion, il s'adresse de préférence aux jeunes filles, dans la pensée ou de leur fausser compagnie après la satiété, ou, s'il a du cœur, de faire sanctionner un jour par la loi les unions qu'il contracte par provision et sans cérémonie.

Rien de plus simple, de plus facile que d'aimer. La nature nous en marque le temps, nous en désigne l'objet, et agit toujours sans nous consulter. Elle ne nous permet même pas de choisir, ni d'aimer ailleurs ou autrement qu'elle a décidé. Il est vrai qu'elle souffre qu'on lui résiste, et on lui résiste quelquefois avec succès, mais c'est un privilége qui n'appartient qu'aux âmes d'élite. Le plus grand nombre cède et est heureux de céder. Une fois qu'on y est résolu, on veut recueillir au plus vite le fruit de sa soumission, et parce qu'il y faut le consentement d'un tiers, il faut le demander d'abord et par conséquent se déclarer. C'est là le difficile. Nos chansonniers offrent quantité de formules employées dans ces circonstances délicates. Il y en a d'abord et

surtout pour ceux qui, novices encore et impatients de posséder
leur objet, le supplient et l'adjurent avec des larmes ; il y en a
ensuite pour ceux qui, en possession de cet objet, et croyant y
rencontrer de la lassitude et de la froideur, s'en plaignent avec
humeur ou découragement ; il y en a pour les délaissés qui se
jettent à genoux et s'arrachent les cheveux, comme si cette pantomime violente devait produire sur un cœur inconstant le même
effet que l'aimant sur le fer ; il y en a pour les infidèles qui se
repentent et implorent leur grâce ; il y en a enfin de tendres et
d'exaltées, d'humbles et de fières, de burlesques et d'impertinentes, de grossières et de niaises. Donnons quelques échantillons de tous ces genres.

M. Eugène Lévy (un brun, je suppose), dans une pièce intitulée *Blondette*, se déclare en ces termes à l'aimable enfant :

> A ton âge, fraîche et jolie,
> Dis-moi, qui ne pourrait t'aimer ?
> De tous les trésors de la vie,
> Toi seule, hélas ! sus me charmer.
> Autant que ma mère je t'aime
> Et jure de t'aimer toujours ;
> Si tu voulais m'aimer de même,
> Blondette, à nous tous les beaux jours !
>
> Oui, de ta blonde chevelure,
> De ta bouche, de tes doux yeux,
> De ton pied, ta main, ta tournure,
> Blondette, je suis amoureux ;
> A toi, qui m'enivre et m'enflamme,
> Ici, je le dis sans détours,
> Si tu voulais être ma femme,
> Blondette, à nous tous les beaux jours.

M. Leroy est quelque honnête jeune homme, continent comme
Joseph, qui redoute les épreuves où sa vertu et celle de son

amante pourraient succomber, et veut aimer celle-ci pure, quoiqu'elle le boude à cause de sa réserve :

> Boude-moi, si tu veux, jeune Claire,
> De mes sens je resterai vainqueur ;
> J'ai trop peur qu'un baiser téméraire
> Ne fasse une tache sur ton cœur.
>   Aux champs, quand les fleurs demi-closes
> Dans l'air viennent nous embaumer,
> Pure comme l'odeur des roses,
> C'est ainsi que je veux t'aimer.

M. A. Pernet a moins de scrupules ; il est plus exigeant et
surtout très-pressé :

> Ange, crois-moi, ton doux regard m'inspire,
> Ton front serein et ta noble candeur,
> Tes doux appas, sujets de mon martyre ;
> Là, je t'avoue la pensée de mon cœur.
>
> Accorde-moi, amante que j'adore,
> Accorde-moi, pour calmer ma douleur,
> De ton rosier le bouton prêt d'éclore,
> Son doux parfum, sa première fraicheur [1].

C'est un peu vif, nonobstant les hiatus et les syllabes para-
sites ; mais ces défauts disparaissent sous le feu de la déclaration.
  Que dirai-je de M. Henri Para, confondant Dieu et sa maîtresse dans une même adoration, et finissant même, lorsqu'il
s'élève au paroxysme de la passion, par éliminer Dieu, pour
n'adorer plus que l'idole ?

> Sans Dieu, sans toi, tout est néant, chimère,
> - Vous êtes seuls des chefs-d'œuvre parfaits.

---

[1] La chevalerie, au moyen âge, demandait la même chose et n'y mettait
pas tant de façons. Autre temps, autres mœurs. Voici une très-jolie chanson du XIIe siècle, tirée d'un Ms. de la bibliothèque de Saint-Omer, n° 351,

Comme le sien, ton être est un mystère;
Vivre sans toi, le pourrais-je? jamais.

Jamais, jamais d'une aussi vive flamme
Un autre cœur ne se consumera;
Jamais, jamais, tant que tu seras femme,
Mon cœur du tien ne se détachera.

que je m'abstiens de traduire, à cause de la difficulté de rendre, par des équivalents français un peu décents, certains détails qui ne le sont pas assez :

Sole regente lora
Poli per altïora,
Quædam satis decora
   Virguncula
     Sub ulmo patula
     Consederat;
     Nam dederat
     Arbor umbracula.

Hora meridiana
Transit; vide Titana;
Mater est inhumana :
   Jam pabula
     Spernit ovicula;
     Regrediar,
     Ne feriar
     Materna virgula.

Quam solam ut attendi
Sub arbore descendi,
Et veneris ostendi
   Mox jacula,
     Dum noto singula,
     Cæsariem
     Et faciem,
     Pectus et oscula.

Signa, puella, poli
Considerare noli,
Restant immensa soli
   Curricula,
     Placebit morula,
     Nil temere
     Vis spernere
     Mea munuscula.

«Quid, inquam, absque pari
Placet hic spatiari,
Diones apta lari
   Puellula?
     Nos nostra vincula
     Si pateris,
     A Veneris
     Disjungunt copula.

Muneribus oblatis
Me flecti ne credatis,
Non frangam castitatis
   Repagula;
     Non hæc me fistula
     Decipiet,
     Nec exiet
     A nobis fabula.

Virgo decenter satis
Subintulit illatis :
Hæc, precor, omittatis
   Ridicula;
     Sum adhuc parvula,
     Non nubilis,
     Nec habilis,
     Ad hæc opuscula.

Quam mire simulantem
Ovesque congregantem
Pressi nil reluctantem
   Sub pennula,
     Flore et herbula
     . . . .
     . . . præbente
     . . . . cubicula.

2.

Je te l'ai dit, toi seule es mon idole,
Mon avenir, mon espoir, mes souhaits,
Mon sang, mon tout, mon souffle, ma parole;
Vivre sans toi, le pourrais-je? jamais.

Avec M. Bigorie nous sommes transportés dans les hautes sphères des amours royales. C'est un épisode tiré d'un conte de Perrault ou de madame d'Aulnoy ; c'est un roi qui aime la blanche Marguerite et qui lui offre sa couronne, si elle veut bien l'aimer en retour. Sans doute, la vivacité d'une déclaration d'amour n'est pas une preuve qu'elle soit sincère, et le caprice a souvent la même éloquence que la passion vraie ; mais ici, il n'y a pas à se méprendre. Le roi est aussi honnête qu'amoureux ; il veut épouser Marguerite et la couronner.

Si tu voulais, ange pur et suave,
Pour te cacher loin des regards jaloux,
De souverain je me ferais esclave,
Et je voudrais t'adorer à genoux.
Si tu voulais du tourment qui m'agite,
Faire un bonheur, en me donnant ta foi,
Pour ton amour, ma blanche Marguerite,
Je donnerais ma couronne de roi.

Si tu voulais, de ton regard si tendre,
Rayons d'azur et de feux inconnus,
Beauté du ciel, oui, tu pourrais m'apprendre
Tout le bonheur que Dieu donne aux élus.
Si tu voulais, etc.

Mais tu souris, c'est le ciel qui rayonne,
C'est le bonheur qui renait sur mes jours.
A moi ton cœur, c'est Dieu qui me le donne,
A toi ma vie et mon âme toujours.
Non, désormais, ma blanche Marguerite,
Plus de douleur; je veux auprès de toi
Mettre à tes pieds tout l'amour qui m'agite,
Et sur ton front ma couronne de roi.

Si le roi voulait faire de Marguerite seulement sa maîtresse, il est clair qu'il ne lui parlerait pas ainsi; il lui parle comme à celle dont il veut faire la reine, et qui seule peut lui donner un dauphin. J'insiste là-dessus, et voici pourquoi.

La chanson de M. Bigorie a provoqué une réponse de la part de M. de Villeneuve. Celui-ci semble possédé de l'idée qu'un roi ne saurait être vrai, même en amour. Il en conclut que le nôtre veut *flétrir* celle qu'il aime du nom de *favorite*; il l'apostrophe dans les termes les plus impolis, et lui défend, comme le ferait un républicain de la vieille roche, de souiller ce *bel ange*, en le couronnant. C'est un discours de Barrère, écrit en lignes rimées, avec une ritournelle à l'avenant :

Ah ! pourquoi donc vouloir de Marguerite
Ceindre le front d'un bandeau de rubis,
Pour la flétrir du nom de favorite ?
Non, laisse-lui ses vertus et leur prix.
Aimer un roi, c'est devenir esclave,
D'un pur amour c'est entacher la foi.
Respecte au moins ce bel ange suave,
Que souillerait ta couronne de roi.

A tes parfums, trésors de l'Arabie,
Elle préfère une rose des champs,
Un doux baiser de sa mère chérie,
Le souvenir de ses jeux innocents
Ne trouble pas de son âme candide
Le calme pur que lui donne la foi;
Respecte au moins le bel ange timide
Que souillerait ta couronne de roi.

Sur ton blason, va, si l'or étincelle,
Sur son beau front resplendit la candeur.
Jamais l'argent dans sa pauvre escarcelle
Ne vint s'enfouir avec le déshonneur.
Ne ternis pas l'éclat dont elle brille;
Ah ! laisse-lui les douceurs de la foi;

_ Respecte au moins l'aimable jeune fille
Que souillerait ta couronne de roi.

Il résulte de ce pompeux galimatias que M. de Villeneuve n'a
pas compris M. Bigorie. Peut-être même n'a-t-il pas voulu le
comprendre, pour ne pas perdre une chanson qui, à en juger
sur l'apparence, a dû obséder son génie, et qui de plus est une
sorte de profession de foi politique.

Mais poursuivons.

Je viens de lire, et je m'en vante, l'*Album chantant pour
1856 ; dix chansons toutes nouvelles par Pierre Malet*. Voici
les titres de quelques-unes : 1° *Versification sur les perles de
Paris ;* 2° *Épître au néant, quand le soleil passe sous terre;
3° la Nouvelle Héloïse et M. de Saint-Preux, ou les rêves de
J. J. Rousseau, ses amours et sa philosophie; 4° l'Amour de
l'argent, philosophie de J. J. Rousseau; toujours dans la
Nouvelle Héloïse; 5° les Amours de J. J. Rousseau; ses pensées vis-à-vis des femmes ; toujours dans la Nouvelle Héloïse;
6° les Merveilles de Paris, dédiées aux savants de la France
et à mes amis les maçons et les mécaniciens, etc., etc.*

Ces titres seuls sont une enseigne. On ne les a pas plutôt lus,
qu'on croit deviner, ou à peu près, ce que renferme la boutique.
On se trompe, toutefois, ou l'on ne devine que très-imparfaite-
ment. Pour peu qu'on pénètre au delà de l'enseigne, on est
frappé de l'obscurité, de la confusion qui règne de toutes parts,
et il n'est pas possible, au milieu de ce tohu-bohu, de distinguer
quoi que ce soit qui ressemble à quelque chose d'un peu raisonnable. On n'y reconnaît que l'œuvre d'un esprit malade, les
rêves d'une imagination enflammée par de mauvaises lectures,
et cette incohérence d'idées qui nous frappe dans ceux qui ont le
transport au cerveau. Et puisque je suis sur le chapitre des dé-
clarations, j'extrairai de ce recueil celle de *monsieur de Saint-
Preux*, comme l'auteur le nomme, à *mademoiselle Héloïse*.
On remarquera seulement que cette déclaration n'est pas le pre-

mier aveu d'un cœur épris à la personne aimée, mais la nouvelle assurance, puisqu'il faut le dire, des sentiments dont il est
rempli, et pour lesquels il a déjà reçu sa récompense.

L'auteur l'a fait précéder de cet avertissement :

« Ce chant philosophique est distribué en plusieurs romances
et couplets détachés du philosophe, qui sont autant curieux à
lire pour les lecteurs que pour les chanteurs. »

Viennent ensuite le titre de la romance et la romance elle-
même. J'aurais voulu citer en abrégeant, mais, comme les mauvaises herbes qui occupent depuis longtemps un terrain inculte,
repoussent la charrue et se jouent des efforts du laboureur, les
anomalies, les monstruosités de cette pièce étrange ont fait
reculer ma plume et rendu inutiles tous mes efforts pour les
abréger.

LA NOUVELLE HÉLOISE AVEC M DE SAINT-PREUX.

T'en souviens-tu, sous le vieux chêne,
Quand la nuit était si belle,
Mon bras passé sous le tien,
Et les baisers de la veille
M'embrasaient le lendemain.
Et là sous le vieux chêne,
J'ai vu mon étoile pâlir
Pour le bouton de la rose.
J'ai cru que j'allais mourir,
Et que la rosée de la terre
Allait m'ensevelir,
Et de la fleur si chère
J'aurai toujours le souvenir.

Mon amour n'est pas folie,
Ah ! je t'aimerai toute ma vie,
Ah ! donne-moi, je t'en prie,
Cette fleur si chérie, qui vient de Marie,
Ou pour toi je vais mourir:
Vois-tu ma tombe qui s'ouvre ?

Ma cendre sera ton zéphyr,
Et tu pleureras sur ma tombe,
   Cela te fera mourir.
Pour nous unir dans l'autre monde,
C'est pour toi que je veux mourir.
   Et la fleur de ma tombe
   Te fera toujours pâlir.

T'en souviens-tu? chère Héloïse,
   Sous le tilleul et la brise.
Là tes baisers étaient brûlants,
Et ton haleine était si douce ;
   Elle embrasait mes sens ;
Le rossignol, battant des ailes,
Nous électrisait par son chant,
   Et l'étoile du monde
Nous unissait au firmament.
   Et ton âme et la mienne
   S'uniront tout le temps
   Du passage de terre
Qui couronne tant d'enfants.

T'en souviens-tu? sur la fougère,
   Quand le feu et le tonnerre,
   Tout tremblait sur la terre,
Tu croyais que c'était ta mère
   Qui nous suivait de loin ;
Et c'étaient les nuages emportés par le vent
   Qui nous cachaient les étoiles.
   Et la lune en passant,
   Et ta figure de vierge
   Roulait des larmes en marchant.
Je les essuyais sur tes paupières,
   Sur ton visage brûlant,
   Et sous les grottes si belles
   Ton cœur était ravissant.

Je défie bien, même, les interprètes de l'Apocalypse, de comprendre quelque chose à ce galimatias triple. Il fallait montrer

néanmoins comment il est possible de maltraiter une langue, et
de faire de la plus répandue et la plus claire du monde un
ramassis de mots et d'idées qui n'appartiennent à aucune, et
qui sont les ténèbres mêmes. Voilà les enseignements et les
récréations que M. Pierre Malet donne au peuple, et tels sont
les loisirs au moyen desquels il croit se rendre célèbre. Je le
conjecture du moins, et la réserve qu'il fait de son droit de propriété donne une grande certitude à cette probabilité. On lit,
en effet, au bas de son recueil, cet avis adressé à ceux qui vou-
draient spéculer sur sa gloire et lui en dérober les profits :
« Toute contrefaçon sera poursuivie selon la rigueur des lois. »
Soyez tranquille, monsieur Malet, non-seulement vous serez
protégé par les lois humaines, mais encore par la loi naturelle.
Cette loi, au témoignage de Napoléon Ier, n'est autre que celle
de l'intérêt et de la raison, et l'un et l'autre vous répondent
que personne n'aura jamais l'envie ou de vous contrefaire ou de
vous imiter.

Mais égayons un peu cette matière. Aussi bien, à lire ces dé-
clarations langoureuses, brûlantes, emphatiques et folles, on en
devient maussade, si l'on n'en perd l'envie d'être amoureux. Je
tiens à constater d'ailleurs que l'austère M. de Villeneuve lui-
même s'ennuie parfois à suivre sa muse dans les hauteurs où
elle s'égare, et que de temps en temps il la ramène dans des
régions plus accessibles aux simples mortels, et d'un aspect
moins sauvage. Le genre burlesque et grivois lui sied mieux.
Hors de là, il est comme une carpe jetée sur le pré, il s'agite
beaucoup, puis se pâme. Sa déclaration de *Nigaudon l'amoureux* ne manque pas de gaieté :

REFRAIN.

Fixez-mai, mamz'ell' Jann'ton, etc.

J' sais ben que j' somme un peu louche,
C' qui fait dire à mon rival

Que j'avons l' regard farouche ;
Mais j' soutiens qu' ça n' va pas mal.
D'ailleurs, je n'y vois pas double :
J' voyons ben qu' vot' petit cœur
En m' considérant se trouble,
Car vous vous sauvez de peur.
Fixez-mai, etc.

Aux agréments de ma figure,
Je joins d'autres qualitai,
D'un canard j'ons la tournure,
Quand j' me balançons d' côtai.
Écoutez ben ma franchise,
J' sais que je fais des jaloux,
Car j' brillons dans la bêtise,
Vous l' savez ben entre nous.
Fixez-mai, etc.

Je ne suis pas aussi content du ton de M. L. C.[1] dans sa *Jolie blanchisseuse de Paris*. Ses jeux de mots sont un peu froids. La langue française se prête si complaisamment aux jeux de mots, qu'on ne saurait être trop sévère sur leur qualité. La chanson de M. L. C. est un dialogue entre une blanchisseuse et son amoureux :

LA DÉCLARATION D'AMOUR.

Je n'ai sur mon âme,
Trève ni repos ;
Mon cœur a pris flamme
Près de vos fourneaux.
Dans tout l'univers,
Il n'est que toi seule que j'aime.
A porter les fers,
Oui, mon bonheur serait extrême.
A mon long martyre,
Daigne mettre fin ;
Cesse de me dire :
Repassez demain.

[1] M. Léon de Chaumont.

RÉPONSE DE LA BLANCHISSEUSE.

Lorsque je rapporte
Mon linge aux chalands,
J'entends de la sorte
Bien des compliments.
Malgré leurs discours,
J'ai fait serment de rester sage.
Je réponds toujours
A ces beaux oiseaux de passage :
A votre martyre,
Au lieu d' mettre fin,
J'aime mieux vous dire :
Repassez demain.

M. Victor Gaucher travaille dans le même genre que M. L. C. On ne dira pas de ses équivoques qu'elles s'appliquent à diverses choses sur lesquelles on peut porter des jugements divers ; elles regardent celles où il n'y a qu'un avis, et sont aussi grasses que dépourvues d'ambiguïté. Jugez-en plutôt.

REFRAIN

J' suis amoureux d' toi, j' t'offre mon cœur,
Ma charmante Lise,
Il faut que j' te l' dise ;
J' suis amoureux d' toi, etc.

Je vois bien d'avanc' ce qui t' contrarie,
C'est qu' pour mon état tu prends du dégoût.
Mais avec toi, Lis', si je me marie,
Dans bien peu de temps t'y prendras du goût.
J' suis amoureux, etc.

Oui, tous les matins tu viendras, Lisette,
Faire une prom'nade à mon atelier,
Respirant l'air pur de la P'tite-Villette,
Tu seras heureus' de m' voir travailler.
J'suis amoureux, etc.

Notre état déplaît, c'est une infamie,
On l' fait par besoin, par nécessité.
Si personn' voulait fair' notre partie,
Le public serait bientôt embêté.
J' suis amoureux, etc.

Si j' peux m'établir, les choses s'ront plus claires ;
On me r'connaitra parmi les patrons ;
Je puis t'assurer que j' f'rai mes affaires,
Car je ne crois pas que j' mang'rai mon fonds.
J' suis amoureux, etc.

On devine à ce langage la profession de l'amoureux ; je ne la nommerai donc pas. Le lecteur doit comprendre que tout n'est pas rose dans le métier de critique, et qu'il nous faut sonder les plaies pour les guérir. N'oublions pas que ces aménités ont pour objet de divertir le peuple, et que mes remarques, si elles passent sous les yeux de ceux qui s'arrogent cet emploi, peuvent les contraindre à le déposer ou à l'ennoblir.

Le mariage est plus ou moins le commencement de l'amour ; il passe aussi pour en être le tombeau. Telle est du moins l'opinion de nos chansonniers, et cette opinion est unanime. « L'Apôtre nous avertit que nous sommes enfants de malice, » et la malice, chez nous, est la mère de la chanson.

Si le mariage est le tombeau de l'amour, ne serait-il pas le berceau de l'amitié ? En tous cas, entre ces deux termes, il y a autant de nuances de sentiment que d'individus.

En général, le peuple a un penchant très-vif à médire du mariage. C'est qu'il en fait l'épreuve la plus douloureuse. Aussi cherche-t-il volontiers à s'y dérober, en contractant, comme Rousseau, à la face du soleil, des unions qu'il peut rompre de même. Ajoutons que la plupart du temps le concubinage est pour lui un essai où les jeunes gens des deux sexes s'observent et s'étudient pour savoir s'ils se conviendront. C'est entamer le roman par la fin. Sur ces entrefaites, les enfants viennent, la nature parle au cœur des pères plus haut que l'égoïsme ; ils ju-, gent que la condition, objet d'abord de leur défiance, ne peut être pire que leur condition actuelle ; ils se lassent d'avoir à rougir de leur postérité, et ils finissent un jour par où ils auraient dû commencer.

Quoi qu'il en soit, le mariage, je le répète, est celle de nos institutions civiles qui offre le plus de prétextes à la malignité humaine. Remarquez que cette disposition est particulière aux temps modernes. L'antiquité ne l'a point connue, et si elle s'est souvent raillée des maris malheureux, elle a rarement diffamé le mariage. Le contraire chez nous est un lieu commun. Le peuple, comme je l'ai dit, en use sans scrupule, et ses poëtes, comme on va le voir, font tout ce qu'ils peuvent pour entretenir cette mauvaise habitude ; la bourgeoisie en use également, mais avec plus de circonspection. Or, dans ce pays où les meilleures choses ne résistent pas toujours au ridicule, cet accord ne pronostique rien de bon pour le mariage, et peut-être serait-il convenable de s'en préoccuper davantage. Cependant, médire du mariage est le plus souvent une manie. La plupart craindraient de se singulariser en en disant du bien, et, alors même qu'ils n'y trouvent pas toutes leurs aises, ils y trouvent la considération, le respect, la fortune quelquefois, et, de gré ou de force, ils s'en accommodent. Ensuite, ils sont témoins chaque jour des inconvénients du célibat et des misères des liaisons illégitimes, et ils ont assez de bons sens, d'ailleurs, pour reconnaître que le bonheur sans mélange, dans quelque condition que ce soit, est une chimère. On se marie donc et on se mariera toujours. L'auteur des *Quinze joyes de mariage* ne pensait pas différemment. C'est pourquoi, en faisant le tableau des tribulations du mariage, il termine tous ses chapitres par cette ritournelle originale bien que peu engageante : « Là vit le pouvre homme en peine et tourment qu'il prend pour joye. Or,

est-il en la nasse bien embarré, et s'il n'y estoit, il se y met-
troit à grande haste. »

Qu'on ne s'étonne donc plus si les chansonniers, interprètes
du préjugé populaire, travaillent constamment à nous détourner
du mariage et se moquent de ceux qui se marient; s'ils le peignent tantôt sous les couleurs les plus noires, tantôt en carica-
ture : ils ne font que répéter ce qu'ils ont entendu et peut-être
eux-mêmes éprouvé.

Tu veux t'marier, ma pauv' Nicolle,
O faiblesse, ô cupidité !
Tu veux t'marier, mais t'es donc folle ?
Tu n'aim's donc plus ta liberté ?
Écout', tiens, v'là la vérité :
Pour bien savoir ce qu'en vaut l'aune,
Consult' les femm's en pareil cas;
Il n'en est pas un' qui n' te prône :
N' te mari' pas, n' te mari' pas.

. . . .
Parbleu, s'il faut en croir' les hommes,
L' mariag' doit être un gai pass'-temps ;
Pour en jouir, faibles qu' nous sommes,
A plein collier nous donnons d'dans ;
Mais ça dur' tout au plus trois ans.
De soins l' premier on nous accable,
L' second, on néglig' nos appas ;
L' troisième on nous envoie au diable.
N' te mari' pas, etc.

. . . .
Enfin, lorsqu'avec ou sans peine,
Sous les lois d'hymen tu vivrais,
Et qu' des pauv's enfants par douzaine
Auraient décoloré tes traits,
Et démoli tes pauv's attraits ;
Tu pleurnich'rais trop tard, ma chère ;
Puisqu' t'es libre et sans embarras,

Fais donc comme a fait ta pauv' mère.
N' te mari' pas, etc.

Tel est le conseil qu'une tante donne à sa nièce par l'intermédiaire de M. Blondel. Ne pensez-vous pas qu'il y a des chances pour que la nièce écoute la tante, ne fût-ce que par esprit de famille et pour ne - pas déroger? Cependant elle se marie, et, après avoir vu se réaliser plus ou moins les prédictions de sa tante, elle devient veuve. C'est trop de bonheur. Mais admirez la légèreté des femmes et leur peu de mémoire! Le temps du deuil est à peine passé, qu'elle songe à se remarier. Là-dessus, elle reçoit d'une de ses amies l'épître suivante, dictée par M. Sénéchal :

Eh quoi, tu t'ennui's d'être veuve,
Et tu veux te marier encor,
C'est une bien cruelle épreuve :
Un mari n'est pas un trésor. (*bis*)
Dam ! si ta liberté te lasse,
Tes plus beaux jours seront perdus,
Je voudrais bien être à ta place ;
   N' te mari' plus. (4 *fois*)

Tu sais bien que le mariage,
Nous pouvons le dire entre nous,
Est un bien cruel esclavage ;
Car les maris sont si jaloux. (*bis*)
Le mien en est devenu bête ;
Tous mes regrets sont superflus,
J'en ai bien par-dessus la tête ;
   N' te mari' plus. (4 *fois*)

S'il te restait un héritage
De celui qui vient de mourir,
Ah ! peut-être le mariage
T'offrirait un grand avenir. (*bis*)

3.

> Mais pas l' sou, rien que d' la misère,
> Et lorsque passent ces Crésus,
> Faut payer pour les mettre en terre;
> N' te mari' plus. (4 *fois*)

Mais il ne sera pas dit que la mauvaise humeur de quelques femmes misanthropes empêchera les autres de se remarier. Il y a moyen de confondre leurs raisonnements, et peut-être même de les réconcilier avec l'ennemi. En effet, même avec la perspective d'être mal mariée, une femme, si elle sait se conduire et si elle a été stylée, peut trouver dans son état des compensations, et, sans que sa conscience en soit seulement émue, tirer parti au profit d'elle-même des plus amères déceptions de la communauté. C'était le sentiment d'une aimable personne que M. Demanet introduit, et qui adresse à son amie le conseils que voici :

> Ma chère ami', j' te sais du zèle,
> Mais d'après mon p'tit raisonn'ment,
> N'y a pas d' chance à rester d'moiselle;
> Ta liberté, ton agrément,
> Ça n' vaut pas un établissement.
> T' as bonn' min', j' te connais rusée,
> Tu séduiras qué'qu' gros dindon;
> Puisque tu t'es bien amusée ;
> Marie-toi donc. (4 *fois*)

> D'un' malheureus' petit' faiblesse,
> Un mioch' des fois va résulter ;
> Qu'est-c' que t' en f'ras, pauvre diablesse,
> Si personne ne vient l'adopter ?
> Conjoint', t'as pas à t' tourmenter.
> J' suppos' que pour qué'qu' badinage,
> Ton époux t' laisse à l'abandon ;
> N'y a pas d' bâtards dans l' mariage,
> Marie-toi donc. (4 *fois*)

> Y a des pouvoirs qu'un homm' s'arroge,

Sans plus qu' nous en avoir le droit ;
S'il arrivait qu' ton gueux déroge,
Au lieu d' rester dans l' chémin droit,
Fais l' bonheur d'un amant adroit ;
D'ailleurs, aussitôt qu'un homme aime,
Et qu' ton pauvr' cœur bat l' rigodon,
T'es pas forcé' d' t'en t'nir au même,
Marie-toi donc. (4 *fois*)

Je m'arrête, car la chanson n'a pas moins de dix couplets.
Mais ces trois suffisent pour montrer que les argumen!s contre
le mariage ne sauraient prévaloir sur ceux qui sont en sa faveur.
Ceux-ci en effet sont très-persuasifs, et si le système qu'ils ont
pour objet de faire adopter réussissait jusqu'au bout, non-seulement le mariage serait pour une fille le plus heureux des états,
mais il n'en est pas une qui ne dût y aspirer, et au besoin même
le provoquer. Il n'en va pas ainsi heureusement. D'ailleurs,
quels que soient les plans qu'on forme avant de se marier, il
n'est nullement sûr qu'on soit libre après de les suivre ; les
meilleurs échouent en moins de temps qu'on n'en a mis à les
arrêter. Le mariage, quoi qu'on fasse, est et demeure une loterie. Chacun est tenu d'en accepter la chance, sauf à la corriger,
si elle est mauvaise, et sans y employer (cela va sans dire) la
recette odieuse que recommande l'héroïne de M. Demanet.

Après avoir apporté les conseils pour et contre le mariage, il
est nécessaire de faire connaître les résultats qu'ils ont produits
chez ceux qui en ont tenu compte, comme chez ceux qui les ont
déclinés. Nous entendrons à cet égard les confidences d'une
épouse et d'un mari. Le mari s'exprime ainsi par la bouche de
M. Noël Mouret :

Bonjour, voisin Roger Bon-Temps.
Chez vous je viens fumer ma pipe,
Par goût, par humeur ; par principe.
Vous êtes gai comme un printemps ;

Vous savez que mon mariage,
De ma gaieté fut le convoi.
Pour torturer mon cœur volage,   } *Bis.*
Ma femme est toujours derrièr' moi.

Léger comme un vrai papillon,
En amour j'ai fait des prodiges :
Mon sang brûle, j'ai des vertiges,
Quand je vois une Frét llon.
Pour s'assurer de ma constance,
Si je cours vers certain endroit,
Malgré le lieu, la circonstance,   } *Bis.*
Ma femme est toujours derrièr' moi.

J'adore le vin d'Argenteuil,
C'est pour lui que vibre ma lyre ;
J'aime son bachique délire,
Surtout quand je le bois à l'œil.
Lorsque sa liqueur délectable
Me force à fléchir sous sa loi,
Si je vais rouler sous la table,   } *Bis*
Ma femme est toujours derrièr' moi.

Partout je trouve ses appas,
A l'atelier, même à l'étude ;
Par plaisir, par habitude,
Comme un chien elle suit mes pas.
En vain le monde la condamne,
Me suivre est son unique emploi.
Je suis plus malheureux qu'un âne,   } *Bis.*
Ma femme est toujours derrièr' moi.

Ce drôle, entre nous, méritait assez d'être surveillé. Ivrogne, fat et libertin, il n'en faut pas tant pour donner des inquiétudes à une femme. Au fond, pourtant, ce n'est pas un méchant homme; mais il lui reste beaucoup à faire pour mériter le prix Montyon.

aintenant, au tour de la femme à se plaindre.

Eh bon, bon, bon, mariez-vous donc,
Eh bon, bon, bon, mariez-vous donc,
Si vous aimez les grands coups du bâton.
Eh bon, bon, bon, mariez-vous donc.

Quand on se met jeune en ménage,
Tout marche bien ;
Car on s'embrasse, c'est l'usage,
Soir et matin.
Mais si le mari se pocharde,
Fait les cent coups,
Il faut que la femme soit gaillarde,
Sinon des coups.
Eh bon, etc.

Trois jours avant mon mariage,
Jean me disait :
Nous serons heureux en ménage,
Et j'y comptais.
Tu porteras soierie, dentelle,
Gants, chaîne au cou ;
Mais voyez un peu, l'infidèle
Boit comme un trou.
Eh bon, etc.

Si je veux sortir le dimanche,
Je suis clouée ;
Il lui faut chemise bien blanche,
Bien repassée.
Mais si je raisonne par trop fort,
Le vieux grigou
De suite prend sa canne de major,
Et m' fiche des coups.
Eh bon, etc.

L'auteur de cet épithalame est M. Walter Mols.
De ces tableaux du mariage, et de beaucoup d'autres encore

plus tristes que j'omets, il résulte, pour les filles comme pour
les garçons, qu'il devient très-difficile de se marier, et que
tantôt celui-ci, tantôt celle-là s'y refuse absolument. De part et
d'autre, on allègue ou l'embarras du choix ou les déceptions. Les
filles craignent pour la perte de leur beauté, les garçons pour
celle de leur liberté. Il en est pourtant parmi ces derniers qui
veulent bien sauter le pas, mais c'est lorsqu'ils auront épuisé la
vie de garçon, c'est-à-dire, à trente ans. Mais, en général, ils ex-
priment leur répugnance de telle sorte, qu'il n'est pas possible
de la prendre au sérieux. C'est par des jeux de mots ou par des
mots de gueule qu'ils s'encouragent presque toujours à rester
dans le célibat; mais la moindre étincelle électrique partie d'un
cœur inconnu aurait bon marché de tous ces fanfarons.

M. Gabriel Berton fait parler ici la coquette, et M. Vissière, la
difficile :

Depuis que j'ai seize printemps
Tous les beaux garçons du village
Me demandent en mariage ;
Je n'écoute pas leurs serments.
Chacun voudrait dans sa chaumière,
Loin de la nôtre me lier ;
Moi, pour ne pas quitter ma mère,
Je ne veux pas me marier.

Je la tenais dans mes dix doigts,
La fine taille de Lucette ;
Elle naguère si coquette,
Qu'elle est grossie en peu de mois !
Je ne comprends pas ce mystère,
Et, sans vouloir l'étudier,
Moi, pour rester fine et légère,
Je ne veux pas me marier.

Pour époux Lise a pris Lucas ;
Elle, autrefois toujours joyeuse,
Maintenant, triste et soucieuse,
Soupire et dit sans cesse : Hélas !

Pauvre enfant, ta belle jeunesse
Dans les larmes va se noyer !
Moi, pour garder mon allégresse,
Je ne veux pas me marier.

Qu'on est belle; quand vient le jour
Où l'on met la blanche couronne;
Mais la beauté vite abandonne
La douce enfant prise d'amour.
De la pâleur, ô jeune fille,
Fuyez le souffle meurtrier !
Moi, pour toujours être gentille,
Je ne veux pas me marier.

—

REFRAIN.

Mariez-vous, je le veux bien;
Quant à moi, j' n'en f'rai rien, (*bis*)
    Et je reste fille ;
Un homm', c'est rien, mais plus tard,
Une nuée de moutards (*bis*)
    Près de vous fourmille.
        Faut gronder,
        Faut taper :
    Je n' veux pas me marier.
        Je ris bien.
    J' m'amuse bien,
    Je vis sans chagrin.

J'vais vous dir' mon sentiment :
J'voudrais un mari docile,
Et n'avoir aucun tourment,
Je crois cela difficile.
Je n' veux pas d'un imprimeur,
Il chang' trop de caractère;
Je n' peux pas voir un doreur,
Sa beauté est éphémère.
Mariez-vous, etc.

Le vannier pourrait m' vanner,
J' crains qu un rémouleur me r'passe ;
Le tanneur pourrait m' tanner ;
Un perruquier voit trop d' faces.
Je n' veux pas d'un cordonnier,
Pas mêm' du bottier Robert,
Je vois d'ici son tire-pied,
Je crains d'essuyer des revers.
Mariez-vous, etc.

Avec l' boucher d' la Cité,
Je l' dis sans bégueulerie,
J' mang'erais d' la vache enragée ;
L' menuisier, c'est bien la scie ;
L' jardinier n'aime que les fleurs.
Un p'tit clerc n'aime que l' dimanche ;
J' crains du peintre les couleurs,
Je vous l' dis, car je suis franche.
Mariez-vous, etc.

Et ainsi-de suite ; il y en a pour tous les états.

Si je ne me trompe, c'est un poltron qui tient le discours suivant :

Je ne veux pas me marier [1],
Pourquoi m'enchaîner sur la terre ;
Au plus beau palais je préfère
La liberté dans un grenier !
Prenez-vous une tendre épouse,
Bientôt elle devient jalouse ;
C'est un démon dans la maison,
Qui n'entendra jamais raison !
Par hasard est-elle coquette,
Pour faire admirer sa toilette,
Si la tête ou non vous fait mal,
Il vous faut la conduire au bal !

---

[1] Cette pièce est de M. Marc Constantin.

REFRAIN.

Aussi non, non, c'est inutile,
Et vous avez beau m'en prier ;
Ah ! laissez-moi vivre tranquille.
Je ne veux par me marier.

On dit qu'avant le oui fatal,
Sa douceur vous séduit, vous charme ;
Mais c'est un vrai petit gendarme
Trois jours après le conjugal.
Tantôt c'est un long cachemire
Que madame veut et désire.
Tantôt c'est un bracelet d'or,
Qui vient ruiner votre trésor ;
Enfin, pour ses moindres caprices,
Vous faites mille sacrifices ;
Heureux, pour combler vos douleurs,
Si madame n'a ses vapeurs !
Aussi non, etc.

Je ne veux pas me marier !
Et pourtant je sens dans mon âme
Brûler une divine flamme
Que je voudrais sanctifier !
Si la femme est un peu coquette,
C'est pour faire notre conquête !
Si son cœur est un peu léger,
Qu'il est doux de le corriger !
Est-elle jalouse à l'extrême ?
Cela prouve qu'elle vous aime.
Enfin, disons des vérités,
Ses défauts sont des qualités !

Sur le bonheur du mariage
On ne peut trop s'extasier,
C'est très-joli, mais, c'est dommage,
Je ne veux pas me marier !

C'est un poltron, dis-je,. qui se défie même d'un sentiment
honnête, et qui ne plaide les circonstances atténuantes en faveur
du sexe que pour mieux l'accabler, qui dans une taupinière voit
une montagne, dans un être vivant un fantôme; le tout pour
justifier sa lâche résolution. Passons à un autre. C'est encore un
poltron, mais à la façon de la demoiselle qui se montrait tout à
l'heure si difficile sur le choix d'un mari. Il fait donc comme
elle ; il passe en revue toutes les professions particulières aux
femmes, et conclut par les rejeter toutes. M. Vacherot est l'auteur de cette litanie.

De me marier je n'ose ;
    J' vas vous dir' pourquoi :
A prendre femme on s'expose
    D'êtr' battu. Ma foi,
D'en choisir une entre mille,
    Bonne, assurément,
Ça me paraît difficile ;
    Essayons pourtant.

Une modiste jolie
    M' conviendrait : hélas !
D' payer sa coquetterie,
    J' n'y suffirais pas.
J' n'irais pas conter fleurette
    Aux f'seuses de corsets,
Car je sais qu'ell's ont la tête
    Bien près du bonnet.

Pour un' jeune cuisinière
    Je suis tout en feu ;
Mais je crains la crémaillère
    De ce cordon bleu.
Si j' lui faisais un' bamboche
    M'am'zell'; sans façon,
Ell' me mettrait à la broche
    Comme un gros dindon.

Les brodeus's et les fleuristes
Enflamment les cœurs ;
Mais, comme les coloristes
Montent les couleurs !
Des épicièr's assez belles,
A qui j' fais la cour,
Me font voir trent'-six chandelles
Dans l' milieu du jour.

Enfin, dans la pièce qui suit, il s'agit moins de condamner le mariage que de l'ajourner. C'est le système des viveurs. On sait ce qu'il en résulte : des maris vieux à trente ans, des femmes corrompues par eux dès le premier jour des noces, des enfants malingres et rachitiques, en un mot, toute la série des infortunes physiques et morales d'une union contractée dans de pareilles conditions. La parole est à M. Ch. Bureau.

Gais lurons, ribotons,
C'est un sort digne d'envie,
Chantons à l'unisson :
Vive la vie de garçon !

Jusqu'à trente ans laissons le mariage,
Mes chers amis, ne nous trahissons pas ;
Un' fois mariés, vous savez, l'esclavage
Vient nous trouver et s'attache à nos pas.
Gais lurons, etc.

Si vous prenez gentille ménagère,
Quand vous sortez, écoutez bien cela :
Un' nué d' moutards vous arrêt' par derrière,
L'un cri' : Du pain ! l'autre crie : Papa !
Gais lurons, etc.

Lorsqu'en amour une femme est coquine,
Sur ses défauts il faut fermer les yeux ;
Au p'tit voisin faut faire bonne mine,
Étant garçon, on est bien plus joyeux !
Gais lurons, etc.

Enfin l'on sait qu'il faut qu'on se marie,
C'est un sentier que nos pèr's ont tracé ;
Étant garçon, faisons notre partie,
Car c'est autant de bon temps de passé.

Gais lurons, ribotons,
Oui, notre vie fait envie ;
Et vidons les flacons,
Après nous nous marierons.

Si, en regard de ces trois dernières chansons, on met la suivante extraite de la *Caribarye des Artisans*[1], on verra que ce
sont à peu près les mêmes objections tirées du caractère des
femmes ; d'autres le sont de leur figure, de leur argent, si elles
en ont, et si elles n'en ont pas, de leur pauvreté. On y verra
aussi un petit crayon des tribulations d'un mari, après l'accouche-
ment de sa femme. Ces mœurs populaires du xviie siècle ne sont
plus guère celles d'aujourd'hui ; du moins, je ne vois pas qu'on
les ait jamais chantées.

SUR LES INCOMMODITÉS DU MÉNAGE.

Garçons, qui cherchez fortune,
Faites ainsi comme moy ;
Je change comme la lune,
Je suis plus heureux qu'un roy.
De n'aimer qu'en un endroit,
C'est une chose importune ;
Je veux bien aimer
Et non pas marier.

Quelques-uns blasment la vie
Qui s'adonnent au changement,
Ils en parlent par envie,
Je ne la voy autrement.

---

[1] P. 135 de l'édit. de 1862, in-18, chez Jules Gay.

Dit—on pas communément
Qu'une même sausse ennuye.
Je veux, etc.

Pour avoir l'âme conténte
Il faut estre aimé partout ;
Celuy qui n'a qu'une amante
Est un fer qui n'a qu'un clou,
Un renard qui n'a qu'un trou,
Un ver qui n'a qu'une fente.
Je veux, etc.

Vray est que le mariage
Est pour vivre chastement ;
Mais il y a plus de rage
Que de vray contentement,
Et en danger plus souvent
D'acquérir un cocuage.
Je veux, etc.

Si vous prenez une femme
Qui soit plus riche que vous,
Vous n'en aurez que du blasme,
Et vous dira tous les jours,
Que vous n'aviez que des pous,
Quand vous futes mis ensemble.
Je veux, etc.

Vous serez en mille peines
Si la prenez pauvrement,
Et ne passerez semaines
Sans avoir quelque tourment ;
D'elle ayant le plus souvent
Dix mille fièvres cartaines [1].
Je veux, etc.

Et si votre femme est belle,
C'est une sujétion

[1] C'est « quartaines » qu'il faut lire.

De faire la sentinelle,
Craignant qu'à vostre maison
Ne vienne quelque mignon
Se resjouyr avec elle.
　　Je veux, etc.

Si prenez une laidure
Pour épouse avecque vous,
Vous n'en aurez rien qu'injure ;
Estant jalouse de vous,
Elle dira à tous coups
Que d'elle vous n'avez cure.
　　Je veux, etc.

. . . .
Puis quand on est en ménage,
Il faut du pain et du bois,
De la chair et du potage,
Et du beure quelquefois ;
Des choux, des fèves, des pois,
Et tout plein d'autre bagage.
　　Je veux, etc.

Et quand la femme est en couche,
On voit le pauvre mary
Qui va et vient à la course
Comme un oison estourdy ;
Et tant au soir qu'à midy,
Tousjours la main à la bourse.
　　Je veux, etc.

Mais sa douleur plus amère
Et son plus grief tourment,
C'est quand nombre de flennières [1]
Luy viennent dire souvent :

---

[1] Ou porteuses de *flène*, qui est une espèce de coutil, à l'usage des femmes.

Il faut du lait à l'enfant
Et du bon vin à la mère.
Je veux bien aimer,
Mais non pas marier.

Pour reprendre le thème où M. Ch. Bureau l'a laissé, s'il arrive que, même en se dégoûtant de la débauche, on y persévère, parce qu'il suffit d'y trouver en de certains moments quelque plaisir nouveau pour en oublier tous les déboires, il peut arriver aussi, les jours où le dégoût l'emporte, qu'on pense au mariage et qu'on s'y sente même de l'aptitude. On se trompe fort pourtant. Ce qu'on prend alors pour une aptitude n'est souvent qu'un nouveau caprice ; et encore est-il refroidi aux trois quarts par le sentiment des pertes qu'on a faites, et par la perspective des suites probables de cet affaiblissement, dans l'état de mariage. De là tant de célibataires, anciens viveurs et galants émérites ; de là aussi, partout où on les rencontre, cette curiosité méprisante dont les vieux garçons sont l'objet, plus malheureux en cela que les vieilles filles, lesquelles n'inspirent que de la pitié ; de là enfin l'idée de soumettre à la patente les hommes non mariés, idée qui, sous la dernière république, a failli devenir un projet de loi, et qui a été préconisée par un chansonnier anonyme du temps en ces termes :

On parl' de fair' payer un droit
A tous les vieux célibataires ;
On peut leur appliquer la loi,
Vu qu'ils ne sont ni pèr's ni mères.
S'ils veulent rester fill's ou garçons,
Vieux oncles ou vieilles tantes,
Au gouvernement ils payeront
Chacun une forte patente. (*bis*)

Tous ceux qui passeront trente ans,
Qui ne seront pas en ménage,
Ils peuv'nt commencer à présent
A contracter leur mariage.

S'ils ne terminent leur union,
Les filles ne s'ront pas contentes ;
Pour impôt elles payeront
Chacune une forte patente.   (*bis*)

L'anonyme va un peu loin. On n'a jamais pensé, non pas
même Auguste, le plus grand ennemi des célibataires, à forcer
par une loi les filles à se marier, attendu que si, sur une centaine, quatre-vingt-dix-neuf ne se marient pas, ce n'est pas leur
faute. Il en sera ainsi, tant qu'on ne transmettra pas aux filles
la prérogative dont jouissent les garçons, celle de demander la
main de la personne à laquelle on voudra s'unir. Quant à la patente, nombre de filles y sont déjà soumises, et depuis longtemps. Mais ce n'est pas parce qu'elles ne se marient pas, c'est
au contraire parce qu'elles se marient trop.

M. Ch. Bureau, lui, n'est pas, comme l'anonyme, un partisan
de la patente, mais, comme et plus que lui, il est d'avis que
c'est aux filles à rechercher les garçons, à les relancer jusqu'au
cabaret, à se mettre même à leurs genoux, et à les supplier de
vouloir bien être leurs maris. C'est d'une fatuité qui n'a pas
d'exemple. Que dis-je, de la fatuité? c'est de la rusticité, et de
la plus révoltante. Jugez-en :

REFRAIN.

Oui, nous pouvons boire tranquilles
On dit qu'à présent les filles
Vont soupirer, supplier,
    Cherchant à se marier.
Elles viendront devant nous
    Se mettre à genoux.

Tout's ces belles aux traits mignons
    Ne s'ront plus si fières,
Ce n'est qu'à forc' de prières
    Qu'ell's nous obtiendront ;

Pour nous faire désirer
  D'une ardeur plus vive,
  Il faudra qu'ell's arrivent
  Jusqu'au cabaret.
Oui, nous pouvons, etc.

Ce sera vraiment charmant,
  Pour nous quelle chance !
Ell's nous f'ront la révérence,
  D'un œil implorant.
Maintenant c'est notre tour
  De fair' des promesses,
Puisque ces p'tites maitresses
  Nous feront l'amour.
Oui, nous pouvons, etc.

Enfin, lorsque nous irons
  Le soir à la danse,
Pour faire une contredanse,
  Ell's nous inviteront ;
  Chacun s'amusera
De voir toutes ces belles
  Se disputer entre elles
  A qui nous aura.
Oui, nous pouvons, etc.

Pour M. Coquardeau, toutes ces billevesées le touchent peu ;
il est prédestiné ; il se marie, et M. Al. Dalès fait ainsi raconter
par une des invitées l'histoire de sa noce :

LA NOCE A M. COQUARDEAU.

De ce qui se dit depuis hier dans l' quartier,
Voisin, savez-vous la nouvelle ?
Monsieur Coquardeau, le marchand épicier,
Vient d'épouser mademoiselle Cannelle,
L'mariage s'est fait hier matin,
Figurez-vous que j'étais du festin.

Qu' c'était donc bien, qu' c'était donc beau,
La noce à monsieur Coquardeau !

Chacun admirait la mise des époux,
L'épouse était mise comme un ange,
Il fallait la voir avec ses marabouts,
Et son gros bouquet d' fleurs d'orange !
Le mari portait avec goût
Un gilet jaun' qu'était jóli comm' tout,
Qu' c'était donc bien, etc.

Quand chez le traiteur à table on fut placé,
Fallait voir les belles toilettes,
J'avions au banquet des marchands d' verr' cassé
Et des rétameurs de fourchettes !
Moi j'avais ma bell' rob' safran
Mon chapeau vert, avec mon grand tartan.
Qu' c'était donc bien, etc.

On servit un r'pas à s'en lécher les doigts !
Les mets pleuvaient dans les assiettes.
Gn'y avait pas d' lapins qui trottent sur les toits,
Car on nous a servi les têtes.
Les p'tits fromag's, pour le dessert.
Sont v'nus tout seuls s' placer sur chaqu' couvert,
Qu' c'était donc bien, etc.

Puis on entonna chacun sa p'tite chanson
Tout en faisant sauter les litres,
Le marié chanta la *Mère Gaudichon*
D'une voix à casser les vitres.
Sa femme qui trouvait ça charmant,
En l'écoutant pleurait d'attendriss'ment !
Qu' c'était donc bien, etc.

Bientôt de la danse on donne le signal.
De quitter la table on s'empresse.
Deux *aveugles-nés* qui conduisaient le bal,
Jouaient du piston et d' la gross' caisse.

Bref on dansa je n' sais combien
Les Canotiers et *les Bott's à Bastien.*
Qu' c'était donc bien, etc.

Finissons. La conclusion de tout ceci, c'est que si, depuis soixante ans, le monde a marché, les chansons d'amour, celles surtout qui sont de la façon des artisans, sont, à très-peu d'exceptions près, restées en route; si la politique, les arts, les lettres, les sciences et l'industrie ont fait des progrès, elles n'en ont fait littéralement aucun et ont continué à se traîner péniblement dans l'ornière du lieu commun. La fine gaieté ne s'y rencontre guère; le sens moral n'y apparaît que comme un intrus, et l'imagination y est aussi rare que dans une contrainte ou une sommation d'huissier. Ce n'est pas pourtant faute de concurrence. Mais si la concurrence produit l'émulation, elle a aussi pour résultat de faire baisser le prix des choses et conséquemment d'en altérer la qualité. C'est ce qui a eu lieu pour nos chansons. Personne ne songe à les faire mieux; tous travaillent à en faire beaucoup, et il y en a déjà tant, qu'elles formeraient un recueil plus gros que toutes les poésies réunies, anciennes et modernes, de tous les peuples du monde. Si peu qu'un individu sache d'orthographe, il a bientôt trouvé des rimes telles quelles, accouplé des lignes d'une certaine mesure et mis ces lignes sur un air quelconque. Alors, il se croit responsable vis-à-vis du peuple des plaisirs de son esprit, et, à ce titre, obligé de n'en pas laisser un moment tarir la source. Cent pauvres diables pensent de même et s'adjugent la même mission. Il est vrai que, s'ils n'y gagnent pas beaucoup de réputation, ils peuvent y gagner beaucoup d'argent. J'ai ouï dire que tel de ces chansonniers se faisait avec ses chansons vingt mille francs de rente. Ce n'est pas de quoi les décourager. Mais quelle aubaine pour le peuple qui chante, et, qui pis est, paye tout cela!

CHAPITRE II

LE VIN

Ici, pas plus que dans les chansons précédentes, on ne rencontre guère de vrai talent poétique. Il y en a un peu plus cependant, et le niveau en est plus élevé. Il est telle chanson, parmi celles qu'on va lire, qui, passant de la rue au salon ou au théâtre, n'y serait pas déplacée. Mais à cet égard comme à tous les autres, la rue ne rendra jamais au théâtre et au salon autant qu'elle leur emprunte. On sait assez qu'elle hérite de quantité de vaudevilles, romances et chansonnettes qui ont conquis aux feux de la rampe et au piano les honneurs de la popularité[1]. Seulement, je le répète et je ne saurais trop insister là-dessus, ce n'est pas de ce genre de chansons que je m'occupe ; je m'en tiens à celles qui ont été faites exclusivement pour la rue, qui ont pour théâtre les tréteaux de la foire, et pour accompagnement l'orgue de barbarie ou le tambour de basque. Ce n'est pas ma faute si les esprits délicats ne sauraient s'en accommoder ; je fais de l'histoire et non pas du roman, c'est-à-dire que je n'ai ni la ressource ni le droit d'embellir mon sujet afin d'intéresser davantage.

[1] En voici une, entre autres, des plus gracieuses et des plus spirituelles.

Quand Probus plantait la vigne dans les Gaules, il plantait aussi des chansons. Depuis lors, en effet, il s'est peut-être chanté dans ce pays autant de chansons à la gloire du vin qu'il s'est bu de tonneaux. Encore les chansons ne sont-elles venues que beaucoup plus tard après le vin ; mais elles ont bien regagné le temps perdu. Les premières furent écrites en latin ; elles sortaient des cloîtres et étaient populaires au moins dans le clergé. Mais elles le furent aussi dans le peuple, tant que le peuple conserva l'usage de la langue latine. Les troubadours, comme je l'ai dit, firent peu de ces chansons ; il n'en fut pas de même des trouvères ; ils en improvisaient à la table des seigneurs, que le peuple redisait quand elles passaient du château à la rue. Ce n'est qu'au xiie siècle qu'on commence à trouver quelques chansons à boire en langue vulgaire ; mais il faut descendre jusqu'au quinzième, c'est-à-dire jusqu'à Olivier Basselin, pour y reconnaître les premiers essais d'un genre destiné à occuper une place si considérable dans notre poésie légère. Au xvie siècle, on en

Elle est de M. Ed. About ; elle est tirée de sa pièce, qui a pour titre *Risette* et qui fut jouée au Gymnase, il n'y a pas encore bien longtemps :

A Paris, près de Pantin,
Je naquis un beau matin
   De décembre.
Pour chasser le froid, la faim,
Nous n'avions ni feu, ni pain
   Dans la chambre.
Papa disait à maman :
Elle a mal pris son moment,
   Ta fillette.
Mais le soleil par les trous
Du toit descendait chez nous,
Et de ses yeux les plus doux,   *Bis*
  Nous faisait à tous
Risette, risette, risette.

Jusqu'à l'âge de seize ans,
J'ai chiffonné des rubans
   Pour les autres.
J'ai couronné d'un bonnet
Plus d'un front qui ne valait
   Pas les nôtres :
Parfois avant de dormir,

J'ai soupé d'un gros soupir
   Sans fourchette.
Mais pourquoi mouiller mes yeux ?
On ne s'en porte pas mieux ;
Au sort le plus malheureux   *Bis*
J'ai fait en tous lieux
Risette, risette, risette.

Un monsieur m'offrit souvent
Son amour et son argent
   Sans notaire ;
Je ne me fâche de rien,
Mais il ferait aussi bien
   De se taire ;
Une fille comme nous
Ne porte pas de bijoux
   Qu'on achète.
Mais celui que j'aimerai,
Un jour je le conduirai
Chez le maire et le curé,   *Bis*
  Et je lui ferai
Risette, risette, risette.

fait de petits recueils ; au xviie, on les fait plus gros et plus nombreux, ainsi qu'au xviiie. Elles se multiplient tellement au
xixe, que, mises les unes au bout et à côté des autres, elles
couvriraient la surface de la France.

Le peuple a pour principe ou pour préjugé que le vin dissipe
les chagrins et qu'il faut boire nécessairement pour recouvrer
la gaieté. Il est juste de dire qu'à cet égard la plupart des gens
du monde sont d'accord avec le peuple. Ceux qui ont le vin mauvais, comme on dit, et ceux qui ont le vin bon, arguent du
même prétexte pour boire d'autant, encore que l'ivresse ait chez
eux des effets fort différents. Mais le principe est là, et, dût-il en
arriver malheur à nous-mêmes, ou, comme il se voit trop souvent dans les cas d'ivresse furieuse, aux personnes qui nous en-
tourent, il sera respecté. Il n'est que trop connu que la morale
est presque désarmée en face d'un pareil préjugé. On a voulu
y suppléer par les sociétés de tempérance ; mais si l'intention est
excellente, elle n'a guère produit jusqu'ici que des résultats mé-
diocres. D'ailleurs ces sociétés ont pris naissance dans un pays,
l'Angleterre, où il semble que les institutions de ce genre ne sont
que des boutades inspirées par un goût particulier pour l'originalité, et par le besoin de faire autrement que les autres. Avec
de pareilles vues, on ne fonde rien de durable ; car, outre qu'il
en est des mouvements plus ou moins spontanés de l'homme
comme des caprices, c'est-à-dire qu'ils n'ont ni persistance, ni
règle, il arrivera que, du jour où les sociétés de tempérance
seront adoptées sur le continent, les Anglais, pour ne pas faire
comme nous, n'en voudront plus.

La plus grande partie de nos chansons bachiques roulent sur
ce fonds commun que la vie est courte, qu'il faut boire pour
boire, que le vin est préférable à l'amour, qu'il faut cependant
ne pas négliger le tendron, mais envoyer au diable sa femme
quand elle tempête, ses enfants quand ils braillent, ses créanciers
quand ils réclament leur dû ; que le vrai moyen de faire passer
l'ivresse de la veille est de la renouveler le lendemain. C'est de

la philosophie païenne pure, de l'épicuréisme le plus grossier. On n'y traite pas mieux l'étude, l'instruction et la science que la morale. Il est ici tel poëte qui si on lui demandait à voir sa bibliothèque, répondrait, comme fit un jour un moine bénédictin à Jacques Tollius[1] : « qu'elle n'est composée que d'un ouvrage, mais excellent; » et il montrerait ses tonneaux ou ses bouteilles.

La plus fréquente, mais non pas la plus triste des préoccupations des buveurs, c'est la brièveté de la vie et la destinée de l'homme après la mort. Ils y reviennent souvent, rarement avec le dessein de s'amender, en tout cas pour ne s'amender que le plus tard possible. D'autres se montrent radicalement incurables, et jeunes ou vieux, vivants ou morts, ils veulent toujours boire; ils prennent même leurs précautions pour que le vin ne leur manque pas au delà du tombeau.

> Je me rappelle un vieil adage :
> Quand on est mort c'est pour longtemps ;
> N'essayons pas dans le jeune âge,
> D'arrêter les ailes du temps.
> Il passe vite sur nos têtes,
> Et les plaisirs de chaque jour
> Sont emportés par les tempêtes ;
> Fêtons Bacchus et les amours.
>
> FÉRET.

> Puisque tout succombe,
> Un jour je mourrai ;
> Jusque dans la tombe
> Pourtant je boirai,
> Je veux, dans la terre,
> Au pied de mon corps,
> Qu'on mette mon verre
> Rempli jusqu'aux bords.
>
> H. PARRA.

[1] *Epistolæ itinerariæ, ep.* v.

Si je succombe,
Vous tous, mes chers amis,
Près de ma tombe,
Pour un *De profundis*,
Chantez-moi la bouteille ;
Et si je ne m'éveille,
C'est que, vraiment,
Je dormirai content.

ANONYME.

—

Aussi longtemps qu'on le pourra,
Amis, il faut boire ;
Trop tôt la camarde viendra
Nous faire déboire.
Le verre en main, le front joyeux,
Attendons ce moment fâcheux.
Versez donc à boire
Du bon et du vieux.

S'il nous faut aller habiter
La demeure noire ;
Des foudres faut y transporter
En guise de poire.
Nous griserons le dieu Pluton,
Il est très-bon diable, dit-on ;
Nous lui ferons boire
Du vieux et du bon.

ANONYME.

Toutes ces idées avaient été remuées, comme on dit, par notre *Virgile au rabot*, ainsi qu'on appelait en son temps le menuisier de Nevers, et elles sont très-bien résumées par lui dans le *Vrai buveur*, chanson toujours populaire, et plus populaire que toutes celles qu'on a faites depuis sur le même sujet[1] :

Aussitôt que la lumière
A redoré nos coteaux,

[1] On sait qu'elle a été plus ou moins *modernisée*.

Je commence ma carrière
Par visiter mes tonneaux :
Ravi de revoir l'aurore,
Le verre en main je lui dis :
Vois-tu sur la rive maure
Plus qu'à mon nez de rubis ?

Le plus grand roi de la terre,
Quand je suis dans un repas,
S'il me déclaroit la guerre
Ne m'épouvanteroit pas :
A table rien ne m'étonne,
Et je pense quand je boi,
Si là-haut Jupiter tonne,
Que c'est qu'il a peur de moi.

Si quelque jour étant ivre,
La mort arrêtoit mes pas,
Je ne voudrois pas revivre
Pour changer ce doux trépas.
Je m'en irois dans l'Averne
Faire enivrer Alecton,
Et bâtir une taverne
Dans le manoir de Pluton.

Par ce nectar délectable
Les démons étant vaincus,
Je ferois chanter au diable
Les louanges de Bacchus.
J'apaiserois de Tantale
La grande altération,
Et passant l'onde infernale
Je ferois boire Ixion.

Au bout de ma quarantaine,
Cent ivrognes m'ont promis
De venir, la tasse pleine,
Au gîte où l'on m'aura mis :

Pour me faire une hétacombe
Qui signale mon destin,
Ils arroseront ma tombe
De plus de cent brocs de vin.

De marbre ni de porphire
Qu'on ne fasse mon tombeau,
Pour cercueil je ne désire
Que le contour d'un tonneau,
Et veux qu'on peigne ma trogne
Avec ces vers à l'entour :
« Ci-gît le plus grand ivrogne
« Qui jamais ait vu le jour. »

Désaugiers en a fait cette excellente parodie à l'usage des
gourmands, sous le titre de *Chanson à manger* :

Aussitôt que la lumière
Vient éclairer mon chevet,
Je commence ma carrière
Par visiter mon buffet.
A chaque mets que je touche
Je me crois l'égal des dieux,
Et ceux qu'épargne ma bouche
Sont dévorés par mes yeux.

Boire est un plaisir trop fade
Pour l'ami de la gaîté :
On boit quand on est malade,
On mange en bonne santé.
Et quand mon désir m'entraîne,
Je me peins la Volupté
Assise, la bouche pleine,
Sur les débris d'un pâté.

A quatre heures lorsque j'entre
Chez le traiteur du quartier,
Je veux toujours que mon ventre
Se présente le premier.

Un jour les mets qu'on m'apporte
Sauront si bien m'arrondir,
Qu'à moins d'élargir la porte
Je ne pourrai plus sortir.

Un cuisinier, quand je dîne,
Me semble un être divin,
Qui du fond de sa cuisine
Gouverne le genre humain. .
Qu'ici-bas on le contemple
Comme un ministre du ciel;
Car sa cuisine est un temple
Dont les fourneaux sont l'autel.

Mais sans plus de commentaires,
Amis, ne savons-nous pas
Que les noces de nos pères
Finirent par un repas :
Qu'on vit une nuit profonde
Bientôt les envelopper,
Et que nous vînmes au monde
A la suite d'un souper?

Je veux que la mort me frappe
Au milieu d'un grand repas,
Qu'on m'enterre sous la nappe
Entre quatre larges plats :
Et que sur ma tombe on mette
Cette courte inscription :
« Ci-gît le premier poëte
« Mort d'une indigestion. »

Une autre disposition des buveurs, aussi générale qu'elle est
sans doute peu sincère, c'est leur indifférence; leur mépris pour
tout ce qui excite l'activité de l'âme humaine, et qui nous porte
aux bonnes actions. Ils ne sont point ambitieux; ils ne veulent
ni titres, ni honneurs, ni dignités; ils font peu de cas de la
gloire militaire; ils estiment que l'argent ne vaut ni la peine

qu'on prend à l'acquérir, ni celle qu'on se donne pour le conserver. On n'exigerait pas davantage d'un homme qui ferait profession de vivre saintement, et il n'y aurait pas besoin d'une bulle du pape pour le canoniser après sa mort. Les buveurs, plus que tous autres, seraient-ils dans la voie du salut ?

Loin de nous l'appât des richesses ;
Fuyez, fantômes des grandeurs ; .
Nous ne comptons que nos maîtresses.
Bacchus nous en rend les vainqueurs.
Vous pouvez, dans maintes batailles,
Héros, moissonner des lauriers ;
De myrte, au fond de nos futailles,
Vénus couronne ses guerriers.

Féret.

—

Amis, nos jeux, nos vins et nos maîtresses
Font éclipser les splendides châteaux ;
Et des puissants méprisant les richesses,
A nos santés nous vidons nos tonneaux.
Au doux glouglou, etc.

A nos banquets préside la franchise ;
Chez nous a fui la froideur du salon,
Boire et chanter, voilà notre devise ;
Notre noblesse a pour titre un bouchon :
Au doux glouglou, etc.

Féret.

—

Je ne suis pas ambitieux,
Mais je tiens à boire
De ce nectar délicieux,
Chassant l'humeur noire.
A l'exemple de feu Piron,
Je suis rimeur quand je suis rond.
Versez donc à boire
Du vieux et du bon.

Je laisse à d'autres le renom,
　Les titres, la gloire ;
Il m'importe peu que mon nom
　Vive dans l'histoire.
Du bon vin je suis amoureux
Lui seul peut me rendre envieux.
　Versez donc à boire
　Du bon et du vieux.

ANONYME.

—

Pour avoir des écus
Vendez votre conscience,
Avares et Crésus,
Vous crèverez dessus ;
Vous les prêtez en vain
Au dix pour cent d'avance ;
Pour moi, c'est plus certain,
De les placer au vin.
Ah ! etc.

MÉTAY.

—

Je n'ai point la richesse
Pour embellir mes jours ;
Mais j'ai pour moi l'ivresse,
Du vin et des amours ;
Ce qui vaut mieux, je jure,
Que les biens opulents,
Qu'une déconfiture
Vous ravit pour longtemps.

　Plus qu'un puissant,
　Oui, j'ai vraiment,
　En travaillant,
　Quoique indigent,
　Ces biens certains
　Que nos destins
　Ne changent pas
　Dans tous les cas.

LOUIS VAUTIER.

Dans cette dernière strophe on remarque avec plaisir que le
fondement du mépris du poëte pour l'opulence est son amour
du travail, la tranquillité de sa conscience et la modération de
ses désirs. Cette sage philosophie se rencontre quelquefois ; nous
la retrouverons.

Selon que le buveur a plus ou moins de délicatesse, la femme
est pour lui un plaisir ou un embarras. Cette double situation est
ici représentée tantôt avec des formes qui impliquent le sentiment
des égards dus au beau sexe, tantôt avec brutalité. Mais, en général, les gentillesses sont réservées pour la maîtresse ; la femme
légitime est traitée de la façon la plus irrespectueuse. Il y a
pourtant des exceptions ; elles viennent sans doute de buveurs
qui mettent de l'eau dans leur vin. Le buveur endurci fait moins
de façons. Ou il faut que la femme participe à ses plaisirs con-
jointement avec le vin, ou, si elle souffre de cette association,
qu'elle se retire et ne soit pas un tiers incommode entre le buveur et la bouteille.

Voici trois jolis couplets de M. A. Jacquemart :

> Abordez-moi le verre en main,
>   Vous, gentes bergerettes ;
> Et dans un bachique refrain,
>   Chantez vos amourettes.
> On ne soupire pas en vain
>   Avec des chansonnettes,
>   Du vin,
>   Avec des chansonnettes.
>
> Suivez nos pas, joyeux tendrons,
>   Loin de nos maisonnettes ;
> Quittez, avec de francs lurons,
>   Vos fichus, vos cornettes.
> Nous brûlons de vous mettre en train,
>   Avec, etc.
>
> Tant que nous aurons ici-bas
>   Quelques vieilles feuillettes

    Et que nous verrons sur nos pas
      Quelques jeunes fillettes,
   Amis, mettons-nous en chemin
     Avec, etc.

Le *Bon Drille* de M. Antoine Pernet se pose assez bien ; il n'a pas l'air mélancolique et n'est pas près de le devenir. Il mène de front le vin et les amours, et change probablement aussi souvent de l'un que des autres. Mais il a un vilain défaut : il boit seul ! Tant il est vrai qu'on n'est point parfait, et qu'on cloche toujours par quelque endroit : je m'en rapporte aux plus solides buveurs.

LE BON DRILLE

PAROLES D'ANTOINE PERNET.

Air de *Toto Carabo*.

Je suis garçon bon drille,
Noceur et bambocheur,
    Tapageur.
Près d'une aimable fille,
   J' prends mon air galant,
     Bon enfant,
   Doux et caressant,
   Aimable et charmant,
   Fidèle et constant ;
   J' lui dis : Mon bonheur,
   T'auras de mon cœur (*bis*)
La première faveur.

La fleur de ma jeunesse
Fait envie aux amours
    D'alentours.
Le chant de ma maîtresse
   Me dit chaque soir :
    Mon espoir ;

Que j'aime à te voir,
Au fond du manoir,
Sur l'herbe t'asseoir ;
Sur le vert gazon,
Habile garçon (*bis*)
Fait perdre la raison.

V'là qu'un jour ma marraine
M'dit : Pochard c'est ton nom
De maison,
Et celui de baptême,
C'est Ricocardo,
Rigolo,
Ennemi de l'eau,
Ami d'un tonneau
Plein de vin nouveau.
Chicard et farceur,
Amusant polkeur (*bis*)
Sont mes titres d'honneur.

Chaque soir, sous la treille,
Je chante ma chanson
De garçon,
En buvant bouteille,
Seul et sans façon,
Bon luron.
Aussi, pour l'amour,
Vraiment chaque jour
Arrive mon tour ;
Je chante toujours
Le vin, les amours (*bis*)
Pour bien passer mes jours.

Le *Gai Viveur* de M. Louis Vautier est dans les mêmes principes, mais il n'y est pas aussi ferme, et il a des accès de sensibilité. S'il songe aux maux que font souffrir à son amante les
moments que lui dérobe sa passion pour la bouteille, il est
triste, il a presque envie de pleurer. Hélas ! que ne pleure-t-il en

effet! Les larmes de l'ivrogne ne sont pas contagieuses; c'est comme celles de Jocrisse :

> Pourtant, quoique je vive
> Tout comme un sans-souci,
> Oui, parfois il arrive
> Que je suis triste aussi,
> Quand l'amère souffrance
> Vient pâlir le beau front
> De ma douce Clémence,
> Dont le cœur est si bon !

> Pourtant, pourtant.
> Tout en chantant,
> J'aime souvent,
> En l'embrassant,
> Lui dire encor
> Dans mon transport
> Brûlant d'amour,
> Et tour à tour :
> Oui, etc.

Mais MM. Alexis Dalès et Combes jeune, mieux que qui ce soit, témoignent que l'amour et le vin peuvent aller de compagnie, se suppléer et s'aider l'un l'autre admirablement. Deux frères ne vivent pas en meilleure intelligence.

LE BUVEUR AMOUREUX

CHANSONNETTE

PAROLES D'ALEXIS DALÈS ET COMBES JEUNE.

Air du *Vieux Braconnier.*

Malgré les censeurs moroses,
Ici-bas point de bonheur
Sans les femmes, sans les roses,
Sans la grappe du buveur.

Heureux près d'une fillette,
Heureux avec le raisin,
Ai-je tort d'aimer Lisette ? ⎱
Ai-je tort d'aimer le vin ?. ⎰ *Bis.*

Quand l'amour brûle mon âme,
Bacchus vient pour le calmer ;
Quand le vin endort ma flamme,
Lise sait la rallumer.
Que l'un songe à la retraite,
L'autre reprend le terrain.
Ai-je tort d'aimer Lisette ? ⎱
Ai-je tort d'aimer le vin ? ⎰ *Bis.*

Si ma bouteille m'échappe,
Lisette me restera ;
Et si Lisette m'attrape,
Mon vin me consolera ;
Si Bacchus trouble ma tête,
L'amour me tendra la main.
Ai-je tort d'aimer Lisette ? ⎱
Ai-je tort d'aimer le vin ? ⎰ *Bis.*

Sur le fleuve de la vie,
J'ai, pour guider mon bateau,
Les rames de la Folie,
Ma maîtresse et mon tonneau ;
Chez l'un vois-je une tempête,
Le ciel chez l'autre est serein !
Ai-je tort d'aimer Lisette ? ⎱
Ai-je tort d'aimer le vin ? ⎰ *Bis.*

Ma maîtresse est sans pareille,
Elle possède un cœur d'or.
Les glous glous de ma bouteille
Pour moi sont un doux trésor.
Sans avoir l'âme inquiète,
Savourons jusqu'à la fin
Les doux baisers de Lisette ⎱
Et les perles de mon vin; ⎰ *Bis.*

Quoi qu'il en soit, au témoignage du plus grand nombre de nos biberons, il y a incompatibilité d'humeur entre Bacchus et Vénus. Il faut choisir nécessairement. Leur association, même temporaire, ne peut être pour eux qu'une source de désappointements, d'humiliations et de déboires. Ce n'est pas que Bacchus ne porte en soi le remède à ces misères et qu'il ne se guérisse des blessures qu'il attrape en jouant avec l'amour; mais le mieux est de ne pas s'y exposer. C'est la conclusion qui ressort des différents couplets qu'on va lire.

REFRAIN.

Allons, rigoleurs,
Francs riboteurs,
Aussi bons buveurs
Que travailleurs.
Est-il pour nos cœurs
Des jours meilleurs?
La journée est belle,
C'est fête nouvelle.
Allons, rigoleurs.
Francs riboteurs,
Aussi bons buveurs
Que travailleurs ;
La journée est belle,
C'est fête nouvelle
Pour les gais viveurs.

Vraiment Arthur tu nous tourmentes,
    J'en prends Paul à témoin ;
Tu parles de femmes charmantes,
    Qu'en avons-nous besoin ?
    Ta morale me glace,
Mon cher ami, dans un gai festin,
    C'est le vin qui remplace
    Le sexe féminin.
        Allons, etc.

VICTOR GAUCHER.

Quand mon verre est plein,
　Tin, tin, tin, tin,
Tout plein de bon vin,
　Tin, tin, tin, tin,
Narguant le chagrin,
　Tin, tin, tin, tin,
Sans un sou de rente,
　Je ris et je chante ;
Quand mon verre est plein,
　Tin, tin, tin, tin,
Tout plein de bon vin,
　Tin, tin, tin,
　Sans un sou de rente.
　Je ris et je chante
Jusqu'au lendemain. (*bis*)

Si parfois des amours j'adore
　Le petit dieu falot,
D'un flacon j'aime mieux encore
　Pressurer le goulot ;
　Pour ce jus qui nous grise,
　　Même au berceau,
　　Je délaissais l'eau.
　Et toujours ma devise
　Fut ce refrain si beau :
　Quand mon verre est plein, etc.

Si pour vous Vénus est trop fière,
　Si Momus vous a fui,
Venez noyer au fond d'un verre
　Et l'amour et l'ennui.
　La face enluminée
　　Par ce bon jus,
　Gaillards revenus,
　De votre Dulcinée
　Vous rirez du refus.
Quand mon verre est plein, etc.

ANONYME.

CONSOLATION

PAROLES DE THÉODORE LECLERC DE PARIS.

Air du *Bataillon d'Afrique* (feu Gille).

Assieds-toi là, cher compère,
Moi, qui te porte intérêt,
Je veux bientôt, je l'espère,
Mettre un terme à ton regret.
La bouteille chassera
Ta noire mélancolie,
    Viens,
      Buvons jusqu'à la lie,
        Et
    Narguons qui blàmera.

Je sais ce qui te tourmente,
De l'amour tu fus martyr ;
Et loin de ton inconstante
Tu ne fais plus que gémir.
Aimer encor Maria,
C'est presque de la folie !
    Viens, etc.

Moi, je fus séduit naguère
Par l'éclat de deux beaux yeux ;
Mais ma belle, sans mystère,
Plus tard forma d'autres nœuds.
Alors mon cœur oublia
La trop perfide Aurélie
    Viens, etc.

Comme moi, qui te conseille,
Tu préféreras parfois
Les faveurs de la bouteille
Au plus agaçant minois.
Oui, la vigne te plaira
Mieux qu'un bosquet d'Idalie.
    Viens, etc.

> Bacchus de tout nous console ;
> Il invite à la gaieté.
> On apprend à son école
> A braver l'adversité.
> Son nectar te guérira.
> Lorsque ta coupe est remplie,
>   Viens, etc.

Voilà qui est assez correct et qui est engageant. Quand un buveur se mêle de faire des homélies, il n'est pas mal que le texte en soit clair, comme il est ici, et ne réclame point la glose.

Ces ennemis à outrance de l'amour et ces persifleurs des amoureux ont des ancêtres, dont il est peut-être bon de mettre les déclamations en regard de celles des petits-fils. Olivier Basselin constate ainsi la ·nécessité où il est de donner la préférence au vin sur la femme[1] :

> On va disant que j'ay fait une amie,
> Mais je n'en ay point encore d'envie ;
> Je ne sçauray assez bien courtiser.
> Moy, j'aime mieux boire un coup que ......
>
> Quand auray beu, elle, voyant ma trogne,
> M'iroit disant : « Je ne veux point d'ivrogne ;
> Je veux amy plus propre à deviser. »
> Moy, etc.
>
> Tous mes devis seront de beuverie ;
> Et quand on a maîtresse assez jolie,
> D'autres discours il luy convient user.
> Moy, etc.
>
> Faisant l'amour, je ne sçaurois rien dire
> Ni rien chanter, sinon un vau-de-vire ;
> Ce seroit trop une fille abuser.
> Moy, etc.

[1] P. 11, de l'édition de M. P. Lacroix, 1858, in-12.

Je me mettray doncques en mariage,
De boire bien quand je perdray l'usage ;
Mais je ne puis mon naturel changer :
Moy, etc.

Jean Le Houx se garde bien de n'être pas de cet avis ; il a fait la chanson intitulée *Fi de l'amour*[1], après avoir failli être confisqué par deux beaux yeux :

Puisque, beaux basilics, qui tuez par la veue,
Je tiens ma liberté que j'estimois perdue,
Beaux yeux, asseurez-vous qu'on ne me veoira pas
    Retomber en vos lacs.

L'expérience doit ores me faire sage ;
On évite les lieux où l'on a fait naufrage.
Sage n'est le marchand qui est encore allé
    Par où on l'a volé.

Pour n'y retomber point que me faut-il donc faire ?
N'est-ce point le meilleur de ne songer qu'à boire ?
Si ces buveurs, lesquels sont toujours sur le vin,
    N'ont point l'amour au sein.

Pour chasser cest amour lequel me fantasie,
Je ne veulx espargner ni vin, ni malvoisie,
Me deust-il faire mal ! Petit mal j'aime fort
    Qui plus grand mal endort.

J'aime mieux employer en beuvettes gentilles
L'argent qu'il faudroit mettre à courtiser les filles.
Un beau teint rouge et frais par Bacchus on acquiert,
    Par Vénus on le perd.

---

[1] P. 140, de l'édit. des *Vau-de-Vire d'Oliv. Basselin*, par M. P. Lacroix.

Quant au Savoyard[1], il n'était pas homme à arborer d'autres maximes. Il chante donc :

> Et quoi ! verse du vin,
>   Verse du vin,
> Dans l'amour où je suis,
> Je veux faire merveille ;
> Je veux, malgré l'amour,
>   Malgré l'amour,
> Enfermer mes ennuis
> Au fond d'une bouteille.
> Que Bacchus est charmant !
> Qu'amour a de malice,
> Et qu'il a d'artifice
> Pour tromper (*bis*) un amant !
>
> Je fais autant d'estat,
>   Autant d'estat
> Du flambeau de l'amour
> Comme d'une lanterne ;
> J'ay un feu plus beau,
>   Un feu plus beau
> Qui reluit nuit et jour
> Au fond d'une taverne.
> Que Bacchus, etc.
>
> L'éclat d'une beauté,
>   D'une beauté
> Ne me tiendra jamais,
> Fùt-elle une merveille ;
> J'en suis trop dégousté,
>   Trop dégousté,
> Je ne veux désormais
> Chérir qu'une bouteille.
> Que Bacchus, etc.

[1] P. 86, du *Recueil des chansons du Savoyard*, éd. de 1862, en-18, publiée par M. Percheron.

Fy de ces amoureux,
   Ces amoureux
Qui quittent le bon vin
Pour savourer des larmes ;
Pour moy, je me ry d'eux,
   Je me ry d'eux
Quand je gouste au matin
Des agréables charmes,
   Que Bacchus, etc.

Amis, laissons ces fous,
   Laissons ces fous
Soupirer dans l'excez
D'un amoureux martyre.
Et quand nous serons sous,
   Nous serons sous,
Nous mocquant de l'amour,
Ne parlons que de rire ;
Que Bacchus est charmant !
Qu'amour a de malice,
Et qu'il a d'artifice
Pour tromper (*bis*) les amants !

Du jour où le vin et l'amour, c'est-à-dire le buveur et sa maîtresse, ne font plus bon ménage, ils se hâtent de divorcer. Chacun reprend son indépendance, sans que la société en soit troublée, sans même qu'elle y trouve à redire. Il n'en est pas de même du vin et du mariage, ou du buveur et de sa femme légitime. C'est en vain que notre homme, autant de fois infidèle qu'il avale de bouteilles, cherche à rompre les liens qui l'attachent à l'épouse, c'est en vain qu'il redouble de boire pour échapper aux ennuis de sa servitude, il y retombe sans cesse, et à moins qu'il ne se tue à force de boire, je ne vois guère comment il s'en affranchira. Cependant il tremble, chaque fois qu'il rentre au logis, l'estomac lesté de vin et la bourse vide ; il y est accueilli par des injures et même par des coups. Encore est-il heureux d'en être quitte pour cela. Les injures, il les a bien

méritées, il le sent, il y applaudit quelquefois tout le premier ;
les coups, il s'en console par la réflexion que « qui aime bien
châtie bien. » Mais il est des femmes qui ne crient pas, qui ne
battent pas, qui font tout au plus des reproches, et qui encore
en sont bientôt lasses. Celles-là se vengent d'une autre manière.
Tout cela va être ici amplement développé.

O ma bouteille !
O mes tendres amours !
Beauté vermeille,
Je t'aimérai toujours !
Objet de ma tendresse,
Toi seule es ma maîtresse ;
Pour moi jamais
Femme n'eut tant d'attraits.

Lorsque ma femme
Me cherche carillon,
Qu'elle me blâme,
Je quitte la maison,
Je viens, rempli de zèle,
Et pour me moquer d'elle,
Te caresser,
Et la faire enrager.

ANONYME.

C'est fort bien, mais madame aura son tour, et vous n'atten-
drez pas longtemps :

Galochard, donn'-moi l' bras,
Car tout tourne,
Oui, tourne et retourne.
Galochard, donn'-moi l' bras,
Les pavés sont par trop gras....
Palsembleu !
Ce p'tit bleu

Me boul'verse
Et me renverse ;
Franchement, Galochard,
Je crois être un peu pochard !

— Pichet, sans nous déranger,
Marchons ! t'es sous... ma sauv'garde ;
Mais, de tomber prends bien garde... ·
— Va ton train, y a pas d' danger...
— Allons, bon ! dans l' tas d'ordures
V'là qu' nous roulons sens d' ssus d'ssous
Au milieu des épluchures...
Nous qu'étions propr's comm' des *sous*.
    Galochard, donn'-moi l' bras, etc.

Maintenant, gare au débat,
Ma femm', qu'a tant d'amour-propre,
En m' voyant aussi malpropre,
Va m' faire un drôl' de sabbat.
Mon ami, si tu veux m' croire,
Aujourd'hui nous f' rons le serment
Désormais de ne plus boire
Que le dimanche seulement.

              ALPH. ZOMBACH.

    Encore un coup d' picton,
    Dig, dondaine, dig, dondon ;
    Encore un coup d'·picton
    Pour nous rincer l' gorgeon.

Pour refaire le corps qui s'use,
S'use, s'use, s'use, s'use
A trimer séul à la cambuse,
Buse, buse, buse, buse,
L' dimanche; pour qu'il se r'mette en train,
    Train, train, train, train ;
Il lui faut ce nectar divin,
    Vin, vin, vin, vin.
    Encor un coup d' picton, etc.

La femm', quand on fait l'ouvrage,
Rage, rage, rage, rage,
Tout en fureur dans le ménage,
Nage, nage, nage, nage ;
Mais ici, loin de ces holà,
Là, là, là, là,
Libres, nous prenons nos ébats,
Bats, bats, bats, bats.
Encore un coup d' picton, etc.

L. C. Durand [1].

Tant que les choses se passent ainsi, il n'y a que les voisins qui puissent s'en plaindre et la police peut-être s'en émouvoir ; le tapage est de sa juridiction. Pour le mari, il reçoit l'averse comme le chat une potée d'eau ; il secoue les oreilles, va se coucher et recommence le lendemain. Mais voici qui est plus grave :

L'autr' soir, nous r'venions du p'tit vin à six sous,
Avec des amis de goguettes,
Nous étions bien sept, mais nous n'étions qu' trois souls,
Les autr's étaient un peu pompettes.
V'là l' temps qui s'coua son goupillon,
Et fit tomber sur nous un fier bouillon !
J' dis, nous voyant sans nos rifflards :
Y' gna pas d' bon Dieu pour les pochards !

Un' troup' de gamins qui s'acharne après nous,
D'un charivari nous régale ;
On nous tire à l'oie avec des trognons d' choux,
J' crois qui gn'avait tous ceux d' la halle.
Sans compter qu' j'eus un œil poché.
Et qu'un des nôtr's eut le nez écorché ;
On nous creva nos bolivards,
Y' gna pas d' bon Dieu pour les pochards !

[1] Il ne faut pas confondre ce chansonnier avec M. François Durand cité ci-dessus, p. 12 et 13.

Enfin, nous voilà d' vant l' logis conjugal,
　　Du pied nous caressons la porte,
Notre vieux pip'lét de son air amical
　　Nous dit : Que le diable vous emporte !

　　Rentrer si tard pour des bonn'tiers!
Vos femmes, sans vous, travaillent sur vos métiers,
　　Vous êtes caus' qu'ell's font des bas tard.
　　Y' gna pas d' bon Dieu pour les pochards.

Eugène Baumester.

—

　　Je bois plus souvent qu'à mon tour ;
　　Aussi, suis-j' soûl tout l' long du jour,
　　Et puis, bien rond comme une bonde,
　　　　Je jase, je fronde,
　　　　Je fais fi du monde,
　　Me moquant du tiers et du quart.
　　V'là ce qu' c'est qu' d'être pochard.

　　Quand l' gros bleu m'a mis en gaîté,
　　J' fais des avances à la beauté ;
　　Et l'autr' jour, sortant de la guinguette,
　　　　Je trouve un' poulette,
　　　　J' veux conter fleurette ;
　　Mais mon aiguille est en retard.
　　V'là ce qu' c'est qu' d'être pochard.

　　Si j' fête un peu trop le bon vin,
　　D'un autr' côté, j' néglig' l'hymen.
　　Ma femm' pour ça qu'est une ogresse
　　　　Qui sent qu' ma tendresse
　　　　Pour elle s'abaisse,
　　Me coiff' d'un bonnet peu chicard.
　　V'là ce qu' c'est qu' d'être pochard.

　　A chaqu' baptême, j' vois dès le lendemain
　　Le vrai papa qui s' dit l' parrain ;
　　Et pis du quartier chaqu' commère
　　　　Vient soigner la mère,
　　　　Caresser le père,

Disant qu'il a l' nez du moutard.
V'là ce qu' c'est qu' d'être pochard.

ANONYME.

Pour l'honneur de ces messieurs, il faut croire que si telles sont à leur égard les suites de l'ivrognerie, elles ne sont pas acceptées aussi gaiement qu'elles sont exposées dans ces couplets. Cependant, quoi qu'en pensent au fond les ivrognes, ils ne sont pas de ces maris dont on puisse plaindre les infortunes. Et comme, après tout, ils ont pris Bacchus pour modèle, ils ne doivent pas ignorer de quel emblème les anciens paraient la tête de ce dieu, ni s'attrister par conséquent d'avoir cette ressemblance de plus avec lui.

A propos d'emblème, il en est un que les ivrognes, pour la plupart du moins, ne sauraient récuser. Ils l'ont de commun, non avec Bacchus, mais avec Silène, et il les dénonce traîtreusement, même à jeun : c'est une trogne ou nez culotté. M. Ch. Colmance chante ce nez avec une verve et un esprit très-remarquables :

Un nez culotté,
Piquante parure,
Gracieuseté
De dame nature ;
Heureux l'effronté
Doté
D'un nez culotté.

Honneur au jus qui nous vient de la treille;
Lait bienfaisant
Qu'on tette encore enfant;
L'adolescent, au fond d'une bouteille,
Puise à pleins bords
De la force et du corps.
En réalité,
L'ami de la liqueur vermeille,
S'il en a goûté,
Possédera vers son été :
Un nez culotté, etc.

Or, savez-vous pourquoi cet homme est blême?
Pourquoi ses yeux
Sont toujours soucieux?
Pourquoi sa vie est un vaste carême?
Pourquoi son cœur
Est triste et sans vigueur?
C'est que l'entêté,
Suivant un absurde système,
A mis de côté
L'or ou l'argent qu'aurait coûté :
Un nez culotté, etc.

Quand Félicie était ma souveraine,
Précieux jours
De bombance et d'amours;
Elle parait à chaque couple pleine
Ses traits chéris
D'un brillant coloris.
Mais, en vérité,
Depuis qu'elle a la quarantaine,
Chez Félicité,
Ce qui remplace la beauté :
Un nez culotté, etc.

Reposez-vous et sablez vos liquides,
Nobles débris
Par vingt combats meurtris :
En arrosant vos gosiers intrépides,
Vous stimulez
Vos membres mutilés.
La postérité
Redira, braves invalides,
Au monde attristé,
Que, du moins, il vous est resté :
Un nez culotté, etc.

Tous les trésors de la Californie
Perdent leur prix
Devant un tel rubis.
Le gros lingot qu'on mit en loterie

          N'est, près du mien,
    Qu'un souffle, un zeste, un rien.
          Ma divinité,
    Mon lingot, mon trésor, ma vie,
          Mon bien, ma santé,
    C'est d'avoir en propriété :
          Un nez culotté, etc.

Olivier Basselin chante le même objet, mais d'un ton plus épique, et le modèle qui l'inspire, il ne va pas bien loin le chercher, car il est sous ses yeux. En d'autres termes c'est son propre nez [1] :

    Beau nez, dont les rubis ont coûté mainte pipe
          De vin blanc et clairet,
    Et duquel la couleur richement participe
          Du rouge et du violet.

    Gros nez, qui te regarde à travers un grand verre,
          Te juge encor plus beau.
    Tu ne ressembles point au nez de quelque hère
          Qui ne boit que de l'eau.

    Un coq d'Inde sa gorge à toi semblable porte.
          Combien de riches gens
    N'ont pas si riche nez ! Pour te peindre en la sorte
          Il faut beaucoup de temps.

    Le verre est le pinceau duquel on t'enlumine ;
          Le vin est la couleur
    Dont on t'a peint ainsi plus rouge qu'une guigne,
          En beuvant du meilleur.

    On dit qu'il nuit aux yeux ; mais seront-ils les maistres ?
          Le vin est guarison
    De mes maux ; j'aime mieux perdre mes deux fenestres
          Que toute la maison.

[1] P. 53, de l'édit. de M. P. Lacroix.

Citons encore celte ancienne chanson normande, espèce de
cantique à l'usage des frères au nez rouge-boutonné[1] :

A vous qui avez gros nez
S'adresse ma chansonnette.
Venez tous à moy, venez,
Gentils gros nez de pompette ;
Venez donc d'affection
Chanter la perfection
De ces messieurs les gros nez
Qui sont rouge-boutonnez.

Dieu gard compère Nason !
Je suis de votre brigade.
J'ay ouy, de ma maison,
Qu'il nous faut faire parade
De ces gros nez emperlez.
Ça, ça ! main me baillez,
Vive, vive les gros nez,
Qui sont rouge-boutonnez !

Mon compère, mon amy,
Chantons donc sans moquerie ;
Mon nez pourry à demy
Est de votre confrairie ;
Je ne puis m'en excuser.
Chantons sans nous amuser :
Vive, vive les gros nez
Qui sont rouge-boutonnez !

Hé, Vertugoy ! qu'est cecy ?
Tous les gros nez sont ensemble :
Ma foy ! j'en veux estre aussy ;
Le mien est beau, ce me semble,
Mon compère, Dieu vous gard !
Mettez tout soucy à part :
Vive, vive les gros nez
Qui sont rouge-boutonnez !

[1] P. 253 de la même édition.

> Le plus gros nez de vous tous,
> Fait à rouge muselière,
> Nous vienne mettre à trestous
> Son nez à nostre derrière ;
> Il sçaura certainement
> S'il y a du sentiment.
> Vive, vive les gros nez
> Qui sont rouge-boutonnez !

Le respect, l'amour de la famille et les devoirs qu'elle impose ne sont pas inconnus à tous les buveurs. J'ai relevé avec plaisir un assez bon nombre de chansons où toutes ces choses-là sont considérées comme une partie essentielle du bonheur de l'ivrogne, et comme étant inséparables de son amour de la bouteille. J'en citerai deux exemples pris parmi les moins mauvais :

LE BOURGUIGNON.

Air du Vigneron.

> C'est moi le plus beau Bourguignon
> Vanté dans toute la Bourgogne ;
> Comme un vrai tonneau je suis rond,
> Et chacun admire ma trogne.
> Je suis père de six enfants,
> Femme, enfants, tout est bien portant.

> Joyeux biberon,
> Voilà ma chanson :
> Le vin, le vin nous fait du bien et nous soutient.
> Voilà le chant du Bourguignon,
> En faisant sauter le bouchon !
> Voilà le chant du Bourguignon,
> Voilà le chant du Bourguignon,
> Voilà le chant du Bourguignon !

> Jamais on ne me voit chagrin ;
> Et si parfois je fais bombance,

C'est que j'adore le bon vin
De notre beau pays de France.
En travaillant à mes tonneaux,
Je dis, goûtant les vins nouveaux :
     Joyeux biberon, etc.

L'on a beau me vanter Paris ;
J'aime mieux ma vigne et mes terres.
Au moins là je vis sans soucis,
Loin du bruit des grandes affaires.
Tous ensemble l'on est heureux,
Nous chantons, loin des envieux :
     Joyeux biberon, etc.

Enfin, quand viendra le moment
Où je quitterai cette vie,
Notre joyeux patron Vincent,
Lui dont le sort nous fait envie,
Me recevra dans son caveau ;
Je goûterai son vin nouveau.

     Puis, après ma mort,
     Je puis dire encor :
Le vin, le vin, etc.

———

LE VIGNERON

Je suis le plus gros vigneron
De la haute et basse Bourgogne ;
Comme un gros fût mon ventre est rond.
Ma femme est la mère Gigogne,
Nous sommes et nos douze enfants,
Tous gras, joufflus, tous bien portants,
     Aussi nous chantons
     Tous à l'unisson :
Bonum vinum lætificat cor hominum,
C'est la chanson du vigneron ;
Au glou glou glou glou du flacon,
C'est la chanson du vigneron.

Je ne sais ni grec ni latin ;
A quoi bon nous sert la science ?
Je sais le goût de chaque vin
De l'Allemagne et de la France.
J'aime mieux, robuste et rougeaud,
Dire, en l'honneur du clos Vougeot,
     Ce bon vieux refrain
     Que l'on dit latin :
Bonum vinum, etc.

Je n'aime pas votre Paris.
Un jour, dans cette fourmilière,
J'envoyai l'aîné de mes fils
Avec cent fûts Beaune première ;
Vos Parisiens m'ont, dans Paris,
Gâté mon vin, perdu mon fils ;
     Mais j'espère un jour
     Dire à son retour :
Bonum vinum, etc.

Vers le patriarche Noé,
Dont la gloire me fait envie,
J'irai, certain de sa bonté,
Rendre compte à Dieu de ma vie.
Puis mes amis, buvant de mon vin,
Se souvenant de mon refrain,
     Tous en mon honneur,
     Chanteront en chœur :
Bonum vinum, etc.

Ni l'une ni l'autre de ces chansons ne portent de nom d'auteur ; je vois seulement que la première est *chantée* par M. Roland, et la seconde *vendue* par M. Marnessier. Je voudrais pouvoir louer et chanteur et vendeur de les avoir faites, car elles ne sont pas sans un certain mérite relatif ; la seconde surtout qui est de M. Ernest Bourget. En tout cas, le fond en est si exactement le même et la forme quelquefois, que si elles sont de deux auteurs, il est évident que l'un s'est *inspiré* de l'autre, ou l'a contrefait; et l'auteur du *Bourguignon* serait le coupable.

On remarquera, dans le dernier couplet de la seconde chanson, qu'il est fait mention de Noé. Ce patriarche est avec Bacchus le patron ou plutôt le dieu des buveurs, et il est aussi souvent loué par eux et invoqué que lui. Il se fait ainsi dans nos chansons un mélange continuel de la mythologie grecque et des histoires de l'Écriture sainte; ce mélange a même lieu souvent dans la même chanson. Cela ne laisse pas d'être grotesque; mais l'exemple en remonte beaucoup plus haut, et il a été donné par de plus habiles. Consultez Boileau.

Pour en revenir à Noé, à très-peu d'exceptions près, il n'est guère propice à ceux qui l'invoquent ou qui allèguent son autorité. Ou la foi de ses dévots lui est suspecte, et leurs fréquents appels à Bacchus justifient cette conjecture, ou il désespère de rendre tant soit peu poëtes des malheureux qui ne cessent d'ailleurs de faire le plus déplorable usage de la poésie. Voyez plutôt. Dans un dialogue où l'eau et le vin se disputent la prééminence, le vin s'exprime ainsi :

LE VIN.

Noé planta la vigne,
Qui porte le raisin;
Cette invention digne
A fait croître le vin.
Servant au sacrifice,
Je suis le plus propice,
Avec distinction,
Et dans le grand mystère,
Premier l'on me révère
Dans cette occasion.

ANONYME.

De la même force est cet autre couplet :

Le vieux Noé du vin a bu,
Ce qui, sans doute, amis, veut nous redire

> Que Dieu ne l'a pas défendu,
> Même aux jours du martyre.
> C'est vrai, c'est vrai, c'est vrai,
> Puisque les Romains,
> Ces puissants humains,
> En procuraient, je pense,
> Aux martyrs nombreux,
> Lorsque chacun d'eux
> Mourait pour sa croyance.
>
> ANONYME.

Mais la palme appartient à M. D. Révillon, déjà nommé et trop nommé. « Fêtons, » dit-il,

> Fêtons Noé, lui qui planta la vigne,
> Qui nous produit la boisson d'ici-bas.
> Que son génie suive toujours la ligne
> Qu'il a tracée jusqu'au jour du trépas.
> Lorsqu'il trouva la plante solitaire,
> Il inventa la liqueur du raisin ;
> Car son brevet a parcouru la terre,
> Et son progrès nous fait boire du vin.

Je répéterai à propos de M. Révillon ce que j'ai dit plus haut à propos de M. Malet : prenez un certain nombre de mots, jetez-les pêle-mêle dans un chapeau, tirez-les ensuite, et, selon qu'ils se présenteront sous la main, mettez-les à la file les uns des autres, puis formez-en tant de lignes et de la longueur qu'il vous plaira, je serai bien surpris si vous n'en obtenez des vers aussi raisonnables, aussi intelligibles que ceux de M. Révillon. Et pourtant M. Révillon a fait des progrès ! En voici le certificat :

« Nous voyons avec plaisir augmenter les progrès de M. Révillon, ce nouveau chansonnier populaire et national. Vu et approuvé par nous, éditeurs et auteurs dramatiques. *Signé :*

« ADOLPHE JOLY ET LÉON DE CHAUMONT[1]. »

---

[1] *Le Gay chanteur de la jeunesse*, par Denis Révillon de Saint-Cyr. Prix : 10 cent. Lyon, imprimerie de Porte et Boisson, cour de Brosses, 9. S. D. — Page 2.

Il n'y aurait plus, après ce témoignage, qu'à tirer l'échelle ; mais si M. Léon de Chaumont approuve les mauvais vers d'autrui, je me plais à constater que pour son propre compte il en fait qu'on lit volontiers. Témoin ses chansons sur les métiers ; j'en parlerai en son lieu. Nous lui devons, en attendant, une mention honorable pour ses deux couplets sur Noé, l'un chanté par un marchand de vin, l'autre par un tonnelier :

> J'ai toujours respecté la vigne,
> Noé la planta, c'est certain.
> Il faudrait être un homme indigne
> Pour trahir ce bon Jean Raisin.
>> J'en jure par la bonde !
>> Ah ! quel serment je fais !
>> L'eau coule pour le monde,
>> Mais pour moi... non, jamais !
> C'est le vin, le vin, le vin, etc.

> Notre métier doit dater du déluge,
> Et le premier tonnelier fut Noé.
> C'est des débris de l'Arche, son refuge,
> Que le premier tonneau fut façonné.
> L'or du Pérou, de la riche Golconde,
> Ne valent pas le cercle d'un cuvier.
> S'il est encor quelque bonheur au monde,
> N'est-ce pas grâce à l'art du tonnelier ?

Une dernière strophe ; elle est de M. Féret :

> La Bible, mes amis, c'est un excellent juge,
> Qui nous apprend à vénérer le vin ;
> Pour plaire à Dieu, aussitôt le déluge,
> Noé, dit-elle, a planté le raisin.

Pardon, monsieur Féret, c'est la vigne que Noé a plantée, et c'est le raisin qui a poussé. Il sied à la poésie d'être d'accord avec l'histoire naturelle. M. de Buffon ne vous aurait pas passé cette licence.

Pour Olivier Basselin (car j'en reviens toujours à lui), il a compris que l'obligation que les ivrognes ont à Noé était assez grande pour obtenir l'honneur d'une chanson entière [1] ; et cette chanson est charmante :

> Que Noé fut un patriarche digne !
> Car ce fut luy qui nous planta la vigne,
> Et beut premier le vin de son raisin.
>   O le bon vin !
>
> Mais tu estois, Lycurgue, malhabile,
> Qui ne voulus qu'on beust vin en ta ville.
> Les beuveurs d'eau ne font point bonne fin.
>   O le bon vin !
>
> Qui boit bon vin, il fait bien sa besongne ;
> On voit souvent vieillir un bon ivrogne,
> Et mourir jeune un savant médecin.
>   O le bon vin !
>
> Le vin n'est point de ces mauvais breuvages
> Qui, beus par trop, font foiblir les courages :
> J'ay, quand j'en bois, le courage herculin.
>   O le bon vin !
>
> Puisque Noé, un si grand personnage,
> De boire bien nous a appris l'usage,
> Je boiray tout. Fay comme moy, voisin.
>   O le bon vin !

Tout vin est bon à nos buveurs pour éteindre leur soif et la rallumer tour à tour ; aussi n'en est-il pas un qui n'obtienne leurs hommages. Comme la source où ils puisent, leur verve à cet égard est inépuisable ; il n'est pas de sorte de vin qui n'ait donné lieu à des centaines de chansons. La piquette a ses poëtes

---

[1] P. 27, de l'édition de M. P. Lacroix.

ainsi que le champagne ; il en est de même du petit bleu, du briolet, du Suresne, du Nanterre, etc. Vous verrez même ceux-ci préférés aux meilleurs crus de France et d'Espagne. Il est vrai que la cherté des vins illustres et le peu de commerce qu'ont avec eux nos buveurs ne permettent guère à ces juges trop prévenus d'établir une comparaison ; ils en parlent comme le renard faisait des raisins ; mais il est également vrai que les apologies qu'on voit ici des vins réputés grossiers ne sont pas toujours les plus méchantes. Pour ma part, s'il fallait juger de la qualité du vin par la qualité des vers, je débouterais le bourgogne de ses prétentions et donnerais gain de cause au briolet. Savez-vous ce que c'est que le briolet ? Non. Eh bien, apprenez-le, et soyez reconnaissant pour le poëte qui vous le fait connaître.

Air du P'tit bleu.

Le briolet
Est un breuvage
Peu sauvage ;
Le briolet
Est un p'tit vin tout drôlet.
C'est blanc, rose et pas laid ;
Ça n' pouss' pas au tapage.
Ça s' boit comm' du p'tit-lait.
Vive le briolet !

Qu'on n' me parle jamais
D' ces gros vins d' la barrière,
Qui mêlent leurs fumets
A tant de tristes mets.
Noires liqueurs, adieu,
Affreux poisons, arrière !
Tu n'as pas, petit bleu,
Été créé pour eux !
Le briolet, etc.

Le bordeaux est le vin
Du gros bourgeois à table,
Pour nous l' champagne en vain
Est un nectar divin ;
Si l' riche en se grisant
Sable un cru délectable,
L' briolet bienfaisant
Est l' vin du paysan !
 Le briolet, etc.

S'il n'a pas un cachet
Que le gourmet renomme,
On peut, sans ricochet,
En boir' plus d'un pichet ;
Il sait, en bon garçon,
Ainsi que l' jus d' la pomme,
Arroser sans façon
Le lard et la chanson !
 Le briolet, etc.

L' gros bleu, comme un paillard,
Donn' des excès d' tendresse ;
L' briolet, moins gaillard,
Rend aussi babillard.
Le p'tit feu d' sa liqueur
Au sang lent'ment s'adresse,
Mais soudain fait, vainqueur,
Monter l'amour au cœur !
 Le briolet, etc.

Ce p'tit vin, méconnu,
Possèd' plus d'un mérite,
Quoiqu'il paraiss' trop nu
Au marchand parvenu ;
L' débitant d' maint tonneau,
Soi-disant émérite,
Le r'pouss' de son caveau.
L' briolet s' boit sans eau !
 Le briolet, etc.

Ces vers, si je ne me trompe, ont de la gaieté, du naturel ;
ils analysent supérieurement et recommandent tout à la fois le
briolet ; ils donnent presque l'envie d'en boire, sans attendre
la soif. Ils ne sont pas signés, mais ils sont, je le crois, de
M. L. C. Durand, un de nos moins mauvais chansonniers populaires. S'il dédaigne quelquefois de signer ses productions, c'est
qu'il a la confiance d'être reconnu à son style, et il a raison. Je
le retrouverai sur mon chemin.

J'y retrouve M. Antoine Remy ; j'ai donné ci-devant des
échantillons de son savoir-faire ; il ne vaut pas M. Durand, et il
est d'une fécondité terrible. De quelque côté qu'on se tourne, on
se heurte à lui, et alors il ne se contente pas d'un coup de chapeau, il faut ou lui faire des excuses ou entendre ses vers. En
voici où il raconte la vie et les goûts de *Jean Raisin* ; mais je
crains bien qu'il ne calomnie son héros :

REFRAIN.

Jean Raisin, l'ami de la vigne,
Est toujours le gai boute-en-train,
Qui prend la grappe pour insigne
Et pour arme un verre de vin.

Né dans les futailles,
Fils d'un tonnelier,
Il fait ses ripailles
Au fond d'un cuvier.
Son humeur guill'rette
L' fait chanter toujours
Le jus d' la piquette
Qui charme ses jours.

Le petit suresne
Rend son cœur joyeux ;
Dix bouteilles pleines
Lui brouillent les yeux.

On admir' sa trogne,
Qu'est roug' comme un feu,
Car sa douc' besogne,
C'est d' boir' du p'tit bleu.

Le vin de Nanterre
Ne lui fait pas peur ;
Y s' moqu' du madère,
Lourd par sa liqueur.
Mais les bons crus d' Fresnes,
De Font'nay, Clamart,
Font bannir ses peines
Dans c' clairet nectar.

Pour finir ses noces,
Il boit' le montreuil,
Et se fourr' des bosses
Du gris d'Argenteuil.
Il traite d'ignoble
Celui qui boit d' l'eau,
Car pour lui l' vignoble
Est le bien l' plus beau.

Laissons Jean Raisin cuver sa ripopée, et comparons les vins dont il donne la carte et dont il s'abreuve à Paris, à ceux que distinguaient, au dix-septième siècle, les gourmets de l'an-cienne province de Normandie [1] :

O gentil vin de Morillon [2]
Tu crois tout auprès de Gaillon,
    Entre Paris et Troye [3].
Bénit soit-il qui te planta !
    Tu donnes au cœur joie.

[1] *Bacchanales et Chansons*, dans *Vaux-de-Vire* d'Ol. Basselin, édit. Paul Lacroix, p. 250.
[2] Le morillon est une sorte de raisin noir qui doit son nom à sa couleur, et qui paraît avoir été tiré de l'Auvergne.
[3] Gaillon n'est ni entre Paris et Troyes, ni entre Lille et Marseille; il est tout simplement dans le département de l'Eure.

Les vins d'Orléans sont très-bons,
Limoy, Près, Pastour [1] et Châlons,
    Auxerre, Ay m'envoye.
Beaune sur tout a le bruit,
    Ailly, pleine vendange.

De Colinhou [2] ne buvez pas,
Car il meine l'homme au trépas ;
    Laval rompt la ceinture ;
Ce sont bailleurs de tranchaysons,
    Ennemis de nature.

Vin de Rochelle et de Beauval [3]
Au corps humain ne fait nul mal.
    Bordeaux et vin de Grave
Sont bons pour l'arrière-saison
    A garder à la cave. Etc., etc.

Voyons maintenant ce que dit du *petit bleu* M. Alexis Dalès :

REFRAIN.

Lon lon la, quand je tiens un verre,
Lon lon la, plein de petit bleu,
Lon lon la, d'être sur la terre,
Lon lon la, je rends grâce à Dieu !

    Misanthrope sévère,
      Toi qui ne ris plus,
    Et dont l'humeur austère
      Fronde les abus,

[1] Limoy ; peut-être Limay, près de Mantes. Près et Pastour ne sont indiqués par aucun dictionnaire géographique.

[2] Vin récolté dans le pays de Caux de vignes mariées aux arbres, suivant la coutume des anciens.

[3] Peut-être Beauvau, en Anjou, où il y a du moins des vignes, tandis qu'il n'y en a pas à Beauval, département de la Somme.

Pour voir de douces choses,
Et des métamorphoses,
Mets les lunettes roses
Du papa Bacchus !...
Lon lon la, etc.

On te doit des louanges,
O divin soleil !
Tu mûris les vendanges,
Astre sans pareil !
Lorsque ton disque brille
Sur mon vin qui pétille,
J'y crois voir d'une fille
Le rire vermeil !
Lon lon la, etc.

Ma vie est agréable,
Amis, et pourtant.
Je n'ai pas sur ma table
De couverts d'argent.
Avec ma Fanchonnette,
Nous n'avons qu'une assiette,
Et nos doigts de fourchette
Nous servent souvent.
Lon lon la, etc.

Nul souci ne m'assiége,
Je vis en gaieté ;
Pourquoi me plaindrais-je
De ma pauvreté ?
Ma petite famille
Saute, chante et babille ;
Ma Fanchon est gentille,
Et j'ai la santé.
Lon lon la, etc.

Quand j'ai bu ma bouteille
De ce divin jus,
Mon âme se réveille,
Mes sens sont émus.

> J'en bois une deuxième,
> Bientôt vient la troisième ;
> Après la quatrième
> Je ne compte plus.
> Lon lon la, etc.

Est-il vrai que le petit bleu produise de si excellents effets ? En ce cas, le voilà bien réhabilité, car il ne jouissait pas, ce me semble, d'une très-bonne réputation. Cependant c'est un philosophe aimable, un bon père de famille qui porte pour lui témoignage, et qui s'en acquitte même fort agréablement. Comment ne pas croire à sa parole ? Pour moi, qui partageais le préjugé commun à l'égard du petit vin bleu, je lui fais amende honorable. J'en veux tâter désormais, ne fût-ce que comme d'une médecine morale qui peut bien réformer le caractère, puisqu'elle fait goûter avec tant de vivacité les joies de l'honnête homme.

Un jour pourtant le petit bleu faillit être rayé du livre de vie. C'était en 1855, pendant que l'oïdium exerçait ses ravages. Déjà les buveurs en pâlissaient d'effroi, et M. Marius Duchamp, en proie lui-même à la terreur, sommait en son patois la nature d'ôter aux humains ce teint blême, triste image des buveurs d'eau, et « de rendre la vie à ses enfants. »

> Quel destin misérable
> Nous rend donc odieux ?
> Par quel crime exécrable
> Offensons-nous les dieux ?
> Jadis cette main d'ange,
> Qui dorait nos moissons,
> Veillait sur la vendange
> Et filtrait nos boissons.
>
> Nature qu'on aime,
> Toi qui toujours nous défends,
> Sors-nous ce teint blême,
> Rends la vie à tes enfants.

Toi, vigne moribonde,
Viens rougir le pressoir,
Et verser à la ronde
Des chansons chaque soir.
Loin de ton cep livide,
D'un pas précipité
Vois l'escargot avide
S'enfuir épouvanté.

Nature qu'on aime,
Toi qui toujours nous défends,
Sors-nous ce teint blême,
Rends la vie à tes enfants.

Avec l'eau de la Seine,
Les humains extorqués,
D'une boisson malsaine
Meurent tous coliqués.
Nature, bonne mère,
Regarnis nos coteaux;
Rends la vie moins amère,
Ferme nos hôpitaux.

Nature qu'on aime,
Toi qui toujours nous défends,
Sors-nous ce teint blême,.
Rends la vie à tes enfants.

Pour M. Maurice Patez, il tenait le petit bleu pour si bien mort, qu'il écrivit son oraison funèbre. Le petit bleu en est revenu pourtant; le poëte s'était trop avancé. Lui-même, ainsi qu'on va le voir, avait quelque pressentiment que son oraison funèbre serait démentie tôt ou tard; mais il n'en voulut pas démordre; son siége était fait :

ORAISON FUNÈBRE DU VIN
OU LES ADIEUX AU P'TIT BLEU

Air *du Vigneron.*

Pends-toi, mon pauvre Jean Raisin,
Du vin la source s'est tarie;

Le diable a, d'un souffle malsain,
Fait tomber la grappe chérie.
Nos fêtes passent sans gaieté,
Où le vin n'est pas invité.
　　A la table, au soir,
　　L'ennui vient s'asseoir.

　　Adieu, p'tit bleu !
Qui nous réchauffais de ton feu,
Tu ne vis plus qu'en souvenir.
Que le temps va bientôt bannir,
Tu ne vis plus qu'en souvenir. (*bis*)

Nos savants se sont mis en eau
Pour trouver du vin le remède,
Ils ont bien creusé leur cerveau,
Hélas ! pour nous venir en aide ;
Ils n'ont trouvé qu'un mot latin,
Malade est resté le raisin.
　　Ces fils du savoir
　　Ont vu sans y voir...
　　Adieu, p'tit bleu, etc.

Du Nord la bière, aux flots soumis,
Colore tristement nos verres ;
Nous regrettons, froids, engourdis,
Le vin aux riantes chimères.
Houblon et racine de buis,
Merci de vos amers produits
　　Qui nous font souvent
　　Pâlir en buvant.
　　Adieu, p'tit bleu, etc.

Quoi ! la France au vin tant vanté
Perdrait sa vieille renommée ?
Quoi ! le pauvre, déshérité,
Du vin n'aurait que la fumée ?
Non ; sous cet œil puissant de Dieu,
Sous le soleil au divin feu,

> Le vin, cher à tous,
> Reviendra plus doux.
> Adieu, p'tit bleu, etc.

M. Henri Parra chante le vin de Bourgogne : c'est un beau texte. Notre poëte a du montant, de l'entrain, et un abandon plus que tendre. S'il n'est pas plein de son sujet, il en est fortement touché :

> Joyeux enfant de la Bourgogne,
> Je n'ai jamais eu de guignon,
> Et quand je vois rougir ma trogne,
> Je suis fier d'être Bourguignon !

> Au sein d'une vigne
> Je reçus le jour ;
> Cette mère est digne
> De tout notre amour.
> Depuis ma naissance
> Elle me nourrit ;
> Par reconnaissance
> Mon cœur la chérit.
> Joyeux enfant, etc.

> Quand j'ai ma bouteille
> A côté de moi,
> Je suis, sous la treille,
> Plus heureux qu'un roi.
> Souvent je m'embrouille,
> Car, chaque matin,
> Je me débarbouille
> Dans un seau de vin.
> Joyeux enfant, etc.

> Ma femme est aimable,
> Et, sur ses appas,
> Quand je sors de table,
> Je ne m'endors pas.

Mon humeur est bonne
Lorsque je suis plein,
Et ma Bourguignonne
Jamais ne s'en plaint.
Joyeux enfant, etc.

Madère et champagne,
Approchez un peu,
Et vous, cru d'Espagne,
Malgré votre feu,
L'ami de l'ivrogne
Réclame ses droits :
Devant le bourgogne
Saluez trois fois !
Joyeux enfant, etc.

Finissons par l'éloge du vin de Champagne. Il est de M. Clair-ville, et n'est arrivé dans la rue qu'après avoir été chanté dans les *Sept Châteaux du Diable*, féerie de cet auteur, qui a été jouée, dit-on, six cents fois à Paris. S'il y est parlé des Bretonnes, plus accoutumées au cidre qu'au champagne, c'est que les héros de la pièce sont Bretons, et se trouvent dans le château de la *Gourmandise* avec leurs fiancées.

REFRAIN.

C'est le champagne,
Vin de Cocagne,
Philtre enchanteur créé par Lucifer ;
Videz nos tonnes,
Que nos Bretonnes
Boivent ce vin, chef-d'œuvre de l'enfer.

C'est un poison dont le goût électrise.
C'est un démon qu'on avale gaiement ;
C'est le nectar, qui de la gourmandise.
Est aujourd'hui le premier talisman.

. Vin des grisettes,
         Vin des lorettes,   ·
L'amour lui doit ses plus chères faveurs ;
         Quand ce vin moussé,
         La vie est douce,
Et le péché peut s'emparer des cœurs.

C'est le secret de beaucoup de faiblesses,
C'est le fléau des malheureux époux ;
Serments d'amour, baisers, tendres caresses,
Ce n'est pas cher, c'est quatre francs dix sous.
         Prodige étrange,
         Par lui tout change :
A la laideur il donne des appas,
         De la science
         A l'ignorançe,
Et de l'esprit à ceux qui n'en ont pas.

M. Clairville a aussi fait chanter dans les rues : le *Diable à Paris*; la *petite Margot;* l'*Antiquaire savant*; la *Corde sensible; Oh! la la ! qu' c'est bête tout ça ; Encore un carreau d' cassé; Turlurette; Ah! qu'ell's étaient bonnes les pommes!* etc. Si jamais auteur de vaudevilles naquit pour être populaire, c'est assurément M. Clairville ; on peut dire qu'il règne à la fois sur les planches et sur le pavé.

Il est à Paris, comme partout, plus d'un cabaret fameux. Un buveur qui ne les hanterait pas, à plus forte raison, qui ne les connaîtrait pas, serait indigne de ce nom, et le chansonnier qui n'en dirait rien mériterait d'être mis au régime de l'eau à perpétuité. Il faut donc s'attendre à ce qu'un sujet si grave ait été traité dans les formes. On n'y a pas manqué. Toutes les chansons en l'honneur des cabarets que j'ai sous les yeux sont la peinture plus ou moins décente, plus ou moins grivoise des mœurs de leurs habitués. Trois de ces chansons m'ont paru valoir la peine d'être citées ; c'en est assez pour faire juger des autres, car là, comme ailleurs, on se répète et on se pille souvent :

LE CABARET DE LA CALIFORNIE
(BARRIÈRE DU MAINE.)

PAROLES D'ÉLÉONORE PECQUET ET DE DECOURCELLE.

AIR *du Moulin joli.*

REFRAIN.

Montons, amis, pour rigoler,
Barrièr' du Maine, à la Californie ;
Chez Cadet, l'on peut s' régaler,
Et l'on mène joyeuse vie.

Pour quatr' sous, je vous le jure,
On a du rude chass'las,
Qui vous coupe la figure,
Sans mentir, à plus d' quinz' pas.
Si vous avez faim en route,
Tâchez de vous réserver,
Car là très-peu vous en coûte,
L'on vous en donne à crever.
Montons, etc.

Plus d'un, par économie,
Se paye un vieil hareng saur ;
Ils dis'nt que c'est par envie
Puis après ils lich'nt à mort.
Quand ils ont rempli leur panse,
Ils se batt'nt comm' des vauriens ;
On se croirait, je le pense,
Jadis au combat des chiens.
Montons, etc.

L'un crie : Holà ! mon oreille !
L'autre dit : Ah ! quel poche-œil !
L'effet du jus de la treille
A tous donne de l'orgueil.

Un peu plus loin c'est plus farce,
Vous voyez deux amoureux
Qui s'attrapent la tignasse ;
Ils reviennent sans cheveux.
Montons, etc.

Dans un coin un moutard braille,
De n' pas teter son content.
La mèr' dit : Quelle marmaille !
J' peux pas licher tant seul'ment.
Plus d'un' va, par gourmandise,
Chez ma tante mettre en plan
Tablier, robe et chemise,
Pour se remplir le battant.
Montons, etc.

Dans cet endroit de plaisance,
Faut savoir tout éviter ;
Vous recevez une danse,
Et sans l'avoir mérité.
Si parfois vous êtes poche,
Que vous vouliez sommeiller,
Pan ! à grands coups de mailloche
Douc'ment vous èt's réveillé.
Montons, etc.

Pour quatr' sous à perdre haleine,
On a plusieurs plats au choix ;
L'on mang' du lapin d' garenne,
Lapin qui court sur les toits.
Vrai, c'est une économie,
Pour un' pièce de dix sous,
L'on y voit plus d'une orgie,
Et puis l'on s'en revient soûl.
Montons, etc.

LE BON PETIT COIN

PAROLES DE MARIUS DUCHAMP.

Air *du Roi d'Yvetot*.

Il était un bon petit coin,
    D'une antique mémoire :
On y venait, dit-on, de loin
    Pour chanter, rire et boire ;
Assemblée où chaque buveur,
Sous sa main trouvait le bonheur
      Du cœur.
      Oh ! oh ! oh ! oh !
      Ah ! ah ! ah ! ah !
Quel bon petit coin c'était là,
      La la.
} *bis.*

A Bacchus, le roi de nos dieux,
    On rendait maint hommage ;
Le verre en main, l'œil vers les cieux,
    D'arroser c'est l'usage ;
Car on l'arrosait tellement
Qu'on en vit plus d'un chancelant,
      Tombant.
      Oh ! oh ! oh ! oh ! etc.

Loin d'effaroucher les amours,
    Il leur prêtait asile ;
Le bon coin recevait toujours,
    Sous son toit peu tranquille,
Les serments vrais d'une Gotton,
De Turlurette et Jeanneton,
      Dit-on.
      Oh ! oh ! oh ! oh ! etc.

Comme le vin était très-dur,
    On vit, scène burlesque,
Le buveur dessiner le mur
    En peinture à la fresque ;

Et chacun était empressé
Vers ce *soldat* indisposé,
    Blessé.
   Oh! oh! oh! oh! etc.

Survenait-il quelque raison,
   Et voulait-on se battre?
On sortait hors de la maison,
   On se mettait en quatre.
Le poing fermé, c'était la loi,
Puis au plus fort on donnait droit,
    Ma foi.
   Oh! oh! oh! oh! etc.

Ce n'est vraiment pas trop mal; ce serait même assez bien s'il
y avait moins d'incorrections. Mais voici qui est bien tout à fait :

LA GUINGUETTE

PAROLES DE M. DEBUIRE DU BUC.

Air : *La bonne aventure au gué.*

Habitués des faubourgs,
   Dans les jours de fête,
Je chante ici vos amours,
   L'aimable guinguette,
Où l'on trouve sans façons :
Francs amis et gais *chochons.*
   Vive la guinguette,
    O gué !
   Vive la guinguette !

Du piston les sons criards
   Vous brisent la tête ;
Entendez-vous les canards
   De la clarinette?
Ces instruments, dans l'été,
Manqueraient à la gaîté

De toute guinguette,
O gué !
De toute guinguette.

La fileuse et son amant,
Sous la gloriette,
Ne perdent pas un moment
D'un doux tête-à-tête ;
L'amant, pour l'apprivoiser,
Lui prend un tendre baiser.
Vive la guinguette,
O gué !
Vive la guinguette !

Là s'enfante plus d'un trait,
Et nos gais poëtes
Y rencontrent le sujet
De leurs chansonnettes.
Les maris et les jobards,
Les amants et les pochards
Vont à la guinguette,
O gué !
Vont à la guinguette !

Lorsque le pauvre honteux
Entre à la guinguette,
L'ouvrier, d'un air joyeux,
Lui fait sa recette ;
Quelques gros sous dans la main,
Le pauvre dit en chemin :
Vive la guinguette,
O gué !
Vive la guinguette !

Les archers et les *Bourleux*,
La gente grisette
Se dérobant aux fâcheux,
Vont à la guinguette
Arroser le jambonneau
Avec la bière à *Rousseau*.

> Vive la guinguette,
>   O gué !
> Vive la guinguette.

> O guinguette ! ô lieu charmant !
> Séjour d'amourette,
> Où, sans scrupule, l'amant
> Peut, à sa cannette,
> Joindre œufs durs et macarons,
> Artichauts et carrés *ronds*.
> Vive la guinguette,
>   O gué !
> Vive la guinguette.

> Quand s'accomplira mon sort,
>   — Cela m'inquiète, —
> Trouverai-je au sombre bord
> La moindre guinguette ?
> Car je voudrais à Caron,
> Payer un simple canon
> Dans une guinguette,
>   O gué !
> Dans une guinguette.

Le *Lapin blanc*, ce cabaret de la rue aux Fèves, non moins fameux par son antiquité que par la figure qu'il fait dans les *Mystères de Paris*, a mis aussi en mouvement bien des lyres populaires. Toutes gémissent de sa mort, car, hélas ! il a vécu maintenant. Le marteau des démolisseurs en a fait justice, avec cette charmante indifférence et ce flegme stoïque qui caractérisent le maçon de la Creuse et du Limousin. Je parlerai ailleurs des chansons dont il fut le sujet dans cette lugubre circonstance. Le cabaret de Paul Niquet l'avait précédé dans la tombe. Chose étrange ! je ne trouve parmi mes chansons ni sa louange, quand il florissait, ni son oraison funèbre, quand il cessa de vivre. O reconnaissance de l'estomac !

J'ai aussi cherché vainement quelque pièce où l'on se soit

amusé à passer en revue les différents cabarets de Paris, à en
établir en quelque sorte une nomenclature. Je le regrette, autant
dans l'intérêt des buveurs qui aiment à promener leur soif, que
de l'érudition topographique. Je me permettrai donc d'inviter
quelqu'un de nos chansonniers à combler cette lacune, et je lui
offrirai pour modèle la chanson suivante, tirée d'un recueil
cité plus haut[1]. Je crois qu'il est inutile de lui recommander de
faire la sienne meilleure et de mettre plus de littérature dans
son *état* des lieux.

GUIDON BACHIQUE

OU CHANSON POUR TROUVER LES BONS CABARETS DE PARIS.

Si tu veux prendre tes ébas
Dans des cabarets pleins d'appas,
   Et faire bonne chère,
Dans cette chanson tu verras
   Leur demeure ordinaire.

Je te conseille, à ton réveil,
De rechercher le *Beau-Soleil*.
   Puis d'aller faire hommage
A ce breuvage sans pareil
   Pris dans la *Belle-Image*.

De visiter prens le soucy
La *Croix-d'Or*, la *Croix-Blanche* aussi,
   Saint-Jean, la *Magdelaine*,
Car le muscat et vin d'Aï
   Coulent de leurs fontaines.

D'une semblable affection,
Entre à l'*Annonciation*,
   A *Saint-Martin*, à l'*Ange*[2].
Dans ces lieux de discrétion
   Tu boiras sans mélange.

---

[1] *La Caribarye des Artisans*, page 162.
[2] Cabaret tout proche de l'hôtel de Bourgogne.

De là faut estre coutumier
De visiter monsieur *Cormier* [1]
    Aussi le *Boisselier* [2] :
Si tu veux l'argent employer
    Tu y feras grande chère.

Pour faire encore grand festin
    Entre dans la *Pomme-de-Pin* [3]
    Ou bien dans la *Galère* [4].
Le *Petit-Diable* est son voisin
    Où l'on fait bonne chère.

Si tu veux le *Mouton* [5] chercher
Des *Trois-Torches* [6] il faut t'approcher
    Et ne sois pas si bête
Que tu n'ailles sans trébucher
    Droit à la *Grosse-Tête*.

Soit en été, soit en hyver
Tu dois aimer le *Chesne-Verd* [7],

---

[1] Maître-d'hôtel en réputation.

[2] La Boisselière, hôtel près du Louvre, la meilleure maison de ce temps, mais très-chère ; il fallait y dépenser environ dix francs pour dîner, somme énorme pour l'époque. Cette maison florissait déjà en 1612.

[3] Cabaret renommé, rue de la Licorne, en la Cité, le rendez-vous des gens de lettres. Le maître s'appelait Desbordes Grouin ; il y fit fortune. Son fils dédaigna de lui succéder. Le fonds passa à Cresnay, dont Boileau a dit :

Se vendoit chez Cresnay pour vin de l'Hermitage.

[4] Rue Saint-Thomas-du-Louvre.

[5] Le Mouton, tenu par la veuve Bérain, au cimetière Saint-Jean. Ce cabaret était fréquenté par quelques jeunes seigneurs d'esprit, et par une partie des gens de lettres. Racine, Boileau, etc., étaient de cette réunion. Ce fut dans une chambre de ce cabaret que fut tracé le plan de la comédie des *Plaideurs*, et que furent donnés à Racine, par un des habitués, les détails techniques dont il avait besoin.

[6] Il y avait au cimetière Saint-Jean un cabaret des Deux-Torches, qui devait être un concurrent de celui-ci ; ce qui fait supposer que les Trois-Torches étaient dans le même quartier.

[7] A la sortie du préau du Temple.

Le *Raisin* et la *Treille* :
Et si tu es à boire expert
Prens toujours la *Bouteille*.

La *Table-Roland*[1] c'est ton fait,
Les *Trois-Poissons*, le *Grand-Cornet*,
Ils sont l'un près de l'autre :
Et si tu veux boire à souhait
Tu n'iras point à d'autre.

Si tu veux faire un bon repas,
D'entrer au *Bœuf* ne manque pas,
Dans la rue de la Harpe ;
C'est un cabaret plein d'appas
Et digne de remarque.

Te faut fréquenter désormais
La *Tour-d'Argent* et le *Palais*,
La *Bastille* et *Vincennes* ;
Tu ne te souleras jamais
De leur vineuse veine.

Pour montrer que tu es François,
Prens l'*Echarpe-Blanche*[2] et me crois,
Et l'*Epée-Royale*[3] ;
Montre au *Lyon* si tu le vois,
Ton âme martiale.

Si tu veux *Trois-Mores* choquer,
Au *Galion* faut t'embarquer
Pour voyager sans peine ;
Deux-Dauphins verras sans manquer,
Puis après la *Seraine*.

[1] Dans la vallée de Misère.
[2] Au Marais. On dit que le maître de cette maison eut le premier l'idée des cabinets particuliers.
[3] A Passy.

Surtout ne sois pas négligent
Prendre l'*Escu-d'Or* et d'*Argent* [1]
Et l'*Escu de Bretagne*,
Là, tu verras en voyageant,
Le *Pays-de-Cocagne*.

Aux *Trois-Cuillers* [2] un blon valet
Fournira d'un vin pur et net,
Pour te rougir le trogne :
Puis entre au *Petit-Cabaret*,
Près l'hôtel de Bourgogne.

Visite ces bons cabarets,
Le *Sauvage* et les *Trois-Maillets* [3],
L'*Hermitage* et le *Cygne*,
Et dans ces lieux comme aux *Trois-Rois*
L'on fait bonne cuisine.

La marmite encor va fort bien
Au *Petit-Broc*, plein de bon vin,
Au *Paon* et à l'*Etoile*,
Au *Grand-Cerf* et au *Pot-d'Etain* [4],
Leur breuvage est fidèle.

Va faire aussi *Gaudeamus*
Au *Petit* et au *Grand-Bacchus*
Et à la *Tête-Noire* [5],
Sans oublier l'excellent jus
De la *Ville d'Auxerre*.

Quinze verres de vin sont bons,
Une *Lamproye* et *Trois-Pigeons* [6],

---

[1] L'Escu d'argent, rendez-vous des gourmets de l'Université. L'on y buvait le meilleur vin de Beaune.

[2] Cabaret tenu par un nommé Lamy.

[3] Vers la place Montorgueil.

[4] Dans les environs de la place Sainte-Opportune.

[5] Près du Palais. Elle avait pour clientèle toute la basoche et les chantres de la Sainte-Chapelle.

[6] A la butte Saint-Roch.

Un *Pourcelet* encore,
Le *Cochet* et les *Deux-Saumons*[1]
Valent qu'on les honore.

La *Pucelle* et ses doux attraits
Font chercher l'*Isle-du-Palais*,
Le *Roy-Charles* est fertile.
La *Queue-de-Renard* est près,
Et le *Sauvage* en l'Isle.

Dans la *Chaire* ou le *Berceau-d'Or*
Tu pourras reposer encor,
Puis aux *Entonnoirs*[2] passe,
De rencontrer je te fais fort,
Un *Cochet* à la *Chasse*.

La *Nef-d'Argent*, le *Galion*,
En revenant du petit pont
A la *Porte-Dorée* ;
La *Fleur-de-Lys* et le *Mouton*
Ont de bonne purée.

Te conseillant boire un bon coup,
Exprès je t'enseigne le *Loup*,
La *Corne*[3] et le *Sauvage*,
Le *Griffon* qu'on connoît partout
Et l'*Homme-de-Vilage*.

Bref, va chercher des vins frians
Dedans la *Forest-d'Orléans*.
Et si tu te sens riche,
Au *Moulinet* fay tes dépens
Ou dans le *Pié de Biche*.

---

[1] Dans le voisinage des Halles, je suppose ; par exemple, rue Montorgueil, où le passage du Saumon a pu emprunter son nom au cabaret.

[2] Dans le quartier de l'Université.

[3] La Corne, d'abord rue des Sept-Voies, ensuite place Maubert, réunissait les pédants de l'Université.

Du milieu de ces voix innombrables qui s'enrouent à chanter le vin ne saurait-il s'en élever une seule pour réclamer en faveur des boissons qui du moins désaltèrent l'homme, si elles n'ont pas la vertu de l'égayer? Passe pour l'eau, qui n'a de crédit que chez les hydropathes, et que ces messieurs ont réduite à la triste condition de médecine; mais le cidre, Olivier Basselin, lui, ne l'a pas oublié. L'apologie qu'il en fait est d'une aimable gaieté[1], la voici :

> De nous se rit le François,
> Mais vrayment, quoi qu'il en die,
> Le sidre de Normandie
> Vaut bien son vin quelquefois.
> Coule à val, et loge, loge !
> Il fait grand bien à la gorge.
>
> Ta bonté, ô sidre beau,
> De te boire me convie.
> Mais pour le moins, je te prie,
> Ne me trouble le cerveau.
> Coule à val, etc.
>
> Je ne perds point la raison
> Pourtant, à force de boire,
> Et ne vais point en cholère
> Tempester à la maison.
> Coule à val, etc.
>
> Voisin, ne songe en procez,
> Prends le bien qui se présente;
> Mais que l'homme se contente,
> Il en a toujours assez.
> Coule à val, etc.
>
> N'est pas cestuy-là logé ?
> En est-il demeuré goutte ?

[1] P. 40 de l'édition de M. Paul Lacroix.

De la soif, sans point de doute,
Je me suis très-bien vengé.
Coule à val, et loge, loge !
Il fait grand bien à la gorge.

Mais la bière, et autres boissons populaires analogues, la bière surtout, ne trouvera-t-elle pas un homme assez courageux pour la mettre en chanson, assez habile pour la parer des ornements de la poésie? Quoi! parmi ces milliers de buveurs qui le soir inondent les brasseries et les tavernes, et qui font disparaître les chopes comme des muscades, il n'est personne qui ose ouvrir la bouche pour célébrer la liqueur qui le rafraîchit et se laisse boire par lampées sans presque causer d'ivresse? Cherchons donc. Rien. — Cherchons encore. — Ah! j'y suis : *Jean Houblon :* tel est le titre d'une pièce de M. Debuire du Buc, où le poëte met son personnage en parallèle avec *Jean Raisin.* L'entreprise était hardie ; mais elle devait tenter un barde du Nord, et M. Debuire du Buc, si je ne me trompe, est Lillois[1]. Son parallèle, du reste, a moins pour objet de faire voir dans les deux *Jean* des rivaux que des frères ; or, ce but est atteint. L'auteur a droit à des éloges ; il ne tourne pas trop mal le vers, il sait assez bien sa langue, quoiqu'il se permette de dire les *glaciers* pour les glaces du cœur ; enfin il a du sentiment. D'ailleurs, il faut être indulgent pour ceux qui prêchent la concorde.

JEAN HOUBLON

Air nouveau de l'auteur.

REFRAIN.

Gais amis, célébrons
Sans crainte,
Sans contrainte,
Célébrons, célébrons

---

[1] Son petit recueil de chansons est imprimé à Lille ; il y en a qui font allusion à des faits purement locaux.

Jean Houblon,
Le blond.
Célébrons, célébrons
L'ami Jean Houblon.

Sous le froid climat de la Flandre
Jean Houblon a reçu le jour;
Son humeur est docile et tendre,
A lui nos vœux et notre amour;
Jean Houblon, gaiement dans la veine,
Fait passer une aimable ardeur,
Et dans notre esprit il promène
Le doux mirage du bonheur.
    Gais amis, etc.

La nature fut-elle ingrate,
En donnant à son frère aîné
Jean Raisin un teint écarlate,
Et cheveux blonds au second-né?
Non, cette mère, toujours sage,
Fit un choix goûté d'Apollon :
A Jean Raisin riant visage,
Et la douceur à Jean Houblon.
    Gais amis, etc.

Enfants d'une mère commune,
Chaque frère suit son chemin;
Le premier fait grande fortune,
En est-il vraiment plus malin?
Jean Raisin, gros propriétaire,
Craint fort de se mésallier;
Mais Jean Houblon, le prolétaire,
Se complaît avec l'ouvrier.
    Gais amis, etc.

Certes, Jean Raisin fit merveille,
Il sut embraser les guerriers;
Et souvent sa liqueur vermeille
D'un cœur fit fondre les glaciers.

Jean Houblon n'est point en arrière
Près des belles, j'en fais serment ;
Et sa palme brille, guerrière,
Dans les annales du Flamand.
    Gais amis, etc.

Jean Houblon n'est jamais sévère
Pour ses amis, pauvres humains !
Il aide à calmer leur misère
En inspirant de gais refrains.
L'artisan, après la semaine,
De son temple prend le chemin,
Puisant la force à sa fontaine
Pour le travail du lendemain.

Gais amis, célébrons
    Sans crainte,
    Sans contrainte,
Célébrons, célébrons
    Jean Houblon,
    Le blond.
Célébrons, célébrons
    L'ami Jean Houblon.

Je n'aurais pas réclamé pour l'eau-de-vie ; mais elle a trouvé
ses poëtes, et voici comment l'un d'eux, qui a eu la prudence
de garder l'anonyme, en justifie l'usage :

LE FAUX IVROGNE

Air : *Je le conserve pour ma femme.*

Je vous le dis, j'ai soif, ô mes amis !
Et je voudrais aussi qu'à mon oreille
Résonne encore, ainsi qu'au temps jadis,
Le bruit charmant que fait une bouteille ;
Mais en ce jour, en mon obscur taudis,
Loin de pouvoir contenter mon envie,

Je n'ai vraiment, et vous serez surpris,
Je n'ai chez moi, pour charmer mes ennuis,
Qu'un pauvre litre d'eau...-de-vie. (*bis*)

Pour moi qui sais pourquoi le Tout-Puissant
A mis plus d'éau que de vin sur la terre,
C'est, mes amis, ici-bas, c'est vraiment
Sans nul dépit que je remplis mon verre,
Non d'un bon vin, d'un bon vin rouge ou blanc.
Car mes moyens, que personne n'envie,
Sont par trop courts... Aussi bois-je souvent,
Pour épargner un sou de mon argent,
Un pauvre litre d'eau...-de-vie. (*bis*)

Chacun me dit qu'il me faudra livrer
Mon corps d'argile à la paix de la tombe,
Oui, mais avant que de déménager,
Puisqu'à mon tour il faut que je succombe,
Je veux garder quelques sous désormais,
Pour que je puisse, au moins, dans l'autre vie,
Boire du vin, ce que, presque jamais
Je ne bois pas, car je crains trop les frais;
Aussi bois-je de l'eau...-de-vie. (*bis*)

Arrêtons-nous ici un moment. Aussi bien, comme si les vapeurs de la matière dont je viens de remuer le fond et le bas-fond m'étaient montées à la tête, j'éprouve une espèce de vertige, et le lecteur peut-être en sent-il quelque chose. C'est pourquoi, de peur de devenir tout à fait ivre, mettrai-je un peu d'eau dans le vin qui nous reste à boire, et cette eau, c'est Armand Gouffé qui nous la versera. Sa chanson de l'*Éloge de l'eau* est fameuse, et elle est toujours si populaire qu'elle se réimprime chaque année à des milliers d'exemplaires, et qu'il ne s'est pas encore trouvé un seul chansonnier qui ait osé en faire une sur le même sujet après lui.

ÉLOGE DE L'EAU

Il pleut, il pleut, enfin !
Et la vigne altérée
Va se voir restaurée
Par ce bienfait divin !
De l'eau chantons la gloire,
On la méprise en vain :
C'est l'eau qui nous fait boire } bis.
Du vin, du vin, du vin.

C'est par l'eau, j'en conviens,
Que Dieu fit le déluge ;
Mais ce souverain juge
Mit les maux près des biens :
Du déluge, l'histoire
Fait naître le raisin.
C'est l'eau qui nous fait boire } bis.
Du vin, du vin, du vin.

De bonheur je jouis,
Quand la rivière apporte,
Presque devant ma porte,
Des vins de tous pays.
Ma cave et mon armoire,
Dans l'instant tout est plein.
C'est l'eau qui nous fait boire } bis.
Du vin, du vin, du vin.

Par un temps sec et beau,
Le meunier du village
Se morfond sans ouvrage
Et ne boit que de l'eau.
Il rentre dans sa gloire
Quand l'eau vient au moulin.
C'est l'eau qui lui fait boire } bis.
Du vin, du vin, du vin.

S'il faut un trait nouveau,
Mes amis, je le guette;
Voyez à la guinguette
Entrer mon porteur d'eau.
Il y perd la mémoire
Des travaux du matin.
C'est l'eau qui lui fait boire } *bis.*
Du vin, du vin, du vin. }

Mais à vous chanter l'eau,
Je sens que je m'altère,
Passez-moi vite un verre
Plein du jus du tonneau.
Que tout mon auditoire
Répète mon refrain :
C'est l'eau qui nous fait boire } *bis.*
Du vin, du vin, du vin. }

Mais cette même eau, si justement et si délicatement louée
par Armand Gouffé, n'a inspiré que du dégoût et de la haine
aux chansonniers que j'ai déjà cités tant de fois, Basselin, Le
Houx et le Savoyard. Aucun d'eux ne paraît se douter que, sans
cet objet de son dégoût et de sa haine, il ne boirait plus de vin,
et que ses substituts mêmes, le cidre, la bière, etc., lui feraient
défaut. Ce qui me plaît, c'est que leurs sentiments haineux
n'exercent ici aucune influence fâcheuse sur leur originalité habi-
tuelle, et les raisons qu'ils en donnent, pour être des raisons
d'ivrognes, ne sont pas absolument mauvaises.

Olivier Basselin s'exprime ainsi [1] :

J'aime parfaictement
Un breuvage excellent;
Car il fait resjouir mon généreux courage.
Qui d'eau fait breuvage,
N'a point d'entendement.

[1] P. 51, édit. P. Lacroix.

Boiray-je simplement
Ce que boit ma jument?
Je pense que ce n'est le fait d'un homme sage.
Qui d'eau, etc.

On ne peut promptement
Faire un appointement;
On ne fait, beuvant eau, jamais bon mariage.
Qui d'eau, etc.

.Turc ne seray vrayment,
Car l'Alcoran défend
Le vin qui n'est créé que pour l'humain usage.
Qui d'eau, etc.

Le bon vin et l'argent,
C'est bon assortiment;
Sans eux je suis honteux comme un renard en cage.
Qui d'eau, etc.

Vous laissez longuement
Ce vin cueillir le vent;
Beuvez, voisin, d'autant, car vous en estes d'aage.
Qui d'eau, etc.

Le Houx est plus véhément et plus méprisant. Il dit[1] :

Que l'on fasse ceste eau servir
Ou à faire le pot bouillir,
  Ou à tremper la morue!
  Ici n'en entrera jà.
  L'eau le monde submergea,
  Et la terre en fut perdue.

Qu'on en arrose le jardin!
Mais d'en aller gaster le vin,
  Serait-ce pas grande offense?
  Quand je bois le vin tout pur,

[1] P. 111 de la même édition.

C'est tout un, je n'ay pas peur
Que pour ce ma femme tance.

C'est pour moy vrai rossignolet
Qu'un crieur de bon vin clairet.
L'eau ne fait que mal au ventre.
Quel bien fait-elle aux gosiers,
Qui n'en fait pas aux souliers,
Et bottes quand elle y entre?

Que l'on fasse ceste eau servir
Ou à faire le pot bouillir,
Ou à tremper la morue!
Icy n'en entrera jà.
L'eau le monde submergea,
Et la terre en fut perdue.

Voici enfin la protestation du Savoyard [1] :

Si vous voulez que je gronde,
Parlez de boire de l'eau ;
Elle a servy de tombeau
Une fois à tout le monde.
Ha ! qu'on ne m'en parle pas
Jamais dedans mon repas.

Et quoy que chacun en juge,
Le bon Noé fut bien fin ;
Pour se noyer dans le vin
Il se sauva du déluge.
Ha ! qu'on ne m'en parle pas
Jamais dedans mon repas.

Bien souvent quand je me mouille,
Je me sens tout transporté,
N'ayant jamais supporté
De boire avec la grenouille.
Non, qu'on ne m'en parle pas
Jamais dedans mon repas.

[1] P. 65 de l'édition de M. Percheron.

Qu'on me permette de citer encore deux pièces où les auteurs, fort inégalement inspirés, ont quitté le ton de la chanson pour prendre celui de l'ode et de la cantate.

La première est de M. Vitalis, *auteur dramatique*. Elle a pour titre : *Hommage à Bacchus*. Sauf un trait ou deux qui décèlent quelque esprit, la pièce, en général, et en dépit de quelques calembours, est assez faible. Le vin, au lieu de délier la langue du poëte, semble l'avoir épaissie; ce n'est pas l'éloquence de l'ivresse, c'en est le bégayement.

HOMMAGE A BACCHUS

RONDE DE TABLE.

PAROLES DE A. VITALIS, AUTEUR DRAMATIQUE.

Air : *Patrie, honneur pour qui j'arme mon bras.*
Ou : *Je veux finir comme j'ai commencé.*

Des anciens dieux relevons les autels
Et célébrons des chants à leur louange ;
Mais de ces dieux le plus cher aux mortels,
Ah ! n'est-ce pas celui de la vendange?
Pour ses bienfaits, amis, chantons en chœur,
Vive Bacchus ! c'est le dieu du bonheur.

Loin du séjour qui causa sa douleur,
Et reposant à l'ombre d'une treille,
L'infortuné brave en paix le malheur,
En caressant une vieille bouteille.
Pour ses bienfaits, etc.

Dès le berceau, son secours généreux,
Vient protéger d'abord notre naissance ;
C'est en buvant de ce jus précieux
Qu'un jeune enfant prend teint, force et croissance.
Pour ses bienfaits, etc.

A tous les maux c'est un remède sûr,
Ce doux nectar console la vieillesse,

Et sans baptême, il est *sain*, il est *pur*,
Aussi sert-il tous les jours à la messe.
Pour ses bienfaits, etc.

Adam n'avait que le goût d'un Normand,
Comme Noé, de vivre était-il digne ?
Le fruit qu'il prit causa notre tourment ;
Pour notre bien l'autre planta la vigne.
Pour ses bienfaits, etc.

Que de buveurs, ne pouvant s'échapper
Du cabaret, d'où pas un d'eux ne bouge,
Courraient au port, risque de se tromper,
Si l'on voyait encore une mer rouge.
Pour ses bienfaits, etc.

Qu'il veille ou dorme, un franc et vrai luron,
Jouit toujours, car pendant qu'il sommeille,
Un rêve heureux et jamais assez long
Le place encore au banquet de la veille.
Pour ses bienfaits, etc.

Remontons à six ou sept cents ans d'ici, peut-être même davantage, et comparons à cet *Hommage à Bacchus*, celui que rendait à ce dieu un poëte inconnu, dans une langue qui bravait l'honnêteté. La pièce est tirée d'un ancien manuscrit de Tegernsée, écrit au treizième siècle, qui se trouve à la bibliothèque de Munich.

Bacche, bene venies gratus et optatus,
Per quem noster animus sit lætificatus.

Istud vinum, bonum vinum, vinum generosum,
Reddit virum curialem, probum, animosum.

Iste scyphus concavus, de bono mero profluus.
Si quis bibit sæpius satur fit et ebrius.

Hæc sunt vasa regalia quibus spoliatur
Jerusalem, et regalis Babylon ditatur.

Ex hoc scypho conscii bibent sui domini,
Bibent sui socii, bibent et amici.

Bacchus, forte superans pectora virorum,.
In amorem concitat animos eorum.

Bacchus, sæpe visitans mulierum genus,
Facit eas subditas tibi, o tu Venus.

Bacchus, venas penetrans calido liquore,
Facit eas igneas Veneris ardore.

Bacchus lenis leniens curas et dolores,
Confert jocum, gaudia, risus et amores.

Bacchus mentem fœminæ solet hic lenire,
Cogit eam citius viro consentire.

Aqua prorsus coïtum nequit impetrare,
Bacchus eam facile solet expugnare.

Bacchus, numen faciens hominem jocundum,
Reddit eum pariter doctum et facundum.

Bacche, Deus inclyte, omnes hic astantes
Læti sumus, munera tua prælibantes.

Omnes tibi canimus maxima præconia,
Te laudantes merito tempora per omnia.

A la différence de M. Vitalis, M. Dalès aîné montre un véri‑
table talent dans sa cantate; ses vers sont animés, et ne manquent
ni de force ni d'éclat. C'est à peine si l'on y sent quelques incor‑
rections, tant on est ému, troublé par le mouvement de cette
poésie enflammée. M. Dalès a bien tort de n'avoir autorisé l'im‑
pression de sa cantate[1] « qu'en faveur de M. Eugène Baumester, »
et d'en interdire « formellement la reproduction à tout autre. »
Il est bon d'être jaloux de sa propriété, mais c'est à condition que

---

[1] C'est ce qui est dit dans une note.

notre renommée n'en souffrira pas. Je crois que celle de M. Dalès ne peut que gagner à la propagation de ses poésies par tous les moyens. Mais son interdiction ne regarde, je pense, que certains éditeurs trop portés à grossir leurs recueils de chansons dérobées à l'un et à l'autre ; elle ne s'adresse pas à la critique, car la critique n'a d'autre objet que de faire mieux connaître le poëte, et, en le faisant mieux connaître, d'assurer un plus grand débit à ses chansons.

UN VERRE

CANTATE.

PARODIE BACHIQUE.

Air : *Voyez au ciel luire un sinistre éclair.*

Voyez ces fûts rangés dans le cellier ;
Entendez-vous comme un cri d'allégresse ?
De gais refrains, échos de l'atelier,
Viennent bannir loin de nous la tristesse.
Et de ce vin, captif dans les tonneaux,
En bouillonnant, la liqueur frémissante,
Pour se prêter à notre soif ardente,
Chasse la bonde et se rit des cerceaux.

REFRAIN.

Un verre ! (*bis*)
Loin de nous qui n'est pas buveur !
Devant le pomard, le madère,
Disons des lèvres et du cœur :
Un verre !

Armons-nous tous, que chacun soit dispos ;
De ce cartel s'affranchir est impie.
Loin de faiblir, n'ayons pas de repos
Que tout ne soit vidé jusqu'à la lie !
Entourez-nous, amis, femmes, enfants,
De par Silène engageons la bataille ;

N'épargnons rien : dans la moindre futaille,
Courons plonger nos forets triomphants.
   Un verre ! etc.

Marchons, marchons, pleins d'ardeur, l'œil en feu
Vers ces tonneaux pour nous placés en gerbe,
Du foudre altier, trônant dans le milieu,
Faisons crouler l'entourage superbe.
Il ne faut pas, ici, capitulant,
Qu'un seul de nous se montre sans courage ;
Rappélons-nous que le divin breuvage
Ouvre le ciel au buveur chancelant.
   Un verre ! etc.

Ils tariront par mille coups percés,
Tout à travers leurs douves rendant l'âme ;
Ne les quittons qu'après les voir passés
Jusqu'au dernier par nos gosiers en flamme.
Épuisons-les, valeureux biberons ;
Et si quelqu'un, buveur vaille que vaille,
Manquait de cœur, qu'il parte au loin, qu'il aille
Dire comment et combien nous buvons.
   Un verre ! etc.

Chantez, buveurs, au signal glorieux ;
Donnez l'essor à vos voix discordantes.
Déjà Bacchus, abandonnant les cieux,
Plane sur vous au milieu des bacchantes.
A nous, à nous, litres, pintes et brocs ;
Mais, bons Français, même au sein de l'orgie,
Nous porterons un toast à la patrie
Et partirons en brisant nos vaisseaux.
   Un verre ! etc.

En nous voyant boire ainsi, coups sur coups,
Des buveurs d'eau que la race flétrie
N'ose jamais se comparer à nous,
Les partisans de la liqueur chérie ;

Et gloire à Dieu, qui nous dota du vin,
Dieu qui fait seul le buveur méritoire,
En lui donnant et la force de boire
Et d'entonner constamment ce refrain :

Un verre ! (*bis*)
Loin de nous qui n'est pas buveur :
Devant le pomard, le madère,
Disons des lèvres et du cœur :
Un verre!

L'histoire rapporte que, pour inspirer à leurs fils l'horreur du vin, les Spartiates leur faisaient voir des Ilotes ivres. Il est à craindre que ce ramassis de chansons bachiques ait produit sur le lecteur un effet analogue et l'en ait à jamais dégoûté. La vérité est qu'à moins d'être né sur un cep de vigne et d'avoir sucé le lait d'une bacchante, il est impossible qu'on ait eu si longtemps les oreilles rebattues de ces *évohé* monotones, sans en avoir au moins des étourdissements et par conséquent des nausées. La plupart des gens, pour aimer le vin, y gardent de la mesure. Ils aiment beaucoup mieux une foule d'autres choses où leur passion laisse voir dans ses excès mêmes un fond de délicatesse, et ce que les excès de vin ont de grossier ne leur échappe ni ne les tente. Il est difficile d'ailleurs de déterminer le point précis où l'ivresse a des agréments, soit pour ceux qui l'éprouvent, soit pour ceux qui en sont témoins. Ce point existe pourtant. Dans ceux qui ont la sagesse de ne pas le dépasser, l'ivresse est une surexcitation momentanée qui leur donne l'esprit qu'ils n'ont pas, ou qui augmente celui qu'ils ont en effet. Mais à quelque degré qu'on la ressente, l'ivresse a des suites désagréables ou honteuses : ce qui me fait croire volontiers qu'on ne la chante qu'à jeun, et lorsqu'elle est, pour ainsi dire, à l'état d'utopie. Encore, en la chantant ainsi, ne saurait-on se maintenir toujours à une égale hauteur. Il y a dans l'action de boire un certain nombre de sensations très-limitées au delà desquelles l'imagination la plus inventive ne peut plus rien concevoir; l'amour, au contraire, offre à celle-ci mille ressources et lui ouvre des aspects infinis. On ne fera jamais autant de variantes sur le vin et d'aussi prodigieuses que Pétrarque, par exemple, en a fait sur l'amour. C'est pourquoi un recueil de chansons d'amour, quelque fades qu'elles puissent être, ne causera jamais le dégoût que cause infailliblement un recueil de chansons à boire. Il ennuiera peut-être, et je conviens que c'est beaucoup. mais parce qu'il s'adressera à la plus naturelle, la plus légitime et la plus charmante de toutes nos passions, il est sûr de trouver en tout temps et dans tous les cœurs de l'écho et de la sympathie.

D'où vient donc la différence qu'on remarque ici entre les chansons d'amour et les chansons de vin, différence qui est tout à l'avantage de celles-ci? Ne serait-ce pas de l'empire que la bête a généralement sur l'homme et de l'éloquence irrésistible qu'elle déploie, quand elle le requiert de contenter ses appétits? Voyez les animaux : les plus stupides se plient aux volontés du maître et exécutent des tours où il semble que toute notre raison ne serait pas de trop pour que nous les apprissions à nous-mêmes. Qui les rend si savants? La faim. Qui ferait donc aussi d'un ivrogne un bon chansonnier ? La soif. Ou réelle ou fictive, c'est tout un pour un ivrogne, l'habitude de boire avec ou sans soif ne lui permettant pas de distinguer l'une de l'autre.

CHAPITRE III

La Guerre. — Napoléon Iᵉʳ et Napoléon III

Depuis le premier Empire et surtout depuis 1815, la patrie, pour le peuple, c'est Napoléon Iᵉʳ. Je dis plus, Napoléon a été son culte, car longtemps encore après la mort de ce « plus grand des hommes [1], » le peuple l'invoquait avec plus de ferveur qu'aucun des saints du paradis, estimant que la canonisation de l'Empereur relevait immédiatement de son peuple, et que de plus elle avait commencé du jour où son martyre s'était accompli. La vérité est que de 1815 à 1848, les moindres actes de Napoléon ont été racontés, loués, chantés tant de fois et de tant de manières, que ç'a été comme le procès-verbal d'une longue et magnifique enquête ouverte pour établir ses titres à la sainteté. On sait quel en fut le résultat : une place pour le nouveau saint dans le calendrier, et la fête du 15 août exclusivement et universellement désignée sous le nom de Saint-Napoléon.

Sous la Restauration, c'est-à-dire alors que pour louer Napoléon il fallait non-seulement beaucoup de tact et d'adresse, mais aussi beaucoup de talent, Béranger fut l'organe, à la fois le plus illustre et le plus persécuté, des regrets et des espérances populaires. Sa voix seule couvrait toutes les autres. Les poëtes subalternes qui pensaient comme lui, sans pouvoir s'exprimer

[1] Expression de M. Thiers.

aussi bien, ne chantèrent Napoléon que de loin en loin, la plupart imitateurs malheureux de Béranger, et n'ayant su ni le faire oublier, ni se faire admirer. A partir de 1830, ce fut tout différent. Béranger garda le silence, tandis qu'un immense concert de louanges, un hourra, si l'on peut dire, de chants patriotiques s'élevèrent sur la tombe du proscrit de Sainte-Hélène, et montèrent jusqu'aux cieux. Bientôt des milliers de chansons dont l'enthousiasme soutenait seul la mauvaise poésie, saluèrent l'arrivée en France des restes de l'Empereur, et lui firent cortége jusqu'aux Invalides.

Ce fut bien autre chose quand le neveu de Napoléon fut élu président de la République. Il y eut alors dans la nation entière, à très-peu d'exceptions près du moins, de si vifs transports de joie ; son amour, son admiration, sa reconnaissance se manifestèrent avec tant de chaleur et de vivacité que l'oncle en eût été jaloux, si la jalousie eût été possible en une âme si grande. Des chansons informes, œuvres de gens que l'excès de la joie comme l'ivresse portait à tout dire, furent, parmi le peuple, l'écho de ces sentiments divers. Bientôt, chantées d'un bout de la France à l'autre, avec un entrain qui rappelait les beaux jours de celles de Béranger, elles donnèrent lieu à quantité d'autres, fruits d'une infatigable émulation, et dépassèrent de plus de moitié la masse des chansons de toutes sortes qui se sont succédé sur les murs de Paris depuis quarante ans. Aujourd'hui on en formerait une bibliothèque assez considérable pour rendre presque nécessaire un préposé à sa conservation.

J'avoue qu'il m'a été difficile de faire un choix dans cette énorme quantité de chansons napoléoniennes. Il y a en effet aussi peu de variété dans leur mérite respectif qu'il y en a dans les noms de ceux qui les ont écrites. Tous ne voient guère dans Napoléon que le vainqueur de l'Europe, le vaincu de Waterloo et le prisonnier de la perfide Angleterre. Pas un ne voit en lui le pacificateur de nos discordes civiles, le régulateur de la Révolution, le restaurateur des autels et le plus grand législateur des temps modernes. Leur rayon visuel ne perce pas cet horizon. S'ils l'aperçoivent, c'est comme le bonheur, ils n'y atteignent jamais. Tout le bien qu'a fait Napoléon à ces titres divers, tout ce qui lui a survécu, tout ce qui atteste encore sa présence parmi nous, se fait sentir à chacun de nous, et ne permet à personne d'en oublier l'auteur ; enfin, tout ce qui l'élève si fort au-dessus des conquérants, dont les plus fameux n'ont laissé derrière eux que des ruines, est aussi étranger à ces malheureux poëtes que les lois de Minos le furent à la Convention. Il n'est même pas sûr qu'ils aient compris le génie militaire de celui dont ils chantent les victoires. Tantôt celles-ci ne sont à leurs yeux que des faveurs de la fortune ; tantôt l'effet de la bravoure de nos soldats, du découragement ou de l'imbécillité de l'ennemi. Ils ne sont frappés que des causes secondes ; la cause principale, la cause des causes échappe à leur vue comme à leur analyse. Si le mot de *génie*, appliqué à Napoléon, se rencontre par hasard sous leur plume, c'est un lieu commun introduit pour le besoin de la rime ou autrement, ce n'est point un hommage rendu à l'intelligence qui combine des plans, dirige l'épée, prévoit le succès et l'assure. Il y a pourtant parmi eux quelques exceptions à cet égard, et la pensée de l'homme qui conçoit des projets, n'y est pas toujours sacrifiée à la main qui les exécute; mais ces exceptions sont rares, et d'ailleurs, elles ont si peu de relief qu'on les distingue à peine de la règle générale.

Il serait donc juste de passer sous silence les chansons relatives à Napoléon Ier, pour arriver tout de suite à celles qui regardent Napoléon III. Toutefois, comme il en est une, parmi celles-là, qui les résume toutes, et me dispense, par conséquent, de citer les autres, je m'y arrêterai un moment. L'auteur est M. Bedel ; le titre, *l'Élève de Brienne*. Ce n'est pas proprement une chanson; c'est une espèce de poëme cyclique écrit sur l'air de *la Reine de Chypre*, et dans ce style aisé et agréablement familier dont on voit des échantillons dans les chansons d'amour.

Elle commence à Brienne et finit aux Invalides, et elle n'a que huit couplets. On dira ce qu'on voudra, mais concentrer la vie entière du fondateur de la dynastie napoléonienne en huit couplets, c'est un travail d'Hercule ; c'est au moins la marque d'un esprit supérieur qui embrasse l'infini et qui le raconte en peu de mots.

Voici le début de M. Bedel :

L'ÉLÈVE DE BRIENNE

Un vieux soldat, élève de Brienne,
Qu'on distingua plus tard des généraux ;
Il fit trembler ces fameux murs de Vienne
Avec son art et son petit chapeau ;
Il fit un plan et attaqua Toulon ;
On l'honora de la noble légion ;
Aussi, par suite, il devint général ;
On le nomma le petit caporal ;
Par son courage il apprivoisa l'aigle ;
On le plaça sur le rang d'Annibal.

Remarquez avec quelle audace le poëte nous transporte tout à coup sous les murs de Vienne, avant de nous conduire à l'attaque de Toulon, et voyez avec quelle adresse il revient sur ses pas, pour décrire les événements dans leur ordre naturel. Cette métathèse appliquée aux faits, est un des procédés les plus difficiles de l'historien, qu'il écrive en vers ou en prose. Elle est subversive de toute méthode. Le comble de l'art est donc d'avoir une méthode et de l'observer, nonobstant cette contradiction. C'est ce que fait M. Bedel. Une fois de retour à Toulon, il part de là pour suivre Napoléon dans toutes ses étapes de gloire, sur tous les champs de bataille de l'Europe, à l'île d'Elbe, à Sainte-Hélène, puis dans l'église des Invalides :

Ce grand héros aimait bien sa patrie ;
C'était un intrépide au combat,

Puisqu'il vainquit cette belle Italie,
L'Égypte, la Prusse, la Suède, la Moscowa.
De tout soldat cet homme était l'ami ;
Il décorait ceux qui soutenaient l'aigle,
Après avoir combattu l'ennemi.

Voyez Ney, Lannes, Eugène, Mortier, Lamarque,
Le brave Foy, Kléber et Augereau,
Masséna, ce fameux Marceau,
Hoche, Junot et le fier Daumesnil ;
Prenez les armes, soldats, disait-il ;
Faites-moi·voir des signes de valeur,
Vous serez tous de la Légion d'honneur.
Soutenez–vous bien aux griffes de l'aigle ;
Obéissez, voici votre empereur.

Ils obéirent,·ils jurèrent ; mais après la campagne de Russie,
ils ne se souvinrent plus de leurs serments.

Oui, dirent-ils, nous le jurons sans cesse,
Sur votre armure et sur votre chapeau ;
Nous soutiendrons vos lois avec adresse.
Par ce serment vous êtes généraux :
Je vois les mêmes d'Iéna, de Marengo,
De Leipsick, de Wagram et d'Eylau ;
Soyez toujours courageux au combat.
J'ai vu le Nil et la Bérésina.
Jurez–le donc sur la tête de l'aigle ;
En conquérants volez tous au combat.

Dans la Russie sa perte fut certaine ;
Des généraux osèrent le tromper.
De l'île d'Elbe il fut à Sainte-Hélène,
Sur un rocher on le vit reposer.
Ah ! disait-il, en regardant la France,
Ces vils soldats que j'ai faits commandants,
Ils se battaient avec acharnement
Et encourageaient tous mes régiments ;
Ils ont trompé ma confiance et mon aigle,
Et m'ont trahi à l'affreux mont Saint-Jean.

Longtemps après, il mourut, le grand homme ;
Mais les Anglais lui-firent un cercueil.
Il affligea.Paris ainsi que Rome ;
Tous les Français furent longtemps en deuil.
Croyez aussi que le fier Albion
Était plongé en désolation.

Oh ! que oui ; nous le croyons bien, puisque c'est un poëte inspiré qui le dit. Mais en vérité, on n'y avait guère songé jusqu'ici.

Pour illustrer notre belle mémoire,
On l'a classé des premiers dans l'histoire.
Aux Invalides, quand nous reverrons l'aigle,
Versons des pleurs au grand Napoléon.

Ainsi, Napoléon a pris possession de sa dernière demeure. Vous pensiez sans doute que le poëte aurait dû nous dire comment cet événement s'était accompli. Attendez un peu, vous n'y perdrez rien ; le poëte enterre d'abord Napoléon, et ce n'est qu'après son enterrement qu'il vous fait assister à son exhumation à Sainte-Hélène, et à son convoi à Paris. C'est le même procédé qu'au début du poëme.

Nous avons vu le courageux Joinville
Faire un voyage sur cette Océanie ;
Il prit le héros et le sortit de l'île,
En triomphant le rend à sa patrie.
La *Belle-Poule* et ses marins vaillants
L'ont transporté avec l'ami Bertrand ;
Ils ont pris part dans l'immortalité,
Car ce César était encore entier.
Oui, à Paris, on voit encore l'aigle
Avec orgueil sur l'immortel guerrier.

Si vous n'êtes pas sensible à ces vers, tant pis pour vous. Pour moi j'admire cette épopée. Il est vrai qu'on y trouverait

peut-être à chicaner sur la forme. Mais qui donc s'inquiète aujourd'hui de la forme ? Personne, si ce n'est Brid'oison.

Raillerie à part, le sentiment de respect, d'admiration et
d'amour qui a inspiré ces chansons, est aussi la seule chose
qu'il faille y considérer. Il est merveilleux de voir combien
il persiste, en dépit des années. L'avénement au trône de Napoléon III ne l'a pas diminué ; il redouble, au contraire, dans
toutes les circonstances où le neveu agit comme il est possible
qu'eût agi l'oncle, et aux anniversaires qui leur sont communs. Par exemple, M. Éléonor Pecquet chante-t-il le 15 août,
il dira :

> C'est aujourd'hui la fête de la France,
> Que l'allégresse exalte tous les cœurs.
> Chacun de nous renaît à l'espérance,
>   Plus de douleurs.
> Napoléon, sors du lit funéraire
> Où tes enfants t'ont placé pour toujours,
> Et secouant ton livide suaire,
> Apparais comme en nos plus beaux jours.
> Lors, en voyant ta redingote grise,
> Ton vaste front sous ton petit chapeau,
> Chaque Français, que ton nom électrise,
> Embrassera ton noble et vieux drapeau.

Par où l'on voit encore quelle place occupent dans les souvenirs du peuple le petit chapeau et la redingote grise. Sur dix
chansons dont Napoléon Ier est l'objet, il y en a neuf au moins
où ils reviennent infailliblement. Ils sont inséparables de l'idée
qu'on a de l'Empereur même, et il ne serait ni politique, ni cha-
ritable de chercher à affaiblir ces souvenirs. Cela, du reste, serait
presque aussi difficile que de détruire en nous le préjugé en vertu
duquel on se représente le bon Dieu sous la figure humaine.

Que vous dirai-je enfin ? le peuple eût craint d'être ingrat si,
après avoir adoré Napoléon vivant et lui avoir, depuis sa mort,
élevé des autels, il ne l'avait comparé, égalé même à un Dieu. Et

n'allez pas croire qu'il ait emprunté son modèle à la mythologie ; lui qui, en fait de sentiments et de croyance, secoue rarement le joug du lieu commun, s'y est dérobé cette fois-ci. Avec une témérité qu'on taxerait de blasphème, si elle n'était l'effet d'une sorte d'ivresse de l'imagination, il prend dans la vie de Jésus-Christ des points de comparaison plus ou moins vagues, et établit entre l'Homme-Dieu et Napoléon un parallèle naturellement plus ingénieux que solide. Je choisis parmi beaucoup d'autres cet exemple, l'un des plus curieux et des plus complets. Celui qui me l'offre a cru devoir garder l'anonyme.

JÉSUS ET NAPOLÉON

Sans être trop fanatique,
Je tiens à ma religion ;
Peu m'importe qu'on me critique,
J'aime Dieu et Napoléon.
Des deux je suis le noble exemple,
Quoiqu'on dise qu'ils ne sont plus ;
J'adore l'un dans son saint temple,
Et de l'autre je chante les vertus.

Jésus, dès sa plus tendre enfance,
Promettait vertus et candeur ;
Napoléon, d'expérience
Étonne ses instituteurs.
Jésus aimait le prolétaire,
Faisait le bonheur des élus ;
Napoléon aimait la guerre
Et son peuple comme Jésus.

De Jésus, le fils de Marie,
Avec respect l'on parlera ;
Pour nous, il sacrifia sa vie
Entre les mains de ses Judas.
Napoléon, suivant ses traces,
Au champ d'honneur, nous l'avons vu
Affronter tout avec audace,
Il fut trahi comme Jésus.

Jésus, par sa puissance,
Sauva le païen par le péché perdu.
Napoléon sauva la France ;
Comme Jésus il fut vendu.
A la suite d'odieuses peines,
Jésus sur une croix mourut :
Napoléon, à Sainte-Hélène,
A souffert comme Jésus.

De Jésus, pour finir la scène,
Le pieux corps fut embaumé ;
Napoléon, à Sainte-Hélène,
Comme Jésus fut exhumé.
Ce noble héros, couvert de gloire,
Aux Invalides nous est rendu.
Dans mille ans, du Preux de la Loire,
On parlera comme de Jésus.

J'ai tiré cette chanson étrange (car c'est bien une chanson)
d'un petit recueil imprimé à Charmes, chez Buffet, sans date
(1852) et intitulé : *Recueil de chansons nouvelles.* Une
affreuse gravure sur bois, qui représente soi-disant l'empereur
Napoléon III, décore le frontispice. J'entre dans ce détail, afin
qu'on ne m'accuse pas de forger des pièces pour le besoin de
ma cause.

En 1848, pas un des candides bourgeois qui aidèrent à renverser
le trône du roi Louis-Philippe, leur protecteur et leur appui, ne
pensa un instant à le remplacer par le prince Louis Bonaparte ;
pas un ne le connaissait et même il était du bel air, quand on
venait à prononcer son nom, de parler de lui comme d'une
espèce de Junius Brutus avant l'expulsion des Tarquins. Le
peuple seul, et j'entends par là les artisans et surtout les popu-
lations agricoles, le peuple seul, dis-je, le connaissait, et c'est
lui, fort innocent d'ailleurs de la chute de Louis-Philippe, qui
pensa immédiatement à son successeur. S'il connaissait le prince
Louis il en était aussi bien connu. Aussi l'attrait qui les porta,

le prince et lui, à se jeter, si je l'ose dire, dans les bras l'un de l'autre, fut-il irrésistible. La république mourut de cet embrassement.

L'élection du prince Louis à l'Assemblée constituante ouvrit les yeux à la bourgeoisie et la ramena. L'élection à la présidence avec l'énorme majorité que chacun sait, fut l'effet, en grande partie du moins, de ce retour. Déjà même on eût pu dire, comme le dit plus tard M. Thiers : « L'empire est fait. » Il était déjà dans le cœur du peuple, et l'un de ses chansonniers querellait ainsi l'illustre général qui semblait devoir être le plus grand obstacle à cette restauration :

> Un soldat parvenu dit avec un grand ton :
> Je veux la présidence de Napoléon.
> Mais Louis Bonaparte est un prince d'État ;
> Retire-toi, Cavaignac, Napoléon est là.
> > Sur l'air du tra la la, etc.

> Mon pauvre Cavaignac, tu as mal passé ton temps
> De penser d'être en France notre président ;
> Avec Louis-Bonaparte tu as voulu jouer,
> Tu t'es trompé de carte, Napoléon t'a rincé.
> > Sur l'air du tra la la, etc.

Le peuple n'aurait pu comprendre une restauration de la dynastie napoléonienne, sans se représenter en même temps la terreur dont tous les rois, qui l'avaient proscrite, allaient être frappés, sans penser à la gloire, son légitime héritage et son naturel cortége, sans revendiquer l'un et l'autre.

> Oui, son règne[1] fut pour la France
> Le plus beau, le plus florissant.
> L'ouvrier vivait dans l'aisance
> Sous un soleil resplendissant.

---

[1] Le règne de l'aigle.

Les grognards volaient à la gloire
Guidés par l'aigle impérial.
Chantons pour sa noble mémoire
Sous le drapeau national.

Mes amis, ayons l'espérance
Que bientôt ce temps reviendra ;
Un autre appuiera la balance
Et le bonheur nous sourira.
A l'horizon brille une étoile
Pour éclairer tous les Français.
Jamais vous ne verrez son voile,
Car c'est le flambeau des succès.

Moins timide et plus clair, un autre s'écrie :

Réveille-toi, noble et sainte patrie,
Voici venir l'éclat de ton soleil ;
Va, jette au loin le drap d'ignominie ;
O mon pays, pour toi quel beau réveil !

Entendez-vous, jusques aux Pyramides,
Trembler d'effroi les rois épouvantés?
Il dort pourtant, là-bas, aux Invalides,
Celui déjà qui les avait domptés.
Napoléon ranime l'espérance,
Et son grand nom fait battre notre cœur.
Vive à jamais, vive à jamais la France !
Vive la France et vive son sauveur !

Une certaine chaleur animé ces derniers vers.; c'est un éloge qu'ils méritent rarement. L'habitude que nos poëtes ont de les faire mauvais a sur eux un pouvoir égal à celui de la nature : s'ils les font bons, par hasard, j'ose douter qu'ils s'en aperçoivent; autrement, ils auraient à cœur de les faire toujours tels, au moins dans la même chanson. Mais à un bon couplet, ils en ajoutent aussitôt de détestables, et cela aussi sans le savoir, ou comme si, les ayant tirés de la même veine que l'autre, ils ne voyaient aucune différence entre eux et lui.

L'anonyme que je vais citer n'a pas même de ces bonnes absences ; il ne déroge pas un moment à son génie, et ce n'est pas le génie d'un Pindare :

> France, à jamais tu seras grande ;
> L'étoile a paru de nouveau ;
> Pour te sauver, je le demande,
> Il ne faut qu'un petit chapeau....
>
> Braves Français, quel jour de fête !
> Quel souvenir de l'Empereur !
> Vous retrouvez dans votre cœur
> Ce nom si beau, si magnanime,
> De tous les noms le plus beau nom,
> Plus grand que celui de Maxime,
> Le nom du grand Napoléon.

Ayant chanté ce nom, les souvenirs glorieux qu'il rappelle et les menaces dont il est gros, nos chansonniers tout d'une voix chantent le prince qui en est le légitime héritier. La confiance du peuple en lui est sans bornes. Le peuple est si fermement convaincu de l'honnêteté du prince, qu'il ne croit pas pouvoir lui faire un meilleur compliment que de l'appeler l'*honnête homme*. Tel est en effet le titre d'une chanson dont le prince est l'objet, et qui a été imprimée à Paris, à Lyon, à Marseille, à Arras, à Lille, en un mot dans toutes les principales villes de France. Elle a pour auteur M. Joseph Poirson, *ex-officier du premier empire*.

L'HONNÊTE HOMME

PRÉSIDENT PREMIER DE LA RÉPUBLIQUE.

Le Président,
Surnommé l'honnête homme,

Est, au pays, d'un entier dévouement.
Si l'on perdit l'illustre roi de Rome,
Il se retrouve en la noble personne
        Du Président.

Le prolétaire, l'ouvrier, le laboureur ont les mêmes sentiments pour lui, mais ils espèrent, ils attendent de lui davantage. Leurs espérances à cet égard sont aussi vives, soit qu'ils
s'adressent au Président, soit qu'ils s'adressent à l'Empereur :

Respire enfin, ô pauvre prolétaire,
Car il connait ta vie et tes douleurs ;
Dans sa prison, il pleurait ta misère,
Libre, au pouvoir, il séchera tes pleurs.
Comme le Christ, il calme ta souffrance,
Il est pour toi l'ange consolateur.

    Le trouvant bon comme lui-même,
    L'Empereur aime l'ouvrier.
    Il sait aussi combien on l'aime
    Sous le chaume et dans l'atelier.
    Il sait d'où lui vint la victoire
    Alors qu'il était méconnu ;
    Il se souvient et se fait gloire
    De son titre de parvenu.

Que dirais-je des soldats ? Aucune expression n'est assez forte
pour donner une idée de leur enthousiasme. Voici comment est
racontée la première revue du prince, lorsqu'il fut élu Président :

De l'hôtel de la présidence,
Il fait appel à son troupeau.
Pas un absent ! Trois cent mille hommes
Sont fiers de se présenter tous
Devant le neveu du grand homme
Qui mit l'Europe à ses genoux.

Bientôt un cri se fait entendre :
Vive Louis-Napoléon !

A l'instant, sans se faire attendre,
Il passe au front du bataillon.
Qu'il était beau dans sa tenue,
Sur son cheval al'zan brûlé !

C'est dans une revue de ce genre, qu'apercevant un vétéran
de l'ancienne armée, le prince le fit approcher, et le décora de
sa main. Ce vétéran, sans donner le temps à son émotion de se
refroidir, rend compte de son aventure à la *bonne Catherine*,
sa femme, dans les termes suivants :

Au Carrousel il passait la revue,
Autour de lui tout était en émoi ;
Mon front ridé soudain s'offre à sa vue,
Et comme un trait il vole près de moi...

« Salut, salut, vétéran de l'armée! »
Me dit le prince en me prenant la main :
« Pour couronner ta vieille renommée,
« Prends ce ruban avec ce parchemin... »

« A vos soldats, faites porter les armes, »
Dit Bonaparte à tous ses généraux.
Comme un enfant, moi, je versai des larmes,
Quand devant moi se rangent vingt drapeaux...

Napoléon, d'une voix gracieuse,
Me dit : « Ce soir, au palais, je t'attends.
« Pour honorer son âme courageuse,
« Sonnez, clairons ; tambours, battez aux champs. »

Jour fortuné, moment digne d'envie,
Rendez la force à mes membres tremblants.
Je puis mourir, le rêve de ma vie
Vient de briller sur mes vieux cheveux blancs.

Ces couplets et ceux qui précèdent ne sont pas trop mauvais,
et je ne m'explique pas pourquoi les auteurs ont gardé l'ano-

nyme. Au contraire, les plus pauvres de ces chansons, comme
les actes de notaire, sont toujours et imperturbablement signées ;
l'ignorance et la suffisance ne doutent de rien.

On se rappelle la visite du prince-président aux hôpitaux.
C'est alors qu'il donna la croix de la Légion d'honneur à la sœur
Hélène. Cet acte de justice et de bonté donna lieu à nombre de
chansons. La meilleure que j'aie rencontrée est celle de M. L.
de Chaumont. Le prince adresse son discours à la religieuse :

> Oh ! maintenant nous le croirons sans peine,
> Anges du ciel sur la terre ont leur sœur :
> Hommage à vous, ô bonne sœur Hélène !
> Pour le malade, ange consolateur !
> Faire le bien, votre existence entière,
> Fut consacrée à cet œuvre touchant.
> Recevez donc cette croix qu'on révère :
> N'est-elle pas le prix du dévouement ?

> Fuyant le bruit et les grandeurs du monde,
> Combien vos mains ont essuyé de pleurs !
> Priant, veillant, poursuivant votre ronde,
> Prêtant l'oreille à toutes les douleurs.
> Quand vous disiez : « Pauvre malade, espère ! »
> L'espoir, la joie, arrivaient à l'instant !
> A vous, ma sœur, cette croix qu'on révère :
> N'est-elle pas le prix du dévouement ?

> On souffre moins, grâce à votre présence :
> Qui peut vous voir, croit à sa guérison.
> De vos bienfaits tous gardent souvenance,
> S'il est un nom béni, c'est votre nom !
> Chacun voudrait toucher votre rosaire,
> Pour le malade, il est un talisman !
> A vous, ma sœur, cette croix qu'on révère :
> N'est-elle pas le prix du dévouement ?

> Sur votre cœur, quand le factionnaire
> Verra briller l'étoile de nos preux,

Il vous rendra le salut militaire,
Disant : « Ma sœur, pour nous, formez des vœux :
« De l'orphelin, vous qui fûtes la mère,
« Vous porterez bonheur au régiment ;
« A vous, ma sœur, cette croix qu'on révère :
« N'est-elle pas le prix du dévouement? »

Vous étiez bien cette sœur qu'a chantée
De Béranger le luth harmonieux [1],
Qui fut un jour, par les anges portée
Au paradis, séjour des bienheureux.
Gardien des clefs du ciel, le bon saint Pierre,
S'empresserait de dire, en vous ouvrant :
« Entrez, ma sœur ! cette croix qu'on révère,
« N'est-elle pas le prix du dévouement? »

L. DE CHAUMONT, *auteur dramatique.*

Jusqu'ici, il n'a pas encore été question du suffrage universel, cause immédiate de tant d'effets surprenants ; j'y arrive. Quatre ou cinq chansonniers l'ont pris pour texte de leurs chansons. Mais n'attendez pas qu'ils y déroulent le tableau si animé et si neuf alors de ce procédé d'élection ; ils ne chantent que son résultat, c'est-à-dire le prince à qui sa puissance et son autorité sont déléguées. Devant la grandeur de l'effet, la cause n'est, pour ainsi dire, plus qu'un nom. Un grand nombre de ces chansons a pour ornement et pour emblème un aigle aux ailes étendues, tenant la foudre dans ses serres et planant dans l'espace. Cet emblème est quelque peu menaçant ; le suffrage universel aurait tort pourtant de ne pas s'en accommoder, ayant plus d'un rapport avec la foudre, et comme elle, tombant un peu partout.

[1]
Dans les palais et sous le chaume,
Moi, dit la sœur, j'ai de mes mains,
Distillé le miel et le baume,
Sur les souffrances des humains.

(BÉRANGER.)

Mais les hauteurs l'attirent principalement ; on ne saurait donc trop les munir de paratonnerres.

LE SUFFRAGE UNIVERSEL
(SEPTEMBRE 1852)

Air connu.

Héritier de ce nom fameux
Que le monde admire et révère,
Tous les cœurs t'adressent leurs vœux ;
C'est en toi que la France espère.
Si pour exercer le pouvoir
Notre suffrage te désigne,
C'est qu'à l'œuvre tu t'es fait voir,
Et tu t'es montré le plus digne.

REFRAIN EN CHŒUR.

Napoléon ! de tout Français
Ton nom ranime l'espérance ;
Par toi, nous aurons désormais
Prospérité (*bis*), gloire et puissance ! (*bis*)

Du pays tu fus le sauveur
Dans nos jours de trouble et d'orage ;
Et d'un avenir de bonheur
Ton passé nous donne le gage.
D'utiles et sages décrets
Nous font admirer ton génie ;
Chacun de tes desseins secrets
S'applique au bien de la patrie !
　　Napoléon ! de tout Français, etc.

Le peuple a prouvé par son choix
Que son instinct savait connaître
Ceux qui doivent dicter les lois :
Aux temps marqués on les voit naître.

Marche toujours, prince adoré !
Sur les traces de ton modèle ;
Comme lui, d'amour entouré,
A gouverner le ciel t'appelle !
    NAPOLÉON ! de tout Français, etc.

Toujours par des bienfaits nouveaux,
Prince ! un noble cœur se révèle ;
Poursuis tes glorieux travaux ;
Nous leur devrons l'ère nouvelle !
Par eux le bonheur descendra
Dans l'atelier, dans la chaumière ;
Dans nos murs la paix régnera
Sous l'abri de l'AIGLE GUERRIÈRE.
    NAPOLÉON ! de tout Français, etc.

Que pourraient de lâches complots
Quand Dieu lui-même te protége !
Vois cette foule dont les flots
Autour de toi forment cortége.
De son respect, de son amour,
Tout ce peuple, qui t'environne
Avec transport crie en ce jour :
Ton front doit porter la couronne !
    NAPOLÉON ! de tout Français, etc.

Le même motif qui m'a fait passer sous silence les chansons épileptiques qui ont sali nos murailles, depuis le mois de mars jusqu'au 10 décembre 1848, me prescrit une égale réserve à l'égard des chansons nées après le coup d'État. Elles sont, comme les premières, remplies de personnalités injurieuses et d'insultes grossières, barbares même, aux vaincus. C'est à peine seulement si elles montrent quelque intelligence de l'acte extra-ordinaire qui mettait fin à l'anarchie et consommait la victoire du prince destiné à l'anéantir. Faisons donc ce qu'auraient dû faire les auteurs de ces chansons, imitons la générosité du prince, et ne revenons pas sur des égarements qu'il a depuis longtemps oubliés.

La joie même qui présida au rétablissement de l'Empire ne fut pas exempte de rancunes pareilles à celles qui, sous la Présidence, s'étaient de guerre lasse adoucies ou éteintes. Plusieurs chansons en font foi, celle entre autres qui a pour titre *le Oui et le non*, par M. Blot :

> On sait que Louis-Napoléon,
> Digne héritier d'un si beau nom,
> A eu plus de OUI que de NON,
>   Ah ! sacré nom !
> On sait aussi que par bonheur
> Il est nommé notre empereur,
> Et nous en serons beaucoup mieux.
>   Ah ! ben, bigre ! tant mieux !
>
> Chacun nous promettait merveilles,
> Et l'on vantait à nos oreilles
> Des abus la suppression,
>   Ah ! sacré nom !
> Tous les rêveurs, les utopistes,
> Et tous les mauvais journalistes,
> Si l'on pouvait se passer d'eux,
>   Ah ! ben, bigre ! tant mieux !
>
> On dit qu'il existait des listes
> Où certains socialistes
> Y proscrivaient plus d'un beau nom,
>   Ah ! sacré nom !
> Quoi ! désoler encor la France
> Cela n'eût pas eu lieu, je pense,
> En mil huit cent cinquante-deux.
>   Ah ! ben, bigre ! tant mieux !
>
> Sept cent cinquante députés
> Étaient par vous fort bien payés
> A vingt-cinq francs, c'était fort bon,
>   Ah ! sacré nom !

Napoléon, sans qu'ils s'en doutent,
Les a bientôt mis en déroute.
Ils sont rentrés chacun chez eux,
Ah! ben, bigre! tant mieux!

Mais le plus grand nombre le prend sur un ton plus conciliant.
Il n'y a que la passion pour le nouvel Empereur qui redouble, le
le souvenir de l'oncle qui plus que jamais monte les têtes, et les
projets d'envahissement, de vengeance, d'affranchissement des
peuples, d'expulsion des rois, qui naissent et se propagent avec
une incroyable fécondité. « La voilà donc, » s'écrie l'un,

La voilà donc, cette noble lignée
De l'Empereur!
La voilà donc par le ciel ramenée!
Dieu! quel bonheur!
La voilà donc s'annonçant à la France
Par des bienfaits!
Salut à toi, soleil de délivrance,
Brille à jamais!

Et s'adressant au peuple, il continue :

Napoléon, c'est ton dieu, ton idole.
C'est ton amour ;
Napoléon, c'est pour toi le symbole
D'un heureux jour.
Napoléon, c'est ta seule espérance
Au sein du deuil.
Napoléon, c'est l'élu de la France,
Et son orgueil.

« J'ai vu, » dit un autre, évoquant l'ombre de Napoléon Ier :

J'ai vu les rois de l'Europe soumise,
Mieux qu'un diadème adorer son chapeau ;
J'ai vu, devant sa redingote grise,
Des souverains incliner leur drapeau.

Comme autrefois, la superbe Angleterre
N'osera plus nous dicter la leçon,
Et Nicolas, courbant sa tête altière,
Respectera notre Napoléon.

Puis, se rappelant un vaudeville fameux chanté il y a trente ans environ, par l'acteur Gontier, il ajoute :

INVOCATION.

Du haut des cieux, ta demeure dernière,
Mon Empereur, tu dois être content,
Puisque tu vois Empereur sur la terre
Ton cher Louis, ton neveu, ton enfant.
Sur lui répands, du haut de l'empyrée,
Les qualités qui décoraient ton front :
Bénis, bénis la France bien-aimée ;
Bénis-nous tous, ô grand Napoléon !

Un troisième enfin, M. Germain Bayle, Toulousain, ne voit dans le retour à l'Empire que la guerre, et ne veut que la guerre ; il déclare que nos soldats n'ont voté l'Empire que dans l'espérance

De voir bientôt le Danube et le Don ;

et que

Il est bien temps pour la pauvre Pologne
Que les Français se montrent généreux.

Il ne s'en tient pas là. Ce n'est qu'un épisode de la campagne qu'il ouvre contre les puissances dont il redoute une nouvelle coalition, une première étape de la propagande armée à laquelle il convoque toute la France :

Pour conjurer la tempête qui gronde,
Soldats français, soyons toujours unis,
Et pour sauver la liberté du monde,
Montrons encor l'exemple de Paris.

De l'Autriche gardons bien souvenance,
Elle fit mourir Rèischtadt par le poison.
Il en est temps, défenseurs de la France,
Vengeons le fils du grand Napoléon.

. . . .

Nous sommes fiers de notre propagande,
C'est pour la guerre et les brillants combats.
Voyez l'Anglais, comme il tremble d'avance,
En apprenant sa nomination;
Car aujourd'hui, pour l'honneur de la France,
Nos bras, nos cœurs sont à Napoléon.

Il est juste de dire que l'amour, ou (car le mot y est),
l'idolâtrie du peuple français pour la personne de Napoléon III
est le seul point où nos chansonniers ne varient et ne faiblissent
jamais, et où ils sont unanimes. Sur tout le reste, ils diffèrent
plus ou moins. Ceux-ci ont les accents belliqueux et font entendre les appels à la vengeance dont M. G. Bayle offre l'exemple;
ceux-là ont des chants plus modestes, un tempérament plus pa-
cifique. Ils commentent le mot célèbre dit à Bordeaux : « L'Empire, c'est la paix, » ou ils le paraphrasent :

La voix du peuple a rétabli l'Empire.
Combien sur lui vont couler de bienfaits !
Pas de combats, il vient de nous le dire,
Entre ses mains, l'empire, c'est la paix.

Ainsi parle M. Moyadon fils. M. C. Durand n'est pas moins
explicite :

D'un beau soleil le disque aimé naguère
Peut remplacer l'astre éteint des Capets,
On nous disait : L'empire, c'est la guerre;
Nous répondons : L'empire, c'est la paix.

M. Félix Feilles, *délégué des ouvriers boulangers de la Seine,*
dit également :

Que l'Europe respire,
L'empire aujourd'hui, c'est la paix.

Mais il ajoute :

> Tu sais aussi tirer le glaive,
> Napoléon, quand il le faut, etc.

En quoi il témoigne, que ni lui, ni ceux dont il est le délégué, ne doutent de la sincérité du langage tenu à Bordeaux, et que les guerres de Crimée et d'Italie n'y sont pas contradictoires.

A ces élans, à ces transports du peuple, si tumultuairement décrits par ses poëtes, et où se mêle je ne sais quel vague désir de savoir la pensée du prince, pour mieux se mettre d'accord avec elle ; à ces acclamations, à ces protestations de confiance et de dévouement ; à tous ces hommages enfin si affectueux et si spontanés, l'Empereur élu, dont M. E. Pecquet se rend ici l'interprète, répond en ces termes :

> Merci, Français, j'ai reçu vos hommages,
> Et, je le sais, vos acclamations
> M'ont dit : Gouverne, suis la ligne des sages,
> Sois ferme et fort contre les factions.
> J'ai bien compris, ma mission est sainte,
> En recevant les vœux de votre cœur.
> Comptez sur moi et n'ayez point de crainte,
> Je serai digne de votre Empereur.

> Que c'est donc beau quand un peuple vous aime !
> Vous le prouvant par un joyeux transport,
> Moi, dans mon cœur, oui, je l'aime de même.
> Il a remis entre mes mains son sort.
> De vous tromper, non, je n'ai point l'envie,
> Car je vous dois tous mes jours de bonheur ;
> Me rappelant dans ma belle patrie,
> Je serai digne de votre Empereur.

Remarquez, je vous prie, le vers qui termine ces couplets :

> Je serai digne de votre Empereur.

Il semble que l'auguste élu aurait dû dire :

> Je serai digne *d'être* votre empereur,

ayant fait assez jusque-là pour se rendre ce témoignage et
ne pas craindre d'y être contredit. D'où vient donc que le
chansonnier n'a pas pensé de même? C'est que, à l'exemple
du peuple dont il est la voix, et, comme lui, tout plein du
souvenir de Napoléon Ier, il persiste à n'attribuer à Napoléon III que le dessein de suivre religieusement les traces de
son oncle et de s'effacer modestement derrière cet illustre
modèle. Ce jugement n'est pas sans doute d'une rigoureuse
équité ; il ne tient compte ni des qualités personnelles du neveu,
ni des devoirs que lui imposait la différence des temps, des besoins et des habitudes, mais au fond, il n'a rien d'offensant, car
personne ne s'est montré plus jaloux de la gloire de Napoléon Ier,
plus empressé à marcher sur ses traces, et à achever ce qu'il
n'avait qu'ébauché, que celui qui héritait de son nom et qui
venait de ceindre sa couronne. Aussi, à peine est-il empereur qu'il
donne un libre cours à ses sentiments généreux. Il commence
par aller au plus pressé. Il visite, nous dit le même M. Pecquet,
les *indigents*, les *enfants trouvés*, les *hospices :*

> Il entend tous les vœux et les prières ;
> Nul mal n'échappe à ses yeux, à son cœur.

Enfin, il amnistie les condamnés politiques et rappelle les exilés.
Ce dernier acte est chanté par tous les chansonniers du peuple
et sur tous les tons. Mais quels vers ! Quand la reconnaissance
déborde, son éloquence est dans son incorrection.

La fête du 15 août ouvre à nos poëtes un nouvel horizon ;
ils l'embrassent avec transport et toujours à la suite de M. Pecquet. Celui-ci, suivant son usage, renouant, comme on dit, la
chaîne des temps, ne manque pas, ici, de rappeler la date de la
fondation de cette fête, là, d'invoquer l'ombre du fondateur,

plus loin, de voir dans le nouvel Empereur tout le portrait de
l'ancien :

> Je m'en souviens, c'est en mil huit cent quatre
> Que l'on fêtait notre vieil Empereur,
> Nous étions tous comm' de vrais diabl's à quatre,
> Chacun était joyeux de son bonheur.
>
> Napoléon, sors du lit funéraire
> Où tes enfants t'ont placé pour toujours,
> Et, secouant ton livide suaire,
> Apparais-nous comme en nos plus beaux jours ;
> Lors, en voyant ta redingote grise,
> Ton vaste front sous ton petit chapeau,
> Chaque Français, que ton nom électrise,
> Embrassera ton noble et vieux drapeau.

—

> V'là qu' j'entends le canon,
> Je m' dis j' vas voir quéqu' chose,
> C'était Napoléon
> Qui venait pour tout d' bon.
> Tout à côté de moi s' trouvait l' papa la Rose,
> Qui m' dit : Regarde bien,
> C'est tout l' portrait d' l'ancien.

Les autres chantres du 15 août, je le constate avec regret, ne
sont pas à cette hauteur : ils ne peignent pas avec ce relief. Leur
gaieté n'est qu'une douce émotion de l'âme qui jouit du bonheur
dont elle est en possession, mais qui manque de chaleur, lorsqu'elle convie les autres à le partager. M. Spitalier aîné est dans
ce ton, et le chœur dont il fait partie est à l'unisson : voici comment il s'exprime :

> Le quinze août se régénère,
> Fêtons la fête et ses plaisirs ;
> L'opulent et le prolétaire
> Sont au comble de leurs désirs.

Au bien que tout chacun s'exerce,
Et dans son banquet solennel,
Le peuple invoquera le ciel
De rendre en France le commerce.

REFRAIN.

Fête du quinze août, dans notre nation,
Apporte-nous la paix, la joie et l'union.

Venez, ouvriers des campagnes,
Voir la fête du grand vainqueur
Avec vos fidèles compagnes ;
Au quinze août rendez honneur.
Près de l'artisan sans fortune,
Venez fraterniser d'accord,
Alors le Français sera fort
Et dira d'une voix commune :
Fête, etc.

Nous arrivons au mariage de l'Empereur. On se rappelle la
vive émotion que la nouvelle de ce mariage excita dans tous les
cœurs. La fiancée n'appartenait à aucune famille couronnée ; les
grâces répandues sur toute sa personne, la noble fierté de son
caractère, sa bonté, son affabilité, indépendamment de sa naissance illustre d'ailleurs, avaient seules prévalu aux yeux du prince
et déterminé son choix. De là cette approbation unanime d'un
peuple non moins jaloux de plaire aux dames qu'amoureux de
l'égalité. Toutes les chansons composées à cette époque sont
l'écho de ce double sentiment. Elles ne sont pas toutes, il est
vrai, de la plus exquise délicatesse, et les compliments y sont
assénés parfois comme des pavés ; mais quelques-unes n'ont pas
ce défaut ; elles disent ingénieusement ce que tout le monde pense
et dit : elles le disent dans un langage décent, respectueux,
tendre quelquefois, et presque toujours avec cet instinct des
convenances qui se montre volontiers dans les esprits incultes,
quand ils sont tourmentés du besoin de rendre leurs pensées et

qu'ils s'y exercent d'eux-mêmes en écrivant. En tous cas elles demeurent toujours et invinciblement dans le naturel ; elles ne pêchent que par ignorance ou par mauvais goût.

La plupart sont sentimentales ; il y en a peu, où l'on ait osé être gai, la gaieté engendrant la familiarité. L'Impératrice y est tour à tour un *ange du ciel*, un *ange d'amour et de douceur*, l'*illustre rose d'Espagne*, l'*impératrice la plus belle du monde*, la *mère des Français*, la *reine de l'humanité*, etc. Parmi les auteurs, il en est qui appartiennent à l'armée ; tels sont M. Nicolas Ciron et M. Denis Révillon. Celui-ci est un excellent soldat, un digne enfant de Mars, on n'en saurait douter ; mais ce n'est pas, hélas ! un nourrisson des Muses. Voici comment il débute :

> Peuple et soldats s'unissent à la ronde,
> Pour admirer l'éclat d'une femme si bonne,
> C'est l'Impératrice la plus belle du monde,
> Car je l'ai vue avec sa belle couronne.
> Oui, mes amis, c'est à notre Impératrice,
> Que nous rendons tous une sage justice,
> Car cette Majesté est si chérie,
> Oui, le Français la chérira toute la vie.
>
> Toute la France vous aime d'un cœur sincère,
> Vous la maitresse du plus riche palais ;
> Car vous serez toujours notre mère,
> Oui, notre mère, chérie des Français.
> Vive à jamais notre jeune Impératrice !
> Oui, elle sera toujours notre protectrice.
> Pour nous Français, chantons toujours en chœur :
> Vive l'Impératrice et vive l'Empereur !

M. Nicolas Ciron est plus correct, et véritablement plus poétique. Il serait sergent de bande, sinon officier, dans cette troupe de chanteurs où M. Révillon n'est encore qu'une recrue.

> Enfants des arts, accordez votre lire
> Pour célébrer l'hymen de l'Empereur,

Que votre luth harmonieux soupire
Ces mots si doux : Paix, hymen et bonheur.

Peuple français, avec orgueil salue
Celle qui doit veiller sur tes destins :
Tu l'aimeras quand tu l'auras connue,
Car le bonheur te viendra par ses mains!
Enfants des arts, etc.

Rien qu'à la voir sa bonté se devine.
Qu'un diadème ira bien sur son front!
Nous rappelant Hortense et Joséphine,
Elle fera bientôt bénir son nom.
Enfants des arts, etc.

Ah! puisse un jour l'airain des Invalides
Nous annoncer la naissance d'un fils!
Et ce jour-là l'aigle aux ailes rapides,
Rempli d'orgueil, planera sur Paris.
Enfants des arts, etc.

Il a du moins l'intelligence du rhythme, et sa chanson pourrai
être chantée, sans qu'il soit nécessaire d'escamoter les *e* muets,
comme dans la plupart de celles qui précèdent. Il est aussi fort
au-dessus d'un anonyme, étranger d'ailleurs à la profession des
armes, et dont voici deux couplets :

Hélas! sans espérance,
Nous pensions mourir tous,
Mais pour sauver la France
Un ange est avec nous.
Disons sous sa tutelle
Un mot qui se comprend :
« Honneur à la plus belle
Et gloire au plus vaillant! »

La paix c'est la vaillance,
Car, pour la maintenir,
Le PARVENU de France
Saurait plutôt mourir.

Honneur à tant de gloire !
Et répétons souvent :
La plus belle victoire
Demeure au plus vaillant.

Quelques strophes d'un pot-pourri de M. Fanfan l'Aviron,
batelier ès lettres, tranchent assez heureusement sur ce fond
un peu incolore.

AIR : *Croyez-vous, ma Cocotte ?*

Mais quand sans cesse il pense
Au peuple, son électeur,
Faut, pour sa récompense,
Une épouse au noble cœur.
S'il ne l'a pas prise altesse,
C'est qu'ell' vaut, en vérité,
Bien mieux qu'une archiduchesse
     Par sa beauté.

AIR : *Ma commère, quand je danse.*

Elle est de grande origine
(Je l'apprends aux envieux).
Elle est de race divine
Quand on regarde ses yeux.
     Esprit brillant,
     Cœur excellent,
Sensible aux arts, aux vertus, au talent,
Et digne de la couronne
          Qu' l'amour
          Lui donne
          En ce jour.

AIR : *La plus belle promenade.*

Pour se faire aimer des mères,
Pour se fair' bénir de nous,
Elle offre à tout's les misères
Et sa dot et ses bijoux.

La Charité la conseille,
La Pitié guide sa main ;
Ell' s'endort su' l' bien de la veille,
Rêvant au bien du lend'main.

Air : *L'autre jour je m' disais comme ça.*

Les Roug's en sont devenus blancs,
Les Blancs tout roug's et malcontents ;
Mais c' n'est pas ça qui l'importune :
Son âm' peu commune,
Au-d'ssus de sa fortune,
Sans effort les soumettra tous
En les charmant comme nous.

Enfin, M. Pecquet, l'orateur juré de Leurs Majestés, M. Pecquet, dis-je, qui déjà, lors de l'avénement à l'empire du Président de la République, portait la parole au nom de l'Empereur,
la prend encore cette fois-ci au nom de la nouvelle Impératrice,
et traduit en ces termes la reconnaissance et les pieux desseins
de Sa Majesté :

Peuple français, vous la grande famille,
Avec plaisir je reste parmi vous ;
Aux malheureux je me rendrai utile,
Faire le bien pour le cœur est si doux.
Me rappelant d'une femme divine
Dont vous avez gardé le souvenir,
Je veux en tout imiter Joséphine.
Vous rendre heureux c'est mon plus cher désir.

Elle était bonne, elle était votre mère,
Aussi fut-elle adorée des Français.
Son cœur humain soulageait la misère,
Combien a-t-elle emporté de regrets !
Du haut des cieux cette femme divine
Me guidera pour faire votre bonheur.
En imitant la douce Joséphine,
J'accomplirai les vœux de l'Empereur.

De mon époux je charmerai la vie,
Avec orgueil il m'a donné son nom ;
Dieu, bénissant notre union chérie,
Protégera toujours Napoléon.
Ce nom chéri adoré de la France,
Ne l'est-il pas aussi de votre cœur ?
Car en lui seul vous avez confiance,
Je veux en tout imiter l'Empereur.

Le peuple entier aujourd'hui nous regarde,
Puis il nous dit : Soyez toujours heureux !
Nous sommes là pour votre sauvegarde,
Vous le voyez, que chacun est joyeux !
Merci, Français ; de votre Impératrice
Vous connaîtrez la bonté, la douceur ;
Rendant à tous une sage justice,
Je remplirai les vœux de l'Empereur.

Cela suffit pour faire voir que la note prédominante de ces chants thalassiens est une note douce et timide ; ils sentent plus l'émotion que l'inspiration, la musette bourgeoise que la lyre pindarique. Il ne pouvait, il ne devait pas en être autrement. Dans toutes les conditions sociales, le mariage, pour ceux qui le contractent comme pour ceux qui en sont les témoins, est, surtout aux yeux du chrétien, un acte si grave, si imposant, la suite en est si véritablement le secret de Dieu, que la joie qu'on y apporte est plus ou moins contenue et mêlée plus ou moins de mélancolie. Ces dispositions ne sont pas inconnues même au village, et l'enfant chargé d'enlever la jarretière de la mariée, seul peut-être en est exempt.

Autres sont les sentiments, les humeurs, à l'entrée dans le monde d'un nouveau-né ; il semble à tous que l'avenir lui sourit déjà, et parce qu'on a besoin qu'il vive, qu'on ne lui ménage à cet égard ni les vœux, ni les pronostics, on croit que c'est assez pour le mettre à l'abri des accidents humains, et qu'il n'y a plus qu'à lâcher la bride à la joie. C'est ce que nous allons voir à l'occasion de la naissance du prince impérial.

Ici encore nous rencontrons M. Révillon :

> Mars est mémorable,
> Par une belle journée,
> Le seize est favorable,
> Un prince nous est né.
> Cette grande nouvelle
> Fut le jour le plus beau;
> Ce dimanche modèle
> Étrenna le berceau.
>
> Hommage à Eugénie,
> Souveraine des Français,
> Sa Majesté chérie
> Nous comble de bienfaits.
> Vivons dans l'espérance
> D'être toujours heureux,
> Nous voyons pour la France,
> L'avenir glorieux.
>
> Noble enfant de la France,
> Tu fleuris la patrie,
> Guide notre espérance,
> Sois l'honneur du pays.
> Oui, la gaieté résonne,
> D'un souvenir profond,
> Puis un beau jour le trône
> Couronnera ton front.

Ces vers ont un mérite, selon moi, considérable; je le note, parce qu'il est aussi rare chez les poëtes que dans les lettres des dames. Ce mérite, c'est l'énoncé des dates et leur précision. Tout le monde sait le trouble que jette dans l'histoire une date omise ou fausse; ç'a été bien souvent le désespoir de la critique et l'aliment de discussions interminables. « Il n'y a guère, dit Bayle [1], d'événements dont la date dût être

---

[1] *Réponses aux questions d'un provincial*, t. III, p. 616, in-12, 1706.

moins exposée aux variations que celle du mariage des rois; »
et ajoutons, de leur naissance; cependant les variations de ce
genre sont innombrables, et la principale étude de Bayle, on
pourrait dire celle de toute sa vie, a été d'en faire la recherche,
et autant qu'il l'a pu, de les corriger. A cet égard, il était inexo-
rable pour les délinquants. Aussi, tout en louant M. Révillon
d'avoir indiqué dans un de ses couplets, le mois, le quantième,
et le jour de la naissance du prince impérial, n'eût-il pas manqué
de lui chercher querelle sur l'omission de l'année, bien que la
triple indication du poëte eût suffi pour la lui faire trouver.

M. Révillon a intitulé sa chanson : *l'Avenir de la France ou
l'Enfance de Napoléon IV.* Tout beau, s'il vous plaît, monsieur
Révillon; nous en sommes encore, et Dieu en soit loué! à Napoléon III. Ne vous pressez donc pas de donner au fils, à compte sur
l'héritage du père, même un simple titre; cela n'est pas adroit.
Je dirai la même chose à l'auteur anonyme de la pièce suivante :

> Pour notre Impératrice,
> Je lui fais mon couplet,
> Je l'aime avec délice.
> Sa vie est un bienfait :
> Elle est la tendre mère
> Du Prince impérial.
> J'admire et je révère
> Ce fait national.

> Son père est son Génie,
> Son grand-père un héros,
> Sa mère est Eugénie;
> La paix est son berceau.
> Son illustre naissance
> Nous fait bénir son nom :
> Pour nous c'est l'abondance.
> *Vive Napoléon IV !*

> La paix et sa naissance
> Sont un précieux don.

> Le petit-fils d'Hortense
> Embellit ma chanson.
> Que l'enfant d'Eugénie
> Et de Napoléon
> Soit coiffé du génie
> Cher à la nation.

Sauf le dernier vers du second couplet, tout cela est assez bien troussé. Ce *fait national* est un trait qui eût échappé peut-être même à Béranger, et l'expression populaire, *il est né coiffé*, est singulièrement ennoblie par le complément que l'auteur y a ajouté.

Je ne saurais dire si c'est l'émotion ou l'enthousiasme, ou tous deux à la fois, qui ont dicté ses vers à M. Pierre Malet; mais le désordre en est admirable, encore qu'il ne paraisse pas un effet de l'art. Écoutez plutôt :

CANTATE
ET HOMMAGE AU PRINCE IMPÉRIAL.

AIR : *Adieu, mon beau navire.*

> L'illustre rose d'Espagne
> A franchi les montagnes
> Pour garder le nom (*bis*) de l'empire (*bis*), Napoléon.
> L'Europe et la France
> Regardent cet ange
> D'amour et de douceur
> Qui donne à la France
> Un prince pour son bonheur;
> Et la France se lève,
> Bien digne de ce nom,
> Pour fêter la naissance du petit Napoléon.
> Et bon, bon, vive le prince Napoléon ! Etc., etc.

Dépecez vos vers, jetez-en les lambeaux au vent, rassemblez-les ensuite au hasard; ou je me trompe, ou ils formeront toujours un sens, et un sens aussi raisonnable qu'avant leur dispersion.

Le Français, dit-on, naît soldat. Il est sûr que l'enfant n'est pas plutôt en état d'exprimer ses convoitises qu'elles ont instinctivement pour objet, après les bonbons toutefois, tout ce qui constitue l'équipement du soldat. Ses premiers jouets, et ceux dont il se dégoûte le moins, sont des fusils, des gibernes, des shakos, des sabres et des tambours ; son premier ennemi est sa bonne, quelquefois sa mère même, qu'il cherche à effrayer par ses fanfaronnades belliqueuses, et à qui il pousse bottes sur bottes. Ces dispositions du bambin français grandissent avec lui, et quand l'heure est venue de leur donner tout leur développement et de les appliquer, elles produisent les miracles que nous savons. Mais il est également vrai que l'éducation les refroidit souvent ; il en est de même du temps, ce grand révolutionnaire, qui change les mœurs et modifie les caractères. Avant la révolution de 1848, il a pu sembler plus d'une fois, en ces jours où nous conjurions si vivement la guerre, que c'était autant pour épargner notre sang, que pour ne pas troubler notre repos, empoisonner nos délices, ou seulement les diminuer. La cause en est à la paix, qui n'avait presque pas subi d'interruption depuis 1815 jusqu'en 1853, et à l'industrie qui s'était rapidement accrue pendant cette longue période. Au lieu de recruter pour les armées, on a recruté pour les fabriques, et dans les villes manufacturières, comme dans toutes les localités qui les avoisinent et qui en dépendent, les premiers joujoux que, en dépit de ces préférences, on met encore entre les mains d'un enfant, sont des bobines, des navettes, ou quelque chose d'analogue. Dès que l'enfant a compris qu'on ne joue pas toujours avec ces instruments, mais qu'on les utilise, on l'enrôle dans un atelier. Au fur et à mesure que croissent et ses forces et sa taille, son pécule croît aussi, de sorte que, l'âge l'appelant sous les drapeaux, il a pris goût à son métier, et considère plus le profit qu'il va perdre en le quittant, que l'honneur qu'on lui promet en prenant l'autre. Sans doute cette considération s'oublie vite au régiment, et l'instinct militaire ne tarde pas à se manifester ; mais le nouveau conscrit a besoin de plusieurs jours pour se familiariser avec les armes, tandis qu'il lui en eût fallu moins peut-être, si, dès son enfance, il eût été libre de suivre ses aptitudes originelles.¹

Quoi qu'il en soit, et en reconnaissant même ce qu'il peut y avoir de spécieux dans ma remarque, la perspective de la guerre trouve chez nous l'instinct militaire tout développé dans les cœurs où il s'est entretenu sans obstacle, et elle le réveille dans ceux où l'on s'était appliqué à l'endormir, sinon à l'étouffer. Après une première victoire, on n'y voit plus de différence. Tous la chantent comme elle a été remportée, c'est-à-dire dans un accord parfait. Car c'est aussi un des traits de notre caractère ; nous penserions n'avoir vaincu qu'à moitié, si des millions de voix ne s'élevaient aussitôt pour chanter nos succès et nous gausser de nos ennemis. C'est ce que prouvent surabondamment les chansons dont je vais parler. Elles commencent à la campagne d'Espagne, en 1821, traversent la guerre de Morée, la prise d'Alger, nos luttes sans cesse renaissantes contre Abd-el-Kader, Bomarsund, l'Alma, Inkermann, Sébastopol, Magenta, et finissent à Solférino. Je ne m'arrêterai toutefois qu'aux plus récentes, aux contemporaines de Napoléon III.

La gloire des armes, sous quelque gouvernement qu'il l'acquière, est la plus forte passion du peuple français. Il a donc chanté la gloire de toutes ces époques avec le même enthousiasme que celle du premier Empire, les tenant l'une et l'autre pour sœurs, et n'élevant si haut la cadette que pour avoir occasion de dire : « Que serait-ce, si vous aviez connu l'aînée ! » Ceux donc qui écrivent pour lui des chansons n'oublient jamais, à propos d'une victoire quelconque, de rappeler les victoires qui l'ont précédée et le grand capitaine qu'elles immortalisent ; comme s'il n'était pas permis de parler victoires sans parler de Napoléon, et qu'il dût avoir part même à celles où il n'a point assisté.

C'est ce qu'on vit après les dernières campagnes d'Orient et

d'Italie. Là, il n'y a pas seulement identité de résultat entre les
guerres de l'une et l'autre époque, il y a les mêmes ennemis, les
Russes et les Autrichiens; il y a, sinon le même général, du
moins un général du même nom, de la même race, doué d'une
grande aptitude pour la guerre, avec une prudence merveilleuse
et des vues plus désintéressées. Aussi, Dieu sait comme nos
chansonniers triomphent de tous ces rapprochements!

Outre les batailles qui, soit en Crimée, soit en Italie, sont
chacune l'objet d'une chanson particulière, toutes les circonstances qui précèdent, accompagnent et suivent la guerre, sont
mises à profit et traitées avec un entrain où le caractère du soldat français se montre tout entier. Ce sont les appels aux volon-
taires; le départ des conscrits; le désespoir de ceux qui sont
réformés pour leur trop petite taille ou leurs infirmités; les
adieux aux *belles*; la douleur de ces Ariances abandonnées et
rendues à la solitude de leurs fourneaux; ce sont encore les
émotions du soldat à sa première bataille; ses railleries, ses in-
vectives contre l'ennemi battu ou sur le point de l'être, contre les
généraux et même contre les souverains; sa correspondance avec
ses parents ou sa fiancée; son retour dans ses foyers, etc., etc.
Tous ces sujets sont les lieux communs de cette étrange
poésie, et il n'est pas un de nos bardes qui n'ait exploité l'un
ou l'autre, quelquefois tous ensemble.

Voici d'abord *l'Invalide et son fils*. L'auteur ne s'est pas
nommé. Cet invalide, aveuglé jadis en Russie par un éclat de
mitraille, raconte ainsi son accident :

> C'était l'an mil huit cent douze,
> Dans un malheureux combat,
> Le frac remplaçait ma blouse,
> Car j'étais jeune soldat.
> Dans le fort de la bataille,
> Je me battais en furieux,
> Quand tout à coup la mitraille
> Vint me crever les deux yeux.
> Va-t'en, etc.

Il charge son fils d'aller le venger :

Frémis lorsque ton vieux père
Te dit les néfastes jours
Où la céleste lumière
Lui fut raive pour toujours !
Que la soif de la vengeance
Se réveille dans ton cœur
A la vue de sa souffrance,
A la vue de son malheur !

Va-t'en, va-t'en
Me venger en Orient !
Que le Russe et le Cosaque
Soient écrasés sous ton bras !
Frappe-les sur la casaque,
Surtout qu'il n'en reste pas,
Tra la la la la la la la,
Non, mon fils, qu'il n'en reste pas !

Cet appel à la vengeance, ces encouragements à la tuerie sur l'air ou avec le refrain de *tra la la,* ne laissent pas d'être plaisants. Les aveugles-nés sont naturellement gais, dit-on. Je ne savais pas que ceux qui le sont par accident fussent gais aussi. Il est vrai pourtant que la gaieté du nôtre est fort mêlée de noir.

Quoi qu'il en soit, l'armée se met en marche. M. Pierre Derrien, un chansonnier d'un niveau un peu plus élevé que l'ordinaire, stimule ainsi nos soldats :

DÉPART DES JEUNES SOLDATS

Air des *Conseils à l'étranger,* ou *le Peuple est roi.*

REFRAIN.

Pour la France allons porter les armes,
Jeunes soldats, soyons fiers de servir ;
Amis, debout ! A quoi servent des larmes ?
Il faut partir, il faut partir.

14.

Entendez-vous? le tambour nous appelle,
Que chacun vite embrasse ses parents
Et laisse là pleurer sa demoiselle,
Qui peut très-bien nous attendre sept ans;
Pour contracter un heureux mariage,
Il faut avoir le temps de réfléchir,
Car la jeunesse est vraiment si volage
Qu'elle ne sait, héias! à qui tenir.
Pour la France, etc.

En arrivant bientôt à la caserne,
Nous recevrons des mains d'un caporal,
Un lourd fusil avec une giberne,
Dans laquelle est un bâton d' maréchal.
Pour rendre hommage à notre grand mérite,
On va de plus, sans rappel de tambour,
Nous nommer tous officiers de guérite,
Pour percevoir six centimes par jour.
Pour la France, etc.

M. Derrien a bonne opinion des demoiselles, et il a raison.
En effet, si j'en crois mademoiselle *Constance* (un nom de bon
augure pour la fiancée d'un soldat), sept ans d'attente ne sont
pas au-dessus des forces humaines, et particulièrement de celles
d'une femme. *Victor* est *sûr de ses charmes*, et lorsqu'un jour
il viendra *s'y reposer*, il n'y trouvera ni altération ni déchet.

Je pars, belle Constance,
Reçois de ton amant
La fidèle assurance
Qu'il t'aime tendrement.
  Reste-moi chère,
Et soulage ma mère;
  Le ciel, un jour,
Bénira notre amour.

LA FILLE.

Tu pénètres mon âme
Et me perces le cœur;

Victor, d'être ta femme,
J'entrevois le bonheur.
De t'être chère
Et soulager ta mère,
Amant, crois-moi,
Je t'en jure ma foi.

LE GARÇON.

Je suis sûr de tes charmes,
Je dois m'y reposer.
Après le sort des armes
Je viendrai t'épouser,
Toi, belle et sage,
A partir m'encourage ;
Non, non, ton cœur
N'est pas un trompeur.

LA FILLE.

Fidèle à sa patrie,
Et vaillant au combat,
L'amour pour son amie
Est l'honneur du soldat ;
Cours à la gloire,
Et grave en ta mémoire
Qu'après sept ans
Ta maîtresse t'attend.

Plus heureuse et non moins fidèle sans doute, mademoiselle *Suzon*, qui, à ce qu'il paraît, a du goût pour les bossus, conservera son amoureux, parce que le conseil de révision n'a pas voulu de lui. Mais notre bossu, qui est brave comme César, exhale ainsi sa douleur :

Air : *V'là c' que c'est qu' d'avoir du cœur.*

Ah ! plaignez-moi, mam'zelle Suzon,
Cré vingt mill' noms ! j'ai du guignon ;
J' croyais comm' mon cousin Cadiche,

> Partir pour l'Autriche ;
> Mais, voilà qu'on m' triche ;.
> On m' réform' pour un' bosse dans l' dos.
> Pas moyen d' dev'nir un héros.
>
> Le conseil de révision
> N'a pas mon approbation.
> En entendant le cri de guerre,
> Ne pouvant me taire,
> Je dis : V'là m'n affaire.
> Mais on n' veut pas d' moi, quel chaos!
> Pas moyen, etc.
>
> Quoique mal bâti, nom d'un chien !
> J' redress'rais plus d'un Autrichien ;
> Pas un plus qu' moi n'aurait d' courage,
> Ni plus, je le gage,
> D' goût pour le tapage ;
> J'en fatiguerais les échos.
> Pas moyen, etc.

Ces couplets ne sont pas trop méchants. L'auteur, en ne les signant pas, a été trop modeste.

Mais voici venir les Tyrtées. Ils prennent la tête de la troupe, et là, chantant les griefs des nations contre l'ennemi, ils animent les autres au combat. C'est bruyant et comme un écho anticipé du canon. L'indignation a fait ces vers, il y en a d'éloquents.

Citons d'abord un anonyme. Son chant a pour titre *le Canon du Danube*.

> Ne souffrons pas que des hordes d'esclaves,
> Au nom de Dieu, viennent impunément
> Aux droits sacrés imposer les entraves,
> Aux nations leur asservissement.
> Pour adoucir nos plaies bérésiniennes,
> Pour engourdir une vieille douleur,
> Canon français, aux rives danubiennes,
> Fais retentir l'écho de ta valeur !

C'en est assez, corrigeons l'insolence
D'un oppresseur par le gain altéré ;
Frappons, frappons! Sinope crie vengeance,
Ne restons pas sous ce crime atterrés.
Levez-vous donc, milices parisiennes,
En répondant à ce cri de douleur,
Canon français, aux rives danubiennes,
Fais retentir l'écho de ta valeur !

Un nom fameux qui fit trembler la terre
Va retentir et briller de nouveau ;
Napoléon, que ton foudre de guerre
Serve de guide à notre vieux drapeau !
Aigle, reprends tes courses aériennes,
Tu fus longtemps notre bon précurseur.
Canon français, aux rives danubiennes,
Fais retentir l'écho de ta valeur !

Pour accomplir cet acte de justice,
Jeunes soldats, vous n'hésiterez pas.
De votre sang faites le sacrifice,
Courez chercher un glorieux trépas.
Par leur élan les troupes algériennes
Vous ont ouvert le chemin de l'honneur :
Canon français, aux rives danubiennes,
Fais retentir l'écho de ta valeur !

Par une métaphore d'une grande hardiesse, le poëte donne de la *valeur* au canon. Au premier abord, on est bien un peu choqué de cette nouveauté, mais on finit par en prendre son parti. Il n'en est pas de même des syllabes superflues. Eh, bon Dieu ! la prosodie n'est pas un Russe ; elle a droit a plus de ménagements.

On ne fera pas le même reproche à M. Victor Rabineau ; il est correct ; il connaît et observe le rhythme ; il a de la verve, du feu, nonobstant la déclamation et l'emphase. Sa chanson : *Aux soldats français*, lorsqu'ils partent pour l'Italie, mériterait d'être citée tout entière. Ces deux couplets pourtant suffiront pour la faire apprécier :

> Qui règne là? C'est le fauve Croate,
> C'est le vautour au nid du rossignol.
> Mieux que la voix du sage diplomate,
> La baïonnette en purgera le sol.
> Qu'il soit donc libre ! et quand l'ombre s'obstine
> Sous l'éteignoir des tudesques Césars,
> Rendons l'éclat à la race latine :
> Nous lui devons la lumière des arts.
>> En avant ! la coupe est remplie ;
>> L'Autriche s'enivre d'excès ;
>> Secourez la noble Italie,
>>> Soldats français.

> Au premier choc sur ces masses stupides,
> La ligne ardente entrera dans leurs flancs ;
> A votre tour, cavaliers intrépides,
> Portez l'effroi dans leurs débris sanglants.
> Chassez bien loin la soldatesque infâme,
> Mais n'allez pas dégaîner sans profit ;
> Pour ces Pandours qui flagellent les femmes,
> Sabre au fourreau ! la cravache suffit.
>> En avant, etc.

Au reste, il est à remarquer que, dans la lutte ouverte entre les chansonniers, à l'occasion des guerres de Crimée et d'Italie, ce sont les plus fameux surtout qui ont pris la parole, et, comme on dit en terme du métier, qui ont donné le plus. On trouve là les noms de MM. Victor Rabineau, Charles Durand, Gustave Leroy, Villeneuve, Pecquet, Maurice Patez, etc. Ils sont même assez populaires pour que certains éditeurs aient trouvé bon de reproduire les traits de quelques-uns sur le frontispice de leurs recueils. Je n'en ferai pas mon compliment à l'artiste ; son burin n'est pas flatteur ; mais il s'est dit, je pense, comme La Bruyère, « les portraits ne doivent être regardés que de loin. »

Un trope cher entre tous à nos chansonniers est celui au moyen duquel ils représentent l'attaque contre l'ennemi et sa défaite, sous l'image d'un concert ou d'un bal dont il payera ou dont il a payé les violons. L'idée du sang qu'on va répandre, le souvenir de celui qu'on a répandu ne troublent pas leur gaieté ou leur sérénité. Ils ont d'ailleurs cela de commun avec nos soldats eux-mêmes, aussi allègres lorsqu'ils marchent au-devant de l'ennemi qu'au-devant d'un partenaire, et non moins philosophes après avoir reçu une blessure qu'après avoir fait un faux pas. Sur une centaine de chansons de ce genre, deux ont principalement attiré mon attention ; je pense qu'elles pourront amuser le lecteur. La première est de M. Gustave Leroy ; l'autre de M. Pecquet.

LE CONCERT FRANCO-SARDE

OU LES AUTRICHIENS

Air de *Monsieur Pignouf.*

Nous v'nons offrir à l'armée autrichienne,
 Ran tan plan;
 Colonne en avant,
Un grand concert que l'on entendra d' Vienne ;
 Pauvres Autrichiens ! (*Ter.*)

Pour nos conseils vous aviez l'oreill' dure ;
 Ran tan plan,
 Colonne en avant,
Et dans vos not's vous oubliiez la m'sure ;
 Pauvres, etc.

Des partitions nous n' nous occupons guères ;
 Ran tan plan,
 Colonne en avant ;
Nous vous jouerons les airs qu' vous jouaient nos pères,
 Pauvres, etc.

Dans notre orchestr' qu'à présent l'on complète,
     Ran tan plan,
     Colonne en avant,
Deux cent mille homm's vont jouer d' la clarinette;
     Pauvres, etc.

Pour qu' l'harmoni' dans l' contraste ait sa grâce,
     Ran tan plan,
     Colonne en avant,
Deux mill' canons feront la parti' d' basse;
     Pauvres, etc.

Pour que l' *forte* n' pèch' pas par des faiblesses,
     Ran tan plan,
     Colonne en avant,
Vous pourrez bien nous servir de gross's caisses,
     Pauvres, etc.

Chaqu' musicien, pour les notes finales,
     Ran tan plan,
     Colonne en avant,
Dans son fusil pourra mettr' ses cinq balles;
     Pauvres, etc.

L'instrument d' cuivr', n' craignez pas qu'on l'omette,
     Ran tan plan,
     Colonne en avant,
C'est la Victoir' qui sonn'ra d' la trompette;
     Pauvres, etc.

Nos instruments produisent l'harmonie,
     Ran tan plan,
     Colonne en avant,
Pour vous l' bâton doit être une arme honnie,
     Pauvres, etc.

Par l'*ut* all'mand l'oreille est si charmée,
     Ran tan plan,
     Colonne en avant,
Qu' c'est sur votr' *do* qu' va tomber notre armée,
     Pauvres, etc.

Vous, votr' musique est loin d'être accomplie,
  Ran tan plan,
  Colonne en avant,
Vous abîmez le *sol* de l'Italie ;
  Pauvres, etc.

Qui vous conduit ? C'est Giulay l' feldzeugmestre,
  Ran tan plan,
  Colonne en avant,
La liberté s' fait notre chef d'orchestre,
  Pauvres, etc.

V'là les bureaux qui s'ouvr'nt pour la séance,
  Ran tan plan,
  Colonne en avant,
D' peur qu'on en manqu' ret'nez vos plac's d'avance,
  Pauvres, etc.

LE BAL A GRAND ORCHESTRE

OU LA DANSE DES COSAQUES

Air du *Petit bouton d'or.*

Messieurs les bons petits Russes,
  Vous êtes contents ;
On vous a secoué vos puces,
  Nous somm's bons enfants.
Puisque vous aimez la danse,
  Vous avez dansé,
Puis, après la contredanse
  On vous fit valser.

La musique était complète :
  Cornets à piston,
Tambours, fifres, clarinettes,
  Tous jouaient d'aplomb.
On vous a donné des prunes
  Pour vous rafraîchir,
Ce n'était pas des communes,
  Vous pouviez choisir.

Vous avez dansé l'anglaise,
　　La turque on n' peut mieux,
La français', la piémontaise,
　　Vous êtes heureux.
Nous avons fait l' sacrifice,
　　Pour finir le bal,
D'un joli feu d'artifice
　　Qui n'était pas mal.

D'abord la première danse
　　Ce fut Odessa,
A Bomarsund ça r'commence,
　　Ensuite à l'Alma,
Balaclava, Inkermanne,
　　Puis Eupatoria ;
Où vous dansiez bien sans femme
　　C'est à Tchernaïa.

Puis ensuite au Carénage,
　　Au Mamelon-Vert,
Vous laissiez arm's et bagages,
　　Pour vous quel revers !
Nous avons pris vos navires
　　Dans la mer d'Azof,
Votre emp'reur ne doit pas rire
　　Contre Gortschakoff.

Vous fallait cela bien sûr,
　　Mes petits mignons :
Vous tombiez tous en mesure
　　A chaqu' rigodon,
Pour vous la plus belle danse,
　　Je l' dis, foi d' Nicol,
C'est dans votre salle immense
　　De Sébastopol.

Il faut payer la musique
　　Bien vite, ou sinon
Nous saisirons la boutique
　　De votre patron.

> Déli' ta bourse, Alexandre,
>   Paye le débours,
> Ou dans peu nous irons prendre
>   Ton Saint-Pétersbourg.

On sait le rôle considérable qu'a joué la baïonnette dans nos dernières campagnes. Comme les dieux dans la tragédie antique, elle intervenait à la fin du drame et en faisait le dénouement. Cette intervention est décrite avec gaieté et avec esprit dans la chanson *En avant la baïonnette!* de M. Maurice Patez. En voici quelques couplets :

> Courons, la charge résonne ;
> Et toi, mon petit Pacô,
> Si soigneux de ta personne,
> Ne tombe pas dans le Pô ;
> Ce serait bien embêtant,
> Tu gâterais ta toilette ;
> En avant la baïonnette,
> La baïonnette en avant !

> Sapristi ! je suis en nage,
> C'est malsain, mais, nom de nom !
> Avant d'achever l'ouvrage,
> Nous prendrons bien un canon.
> Mais il faut auparavant
> Bien jouer de la fourchette.
> En avant la baïonnette,
> La baïonnette en avant !

> Je n'aime pas qu'on plaisante.
> Je suis touché, c'en est fait !
> Une balle peu décente
> M'a chatouillé le mollet ;
> Va, Pacô, résolûment,
> Mais prends garde à ta casquette ;
> En avant la baïonnette,
> La baïonnette en avant !

Enfin voici les moustaches
Des grenadiers autrichiens.
Petit, il faut que tu saches
Être digne des anciens ;
Et ce n'est pas le moment
De songer à ta Jeannette.
En avant la baïonnette,
La baïonnette en avant !

Viens, petit, que je t'embrasse,
Je suis si content de toi !
Mais, ne fais pas la grimace,
A ton tour embrasse-moi ;
Et répétons, poursuivant
L'ennemi qui fait retraite :
En avant la baïonnette,
La baïonnette en avant !

Mais on ne s'embrasse pas seulement après s'être bien battu,
on pense à ceux qui ne peuvent avoir leur part de ces embras-
sades, parce qu'ils sont absents et ne savent pas encore le résultat de la bataille ; on pense aux pères, aux mères, aux fiancées,
tous en proie aux tourments de l'incertitude, et impatients de
savoir si l'ennemi a été vaincu, et si ceux qui leur sont chers
n'ont pas payé la victoire de la perte de quelque membre, peut-
être même de la vie. C'est donc le moment de leur écrire, et il
n'est guère de soldats sachant se servir d'une plume, qui ne
s'acquittent de ce devoir. Quant à ceux qui ne le savent pas, ils
ne manquent pas de secrétaires. Eh bien, il s'est fabriqué dans
le cabinet de nos chansonniers presque autant de lettres de ce
genre qu'il s'en est écrit au camp le lendemain d'une bataille.
Elles sont assez généralement gaies, avec une pointe de mélancolie, et non-seulement il y est parlé de toutes les personnes de
la famille, y compris la fiancée, mais des hôtes de la niche, de
l'écurie et de l'étable, c'est-à-dire que le chien, la vache et le
cochon n'y sont pas oubliés. Les amis, les voisins y ont aussi

leur article, mais ils ne viennent qu'après les bêtes. Enfin, il y
est aussi question des parrains et marraines et quelquefois de
M. le curé. Mais la plupart ne sont que des charges et s'éloi-
gnent trop de la vérité. Une de celles qui s'en approchent davantage est datée des tranchées devant Sébastopol, et a pour auteur
M. Gustave Leroy. En voici un extrait :

> Sur tous les remparts que de canons chargés !
>   Comm' tout ça doit bien s' faire entendre !
> Rien que de les voir alignés et rangés,
>   Ça vous donne envi' de les prendre :
>   Dites à mon parrain Coulon
> Qu'à sa santé j'espèr' prendre un canon,
>   Quand nous visit'rons l'entresol
>   De la vill' de Sébastopol.
>
> Dites à Fanny qu'ell' ne s'impatient' pas,
>   Qu' je m' souviens qu'à la fêt' dernière
> D'un jeune officier elle accepta le bras
>   Et qu'elle en était toute fière ;
>   L'épaulette lui fait honneur,
> Je veux encor lui donner ce bonheur,
>   J' tâch'rai d' ramasser un hauss'-col
>   Sous les murs de Sébastopol.
>
> Embrassez ma mère et qu'ell' n' craign' pas ma mort,
>   Pour tous les chances sont égales ;
> Blessé par les Russ's, vraiment ça m' f'rait du tort ;
>   Les Cosaqu's ont d' si vilain's balles :
>   Si par la mort j' suis emporté,
> Qu'ell' se redresse et dise avec fierté,
>   Quand on parl'ra de son fils Paul :
>   Il est mort à Sébastopol.
>
> V'là le clairon qui sonne, on cesse de bivouaquer,
>   J' mets mon sac et j' vais prendre ma place ;
> J' n'ai plus rien d' nouveau, je crois, à vous marquer ;
>   Si c' n'est que tous je vous embrasse.

15.

Signé,
    Votre fils,
        Paul Gailleurs,
Simple soldat au premier tirailleurs,
Qui va bientôt s' pousser du col
Dans la 'vill' de Sébastopol.

Il n'est pas nécessaire, je pense, de m'arrêter sur quelques chansons dirigées personnellement contre les empereurs Nicolas, Alexandre II et François-Joseph. Ces trois souverains y sont traités avec une irrévérence, tranchons le mot, une insolence que les usages actuels de la guerre et nos mœurs essentiellement courtoises répudient à juste titre. La guerre finie, ces procédés ne se comprennent même plus ; j'ajoute que les braves gens qui s'en sont permis de pareils, seraient aujourd'hui les premiers à reconnaître qu'un prince n'est pas nécessairement haïssable, parce qu'il se défend, quand on l'attaque, et qu'il n'est pas non plus méprisable parce qu'il a été vaincu. Voilà pourquoi je ne citerai aucune de ces chansons.

Je passe également sur le récit des différentes victoires qui ont illustré les campagnes d'Orient et d'Italie; mais je donnerai deux pièces où ces deux campagnes sont chantées, l'une par M. Robequin, l'autre par M. C. Durand. Je ferai observer seulement que celui-ci est de quelques piques au-dessus de celui-là.

LA PRISE DE LA TOUR MALAKOFF

PAR LES ARMÉES ALLIÉES.

Air de *Valentin*.

Le canon des Invalides
Nous annonce des succès;
C'est nos braves invincibles
Qui font de nouveaux progrès,
Malgré le feu, la mitraille,
Et le plomb des ennemis.

Les amis, — nous voici ;
Que le canon russe bâille,
Le fort Malakoff est pris.
  Ah ! ah ! les amis,
Que le canon russe bâille !
  Ah ! ah ! les amis,
Vrai, Sébastopol est pris.

Le Russe dont la gamelle
Est vide, manquant de suif,
Sa gloire est une chandelle
Qu'éteint notre feu si vif.
Les alliés sont des braves
Dont le courage est compris.

Les amis, — nous voici :
La gloire n'a pas d'entrave,
Le fort Malakoff est pris.
  Ah ! ah ! les amis,
La gloire n'a pas d'entrave.
  Ah ! ah ! les amis,
Vrai, Sébastopol est pris.

Un vaincu dans la bataille
Vient de tomber sous nos coups,
Sauvons-le, vaille que vaille,
Les homm's ne sont pas des loups ;
Pour célébrer la victoire
De nos braves réunis,

Les amis, — nous voici :
Versez, versez donc à boire,
Le fort Malakoff est pris.
  Ah ! ah ! les amis,
Versez, versez donc à boire,
  Ah ! ah ! les amis,
Vrai, Sébastopol est pris.

—

SOLFERINO

Air du *Chant des soldats.*

Français (*bis*), encore une victoire
A côté de Montebello,
De Magenta, de Palestro,
De Marignan, de Lonato,
Chantons, chantons : Honneur et gloire,
    Et gloire, et gloire
Aux vainqueurs de Solferino !

Réjouis-toi, ma noble France,
Sois fière de Napoléon,
Car tes enfants, par leur vaillance,
Ont encore illustré ton nom.
Aux jours glorieux de l'histoire,
Que chacun cite avec orgueil,
Ajoute encore un jour de gloire,
Pour tes ennemis jour de deuil.

L'aurore paraissait à peine,
Blanchissant les prés et les monts,
Que nos ennemis dans la plaine
Déployaient leurs fiers bataillons ;
Soudain nos soldats invincibles,
Animés d'une mâle ardeur,
Roulent comme des flots terribles
A ce cri : *Vive l'Empereur !*

De tous côtés le canon tonne,
La mitraille vole en éclats ;
De l'ennemi chaque colonne
Se brise devant nos soldats.
Napoléon, que rien n'arrête,
Sous le feu dirige leurs coups,
Et l'ennemi bat en retraite.
Honneur ! la victoire est à nous !

> Honneur à vous, chefs intrépides,
> Qui guidez ces vaillants soldats.
> Comme autrefois aux Pyramides,
> Le courage a guidé vos pas.
> Mais vous dont la mort incessante
> Vous fit succomber en héros,
> Notre France reconnaissante
> Verse des pleurs sur vos tombeaux !

En général, et cela est à noter, les auteurs de chansons qui ont trait à la guerre d'Italie, sont plus nombreux que les auteurs de chansons ayant pour objet la guerre d'Orient, et les meilleurs s'y sont exercés plus volontiers. D'où vient cela? De ce que l'animosité des Français contre les Autrichiens était beaucoup plus forte que contre les Russes, et aussi de ce que les souvenirs de l'invasion s'élevaient beaucoup plus haut contre les premiers que contre les seconds. Il nous était insupportable de penser qu'un peuple que nous avions accoutumé de battre en toutes rencontres, ait eu un jour la chance de nous battre lui-même, aidé de toutes les puissances de l'Europe, et qu'il nous ait fait sentir plus durement le droit de représailles. Nous n'oubliions pas non plus qu'il avait eu le malheur de retenir dans une sorte de captivité le fils de Napoléon, que cet aimable prince est mort à Schœnbrunn, dans la fleur de l'âge, et qu'il y est enterré. Tous ces griefs étaient plus que suffisants pour exciter la verve et provoquer le ressentiment de nos chansonniers populaires, et les bons comme les mauvais ne se sont pas fait scrupule de les exploiter.

Mais la paix est faite et signée à Villafranca :

> La paix est faite pour longtemps,
> La France est couverte de gloire;
> Les Autrichiens sont mécontents;
> Ils avaient oublié l'histoire,
> Car jadis le grand Empereur
> Les avait déjà rendus sages ;

> Aujourd'hui c'est son successeur
> Qui vient châtier ces sauvages.

Ainsi parle M. Poirson, ex-officier du premier Empire. Ce
poëte, non content de traiter, comme on le voit, les Autrichiens
de *sauvages*, leur applique ailleurs l'épithète d'*anthropophages*.
Ce n'est pas le seul exemple de l'excès où la nécessité de la
rime jette nos chansonniers.

Enfin nos soldats quittent l'Italie et rentrent en France ;
chaque chansonnier monte les cordes de sa lyre, un peu déten-
dues à force d'exercice. Ceux même qui ne les ont fait vibrer
jusqu'ici que pour soutenir leurs chants d'amour, en tirent des
sons plus mâles et plus dignes de la circonstance. De ce nombre
est M. V. Aubineau.

> Aux doux accords ma lyre accoutumée,

dit-il,

> Avec amour retentit sous mes doigts,
> Et puis, d'un zèle héroïque animée,
> De nos Français célèbre les exploits.

Et il chante en ces termes le *Retour de l'armée d'Italie à
Paris le 14 août* 1859 :

AIR : *Partant pour la Syrie.*

> Paris est dans l'ivresse,
> Braves soldats français,
> Rayonnants d'allégresse,
> Nous fêtons vos succès.
> Pour votre renommée
> Chantons à l'unisson :
> Honneur à notre armée !
> Gloire à Napoléon !

Fiers héros d'Italie,
Admirez ces apprêts ;
La France vous rallie
A Paris tout exprès.
L'aigle enthousiasmée
Porte à son écusson :
Honneur, etc.

Voyez, nos cœurs sincères
Ont dressé tour à tour
Guirlandes et bannières
Pour votre cher retour.
Chacun, l'âme charmée,
Entonne avec raison :
Honneur, etc.

La colonne Vendôme
Émerveille vos yeux ;
C'est un pur axiome
De hauts faits glorieux.
Son histoire estimée
Éternise Denon.
Honneur, etc.

Pour prix de tant de gloire,
L'union, le bonheur,
Propagent votre histoire,
Si féconde en splendeurs.
Clio, toute enflammée
Inscrit au Panthéon :
Honneur, etc.

Ces vers méritaient d'être reproduits, ne fût-ce que pour la qualification audacieuse et inattendue dont la colonne de la place Vendôme y est l'objet. A le bien prendre, en effet, ce monument est à la victoire ce qu'est aux mathématiques une proposition générale, claire, évidente, reçue et incontestable, c'est-à-dire un axiome. On sait que cette colonne fut érigée sur les dessins de Denon.

M. Victor Gaucher, dans une chanson qui porte le même titre, n'est pas moins épique, quoiqu'il ait des images moins hardies que M. Aubineau. En voici deux couplets :

Air : *Le peuple est roi.*

REFRAIN.

Soldats français, la guerre est terminée,
Vous revenez couverts de lauriers ;
Reposez-vous de la lutte acharnée
    Dans vos foyers (*bis*).

Vous revenez triomphants d'Italie,
Après avoir affronté le trépas ;
Sous vos drapeaux le peuple se rallie,
Et tout Paris va vous tendre les bras.
Des mille voix, depuis la Seine au Tibre,
Acclameront l'honneur du nom français ;
C'est grâce à vous que l'Italie est libre,
C'est grâce à vous que nous avons la paix.
Soldats, etc.

Mais dans vos rangs il est plus d'une absence,
Plusieurs de vous ne verront plus leurs toits,
Ils sont tombés, ces enfants de la France,
En défendant le plus sacré des droits.
Pour que les noms de ces fils de la gloire
Ne restent pas couverts d'obscurité,
Les écrivains, ces peintres de l'histoire,
Les transmettront à la postérité.
Soldats, etc.

Je ne quitterai pas l'Italie sans faire part aux lecteurs d'une des pièces les plus singulières auxquelles la dernière campagne des Français dans ce pays ait donné lieu. C'est un travestissement des prières canoniques du chrétien, et leur application aux événements qui ont précédé et suivi cette campagne, aux souverains et aux peuples qui y ont joué un rôle. Elle est intitulée *le Bréviaire du bon Français*. Si je n'appelle pas cela une parodie, c'est que la parodie a pour objet de livrer au ridicule l'œuvre parodiée afin de la rendre méprisable et odieuse; ici, il n'y a rien de pareil. D'autres reprocheront peut-être à l'auteur du *Bréviaire* d'avoir modelé son écrit sur des prières dont il a irrespectueusement détourné l'application et le sens dans un but profane : je n'ai pas, je l'avoue, le courage d'être si sévère. Cela dit, voici la pièce :

LE BRÉVIAIRE DU BON FRANÇAIS

COMMANDEMENTS DU PEUPLE FRANÇAIS.

1. Autrichien, tu cesseras
   Ton oppression à l'instant.

2. En tes limites rentreras,
   Sans répliquer aucunement.

3. Tous tes voisins respecteras,
   Car nous l'exigeons fermement.

4. Bon gré mal gré, tu garderas
   La religion du serment.

5. L'aigle français redouteras,
   Ou tu danseras crânement.

6. Comme gouvernant tu seras,
   Pour ton peuple, doux et clément.

7. Partout tu nous retrouveras,
   Si tu n'agis pas sagement.

8. Le canon tu ne tireras
   Que pour ta fête seulement.

9. Dans tes projets tu tâcheras
   D'agir un peu plus prudemment.

10. Fais tout ceci; puis tu pourras
    T'aller coucher tranquillement.

COMMANDEMENTS DE L'ITALIE A L'AUTRICHE.

1. Notre sol tu ne fouleras,
   Si tu veux agir prudemment.

2. Homicide plus ne seras,
   De tes voisins aucunement.

3. Observe que tu ne pourras
   Jamais agir injustement.

4. La foi des traités garderas,
   Ou tu danseras gentiment.

5. Jamais tu ne convoiteras
   Rien qui soit notre détriment.

6. Ce petit pacte signeras,
   Sans quoi redoute un châtiment.

Mais il n'y rien de nouveau sous le soleil. M. V. Pelletier, chanoine de l'église d'Orléans, a trouvé sous le premier feuillet d'une brochure in-4°, intitulée : *Apologie des Frondeurs,* 1650, la pièce qui suit, faite sur le même plan que la nôtre. Le parallèle en est piquant :

LES COMMANDEMENS DES FRONDEURS

Un seul Mazarin fronderas
Irréconciliablement ;
La fronde en vain tu ne prendras,
Mais pour fronder bien vertement.

Quand le chef des frondeurs verras
Tu le salueras humblement ;
Le vieil Broussel honoreras,
Affin de fronder longuement.

Le Parlement révéreras
Affin de fronder seurement ;
Mazarin point tu ne seras,
De faict ni de consentement.

Contre ce vilain tu feras
Chansonnettes journellement ;
Ou du moins tu les chanteras,
Ne pouvant pas faire autrement.

Partisans point ne souffriras
Que dans la Grève seulement ;
Relaps frondeurs observera
Et ne t'y fieras nullement.

L'éternel négociateur[1]
Viendra bientost, c'est chose claire,
Quiconque soutient le contraire,
C'est un méchant, c'est un menteur.

Que pensez-vous qui le retarde ?
Le voulez-vous sçavoir au vray ?
C'est qu'il faict devant Bellegarde
Le second thome de Cambray[2].

A la conclusion de la paix avec l'Autriche, la muse guerrière
perdit tout à coup la parole ; les campagnes de Chine et du
Mexique la lui rendirent, et elle en usa comme on fait d'un
bien qu'on recouvre, après en avoir été longtemps privé.
M. Alexis Dalès nous représente assez gaiement, dans la chanson suivante, les aimables fanfaronnades d'un des vainqueurs
de Puebla, qui convoite déjà Mexico, et qui est assuré de n'en
faire bientôt qu'une bouchée.

[1] Mazarin lui-même.
[2] C'est-à-dire sans doute qu'il ne prendra pas plus Bellegarde assiégée
par lui, et où il faillit être pris lui-même et tué par suite de la trahison
de quelques officiers, qu'il n'avait pris Cambrai.

J'AURONS MEXICO

ou

[GRANDE JUBILATION DU VOLTIGEUR PICO]

A L'OCCASION DE LA PRISE DE PUEBLA

ACTUALITÉ

PAROLES DE ALEXIS DALÈS

Air : *Ça vous coupe la gueule à quinze pas* (Colmance) .

Encore une fois notre drapeau français
   Vient de remporter la victoire,
Je sommes vainqueurs, et ce nouveau succès
   Fait que je nageons dans la gloire ;
   Fallait entendr' notre brutal
Aux Mexicains jouer un p'tit air de bal ;
   .J'avons Puebla, mais foi d' Pico,
   Dans peu nous aurons Mexico.

Devant l'ennemi, cré nom! fallait nous voir,
   Que nos phalanges étaient belles !
Dam! on a du cœur et chacun fait son d'voir,
   Quand l'aigle a déployé ses ailes ;
   C'est vraiment pas pour nous vanter,
Mais aux Français rien ne peut résister ;
   C'est c' qui fait qu' dans peu, foi d' Pico,
   Nous allons prendre Mexico.

J'avions dans l' combat un élan sans pareil,
   J'étions un tonnerre qui roule,
Et pendant ce temps un polisson d' soleil
   Nous tapait d'aplomb sur la boule ;
   Fallait voir notre général
Sous l' feu d' l'ennemi manœuvrer son cheval ;
   Avec lui j' vous jur', foi de Pico,
   Qu' nous aurons bientôt Mexico.

Malgré les boulets et malgré la chaleur,
   Un jour je r'verrai ma chaumière,

Et j'espérons bien rapporter, quel bonheur !
    L' ruban rouge à ma boutonnière.
En épousant l'objet d' mon cœur,
J' laiss'rons l' fusil pour l' soc du laboureur ;
    Mais avant tout ça, foi de Pico,
    Je voulons prendre Mexico.

De mes vieux amis j'irons serrer la main,
    J' suis loin du pays... mais n'importe ;
A force d' marcher on fait beaucoup d' chemin,
    D' mon chalet je r'trouv'rai la porte ;
    Près de moi quand on passera,
Avec orgueil c'est à qui m' salu'ra,
    Et chacun dira : v'là Pico
    Celui qu'a pincé Mexico.

La guerre finie, le soldat rentre en France. Celui-ci vient de
Crimée, celui-là d'Italie, et cet autre de Chine. Rendus à *leurs
foyers*, les uns témoignent leur surprise à l'aspect des changements qui s'y sont opérés pendant leur absence ; les autres ra-
content leurs campagnes, les autres leurs projets pour l'avenir.
Autant de sujets de chansons. En voici deux :

RETOUR DE LA CHINE

DE FRANÇOIS GABOUZOT

FUTUR CAPORAL DANS UN RÉGIMENT DE LIGNE

PAROLES DE VICTOR GAUCHER.

Air : *Ça vous coupe la gueule à quinze pas.*

Je suis de retour au sein de mes foyers
    Après une longue campagne,
Et puisqu'aujourd'hui j' suis couvert de lauriers,
    Faut que j' songe à prendre un' compagne.
    Quand j' suis parti j' disais bonsoir,
Car, mes amis, je ne croyais pas vous r' voir.
    Mais j' suis content, foi de François,
    D'avoir été chez les Chinois.

Dans ce beau pays je vous dirai vraiment
 Que j'ai vu des choses bizarres ;
Mais je dois vous dir' pour le commencement
 Qu' nous avons brossé les Tartares.
 Ces gaillards sauront désormais
Comment l'on fait la manœuvre en français.
 Je suis content, foi de François,
 D'avoir été chez les Chinois.

Dans ce pays-là, c'n'est pas comme à Paris,
 Les femm's ne mett'nt pas d' crinolines,
Ça n' les empèch' pas d'adorer leur maris
 Ni d'avoir des tailles très-fines;
 Mais les Chinois's au pied mignon
Ne veulent pas se gonfler d'un ballon.
 Je suis content, foi de François,
 D'avoir été chez les Chinois.

En fait de cuisine, on y mange du chien,
 Et d' préférenc' le chien caniche.
Mais pour en manger faut avoir le moyen;
 L' pauvre n'en mang' pas, n'y a qu' le riche.
 En fait de chien, soit caniche ou non,
Moi j'aime mieux un bon gigot d' mouton.
 Mais j' suis content, foi de François,
 D'avoir été chez les Chinois.

J'ai vu de mes yeux un très-beau mandarin,
 C'était vraiment un homme superbe ;
Mais il avait l'air d'un véritable pékin
 Avec ses habits couleur d'herbe.
 Il s'appelait monsieur Fou-yo-po:
Ça, c'est un nom à s' fair' tanner la peau.
 Mais j' suis content, foi de François,
 D'avoir été chez les Chinois.

Là-bas, les soldats sont de très-fins matois,
 Et d' la guerre ont tout' la science :
Ils tiraient sur nous avec des canons d' bois,
 Et puis des boulets en faïence ;

Leurs ball's, au lieu d'être de plomb,
Son fait's en vrai' porcelain' du Japon.
Je suis content, foi de François,
D'avoir été chez les Chinois.

J'espère, ma Fifin', que j' suis ton fiancé
Comme avant que j' parte à la guerre,
Et puisque pour moi tout ça s'est bien passé,
Tu vas dev'nir ma ménagère.
Si je n' te reviens pas caporal,
C'est peut-êtr' bien que l' destin m'est fatal.
Mais j' suis content, foi de François,
D'avoir été chez les Chinois.

L'autre ne porte pas de nom d'auteur. Cette modestie est
regrettable. On aimerait à louer, en l'appelant par son nom, un
faiseur de chansonnettes qui a sans doute des égaux en ce genre,
mais qui ne rencontrerait pas beaucoup de supérieurs.

Après avoir souhaité le bonjour à son père, le soldat exprime
sa surprise de voir tous les changements qui ont eu lieu dans la
maison paternelle pendant son absence.

LE FILS.

J' ne r'connais pas nout' fumier ni nout' grange,
V's avez donc fait arracher c' grant ourmiau ?
R'gardez donc en six mois comm' tout change,
A nout' grand puits on n' peut pas tirer d' liau.
 Ho, ho, ho, ho, ho, ho, ho, ho !
Ma Sœur Guérite, iou onc quelle est fourrée,
A donn' queuq' part l'angée à nos pourciaux ?
Avec son homme est-ell' ben rencontrée,
Met-elle encor' mes bœufs tout ras ses viaux ?
 Ho, ho, etc.

LE PÈRE.

Tes bœufs, man gas, n' sont pus dans nout' village,
J' les ai vendus à des marchands manciaux ;

Mais quand j'ai su qui z'allaient à l'herbage,
J'ai tant pleuré ces pouvres animaux !
    Ho, ho, etc.

LE FILS.

V's avez vendu ces p'tit's bêt's si mignonnes,
Qui n' bougeaient pas pus qu'un mur à l'heriault.
Et qu' j'aimais ben sûr mieux qu' des personnes !
Ah! qu' j'ai d' chagrin d' mon châtain, d' mon berniault!
    Ho, ho, etc.

LE PÈRE.

Ça t'a ben refait dans l'état militaire,
Quand t'es parti t'avais l'air tout lourdaud,
A c't' heur' que t' v'là tu caus' comme un notaire ;
Que j'suis joyeux, man pauvre armorico !
    Ho, ho, etc.

LE FILS.

Je r'gard' partout et je n' vois point ina mère ;
A-t-ell' toujours ses grands mals d'estoumac,
A-t-ell' dans l' ventr' sa douleur d'ordinaire,
Quand qui v' nait d' liau qui m' servait d'armenac.
    Ho, ho, etc.

LE PÈRE.

Ah! n' m'en parl' pas, man gas, ta pouvre mère,
J' vois ben qu' c'est iell' qui nous ruin'ra tertous ;
Tous les trois mois j' vas cheux l'apothicaire,
Et m'en mange tout's les fois pour trent' sous.
    Ho, ho, etc.

LE FILS.

Tin, v'là ma sœur, ma mère et l' grand Philippe,
V'nez donc tertous que j' vous embrasse un brin ;
Toi, ma p'tit' sœur, approch' donc que j' te fripe,
Pendant six mois qu'ai z'u tant de chagrin.
    Ho, ho, etc.

Malheureusement, les pièces de ce genre sont rares, et encore sont-elles destinées à être chantées sur les théâtres, pendant les entr'actes, plutôt que dans les rues et dans les ateliers. Or, on ne doit pas l'oublier, ce sont celles-ci dont je m'occupe à peu près exclusivement. Si je ne m'étais imposé cette loi, il n'y avait pas de raison pour que je ne parlasse pas aussi de ces nombreux *airs* d'opéra comique qui tombent dans le domaine de l'orgue de Barbarie, des chansons, enfin, ou romances qui se chantent au piano dans les soirées de la bourgeoisie, et qui ne sont faites ni pour le peuple, ni par le peuple. Ce n'est pas que de cette poésie ou raffinée ou écœurante on n'imprime quelques pièces dans le format des chansons populaires, c'est-à-dire en petits cahiers d'un ou de deux sous; mais par là on arrive tout au plus à en multiplier les exemplaires; on n'en augmente ni la popularité ni le débit. Si le contraire a lieu, c'est une exception, et elle n'est pas commune. Quand les airs de ces pièces sont de jolis airs, le peuple les prend pour les adapter à ses chansons : voilà tout.

CHAPITRE IV

MÉLANGES

Tout pour le peuple est matière à chanson ; il en a le goût autant qu'il en a le besoin. Comme les enfants, il s'endort avec elles et se réveille de même. Il n'est pas une circonstance de sa vie, triste ou gaie, pas un événement public, considérable ou non, qu'il ne raconte sous cette forme légère, pas une condition, depuis celle de mendiant jusqu'à celle de roi, qui ne soit l'objet de ses refrains. Il parcourt toute l'échelle des êtres animés et inanimés ; une mouche et un homme, une fleur et un arbre sont d'un égal intérêt pour sa muse, et lui semblent également dignes de l'exercer. Il chante les victoires ; il chante aussi les défaites, et si les défaites humilient son orgueil, elles altèrent à peine sa gaieté. L'idée d'un retour de la bonne fortune lui adoucit l'amertume de la mauvaise ; il triomphe par le seul espoir qu'il a de triompher. Il ne saurait s'affliger tout à fait, même en chantant une mort tragique ; ses complaintes ont toujours des accents de vaudeville. Il a mis en chansons les débats des assemblées politiques, les décrets, les ordonnances et même les constitutions. Il voit tout, saisit tout, s'inspire de tout; sa verve est intarissable.

En même temps qu'il observe et qu'il peint ce qui se passe chez lui et autour de lui, il ne dédaigne pas de détourner ses regards sur ce qui se passe en lui; il s'avise quelquefois de philosopher. Il distingue très-nettement le bien du mal; il n'ignore aucun de ses devoirs, et dans l'occasion, il montre qu'il n'a pas peur d'en parler; on s'aperçoit néanmoins qu'ils lui pèsent, comme en effet il n'est occupé que des moyens d'en alléger le fardeau. Et ces moyens ne sont ni nombreux ni difficiles; ils se réduisent à cette sorte de philosophie complaisante et gaillarde qui cherche à concilier l'usage des passions les moins nobles avec la pratique des devoirs les plus essentiels, et qui invite à se dédommager de la contrainte qu'ils imposent par l'abus des distractions et des plaisirs. De là le peu de résistance qu'elle rencontre du côté du peuple, et la grossièreté des sophismes dont il se paye pour justifier à ses propres yeux des écarts qui touchent à l'inconduite. Pour l'homme que sa condition accommode, parce qu'il aime à la comparer à mille autres qui ne la valent pas, pour le vrai philosophe enfin, le plaisir n'est que l'intermission de la souffrance, ou le passage d'un état mauvais à un état moins mauvais, et, par conséquent relativement bon; ce passage même est facile et s'opère la plupart du temps sans qu'il soit besoin d'y aider : pour l'homme au contraire qui ne voit dans sa condition qu'une injustice, le plaisir qu'il se donne est comme une revanche contre sa destinée, et il ne saurait la prendre trop complète ni trop éclatante. C'est pourquoi il n'y met pas seulement tout ce qu'il a de cœur, il y met tout ce qu'il a de forces; il y épuise sa bourse, il y ruine sa santé. Ainsi fait le peuple : ses remèdes contre la misère ou le chagrin sont toujours pires que le mal; il n'en est jamais las ni désabusé, sans quoi il finirait sans doute par n'en plus faire, et alors il serait guéri.

L'obligation où j'ai été précédemment de m'imposer des limites étroites dans le choix de mes citations, devient ici plus rigoureuse. En effet, telle est la quantité des pièces relatives aux sujets que je viens d'indiquer, elles ont tant de ressemblance les unes avec les autres, que pour en donner un extrait proportionné à leur nombre, il faudrait y consacrer un gros volume, et le bourrer, comme on fait un matelas, de matériaux identiques. Cela ne serait pas supportable. Je m'en tiendrai donc à la méthode que j'ai observée jusqu'ici, sauf, je le répète, à m'y montrer moins libéral. On l'est assez, d'ailleurs, quand on est juste.

Je commence par les chansons de métiers. Ceux qui y obtiennent une préférence marquée ne sont pas les plus importants ; ce sont au contraire les plus humbles, et, pour tout dire, les derniers. Il y a, comme personne ne l'ignore, sur les portiers et les portières, par exemple, les cuisiniers et les cuisinières, les laitières, les blanchisseuses, les grisettes, les chiffonniers, etc., une foule de lieux communs plus ou moins rebattus, mais qui, appliqués avec esprit ou à propos, ne manquent jamais d'exciter le rire et d'être applaudis. Nos chansonniers ne vont pas au delà de ces lieux communs, c'est-à-dire ne puisent pas ailleurs qu'à cette source banale les éléments de leurs couplets. Leur muse s'y délecte et s'y meut avec aisance. En un mot, ils ne disent pas autre chose des petits que ce que disent des grands les flatteurs et les mécontents, et, comme eux, ils épuisent la matière.

L'un d'eux, M. Léon de Chaumont, *auteur dramatique*, entreprit en 1854 un recueil de chansons par livraisons, où il chante les métiers[1]. Tantôt il se borne à décrire simplement les avantages et les inconvénients de chacun d'eux, tantôt il emploie la forme dramatique, faisant dialoguer ses personnages, soit avec leurs pareils, soit avec des tiers intéressés à leur industrie ou à leur situation. Il cherche enfin la variété, [s'il la trouve rarement.

---

[1] *Paris industriel en chansons, ou une chanson par métier.* Paris, chez l'auteur, 1854.

En tête de la première livraison est une lettre de Béranger à l'auteur, précédée d'une allocution de celui-ci à ses lecteurs. Voici l'une et l'autre :

A NOS LECTEURS.

« Une chanson par métier !

« Le titre peut être heureux, mais la tâche est difficile ! c'est beaucoup compter sur l'indulgence du lecteur ! mais en tête de ce nouveau recueil brille un nom aimé de tous : le nom de Béranger, de Béranger qui a bien voulu nous encourager dans nos efforts.

« Avec une lettre de Béranger pour *passe-port*, notre muse chansonnière n'a pas craint de se mettre en route. Daigne le lecteur nous tendre la main dans les endroits difficiles à franchir !

« Nous y comptons ! »

LETTRE DE BÉRANGER ADRESSÉE A L'AUTEUR.

Paris, le 16 février 1851

« Je suis reconnaissant, monsieur, de tout ce que contiennent de flatteur pour moi les deux recueils que vous avez eu la bonté de m'adresser, et surtout la charmante et spirituelle chanson qui termine l'un d'eux.

« L'ouvrage dont vous projetez la publication ne peut qu'être bien accueilli, composé par vous.

« Agréez, monsieur, avec mes remerciements, l'assurance de mes sentiments les plus distingués.

« J'ai l'honneur d'être, monsieur, votre dévoué.

« BÉRANGER. »

A M. Léon de Chaux ont, auteur dramatique.

Il faut savoir gré à l'auteur d'être modeste, nonobstant la lettre de Béranger; car bien que cette lettre ne soit qu'un certificat d'aptitude et pas encore un brevet, que la reconnaissance semble surtout en avoir dicté les termes, qu'elle soit enfin un encouragement plus qu'un éloge, elle suffisait pour donner au destinataire la plus haute idée de son mérite, et pour l'engager à publier son recueil, sans user de précautions oratoires, comme il le fait dans son avertissement. L'amour-propre poussait naturellement le chansonnier vers cet écueil; le bon sens l'en a détourné. Seulement, je me permettrai de dire à M. Léon de Chaumont que, quand on invoque l'indulgence du public en termes aussi respectueux que les siens, il n'est ni conséquent, ni habile d'ajouter qu'*on y compte*. C'est ce qu'un supérieur dit à son inférieur, lorsqu'il veut bien lui donner des ordres sous la forme de prière : *j'y compte*, ajoute-t-il, c'est-à-dire qu'il espère bien être obéi. La faute de M. Léon de Chaumont m'en rappelle une autre à peu près du même genre, et qui échappe tous les jours à des personnes qu'on a lieu de croire habituellement polies. Cette faute, c'est *laissez-moi vous dire*, pour « permettez que je vous dise. » Il y a dans cette formule une familiarité impertinente où ne tombera jamais un homme bien élevé, et qui accuse pour le moins un manque de tact et de goût.

Une des meilleures pièces de M. Léon de Chaumont est *la Laitière*. Comme la Fontaine, l'auteur donne à son héroïne de l'ambition; mais le dénoûment de sa pièce est plus heureux que chez le fabuliste. J'entends plus heureux pour la laitière; pour l'art, il serait plus exigeant, et il faut convenir que, dans le petit drame de la Fontaine, il égale, si même il ne surpasse la pureté et le charme du style. Mais voici, sans autre comparaison, la chanson de M. L. de Chaumont :

LA LAITIÈRE

Air : *Suzon sortant de son village.*

Voyez-la sur son âne assise,
Et portant son lait à Paris ;
Elle est gentillette et bien mise ;
Son cœur est exempt de soucis.
Charmante fille,
Son cœur sautille
En se berçant des rêves les plus beaux.
Oui, Jeanne espère
Être fermière,
Avec deux bœufs, cent dindons et six veaux.
Pour jouir de ce sort prospère,
Si l'on en croit certain caquet,
Elle met de l'eau dans son lait,
La charmante laitière. (*ter*)

En passant devant la boutique
Où douze commis, tous les jours,
Avec un talent symétrique,
Étalent indienne et velours,
Robe charmante
Soudain la tente,
Et soyez sûr qu'elle la portera ;
Toute joyeuse
Et radieuse,
A ses voisins elle se montrera.
Apprends-nous donc comment, ma chère,
Tu payeras ce colifichet :
Mettrais-tu de l'eau dans ton lait,
O charmante laitière ? (*ter*)

Un mois après, l'on fait emplette
D'un bonnet orné de rubans,
De souliers, d'une collerette,
De six paires de bas bien blancs.

   Coûte que coûte,
   La belle ajoute
 A ce trésor des gants éblouissants.
   Quoi ! la pauvrette
   Ainsi s'endette
 Pour le plaisir de porter de beaux gants !
  Du pot au lait c'est le mystère,
  Qu'il en dirait long, s'il parlait !
  Mettrais-tu de l'eau dans ton lait,
   O charmante laitière ? (*ter*)

  La belle s'y prit de manière
  A voir tous ses vœux accomplis,
  Et maintenant elle est fermière,
  Avec le meilleur des maris !
   Son mari l'aime
   D'amour extrême,
 Et presque autant que ses bœufs, ses dindons.
   Que fit donc Jeanne
   La paysanne
 Pour voir le ciel la combler de ses dons ?
  On dit, mais je ne le crois guère,
  Pour avoir ce bonheur complet,
  Qu'elle mit de l'eau dans son lait,
   La charmante laitière ! (*ter*)

Un très-spirituel écrivain, M. Léon Gozlan, a remarqué, au sujet des cuisinières, « qu'il y a quinze cent mille Parisiens dont la santé, l'ordre, l'économie, la fortune, la sécurité et même la vie, sont livrés toute l'année à ces hordes de femmes sans origine avouée, sans famille connue, venues de tous les points obscurs de l'horizon pour s'asseoir à leurs foyers, entrer dans leurs secrets les plus délicats, partager les mets de leurs tables, dormir près de leurs lits, élever leurs enfants, sans avoir que des titres vagues à toutes ces confiances qu'on leur abandonne. » Il continue : « Incroyable conduite ou inconduite que celle-là ! Le Parisien ne prendra pas un pauvre petit commis à vingt-cinq francs par mois, sans rechercher quels ont été ses antécédents;

il lui demande presque des aïeux ; il n'achètera pas un cheval sans consulter plusieurs experts ; il s'entoure de sûretés inouïes contre les dangers impossibles, imaginaires ou de nulle valeur, et il ne se donne pas même la facile peine de connaître à fond le témoin intime qu'il va attacher à son existence, l'espion qu'il introduit auprès de lui, la double clef qu'il rapproche de son secrétaire, l'ombre qui va se cacher sous son ombre ! Pourtant, de ces témoins-là, il y en a près de cent mille, de ces doubles clefs près de cent mille dans ce Paris qui se croit si bien défendu[1]. »

Ce tableau n'a rien d'outré ; j'oserais même dire qu'il est bienveillant. Quiconque est assez malheureux pour avoir affaire à ces demoiselles ne me démentira pas. Ce sont là pourtant les personnes dont les prouesses semblent à nos trouvères parisiens dignes d'être chantées et transmises, s'il est possible, à la postérité. Plus heureuses qu'Alexandre, à qui il a manqué un Homère, elles en rencontrent des milliers, moins fameux sans doute, mais qui suppléent le talent par le nombre et le bruit. A Sparte, on leur eût décerné des récompenses publiques ; en effet, leur adresse à voler et à dissimuler leurs vols est au moins aussi grande, si elle n'est aussi héroïque, que celle de ce jeune Spartiate qui se laissa dévorer le ventre par un renard dérobé je ne sais où, plutôt que de trahir son larcin, en faisant éclater sa douleur. M. Léon de Chaumont ne pouvait négliger un sujet si favorable à sa muse joviale ; il décrit ainsi le caractère et les mœurs des cuisinières de Paris :

LES CUISINIÈRES DE PARIS

Air : *Paillasse, mon ami.*

LE CORDON BLEU.

Aux cuisinières de Paris
S'adresse ici ma muse ;

---

[1] *Almanach des gourmands pour* 1862, par Ch. Monselet, p. 23, 24.

Cés demoiselles ont leur prix ;
Pourtant je les accuse
D'avoir mill' défauts,
D' gâter leurs fricots
Par trop de négligence.
Et puis, tout cordon bleu
Fait toujours un peu
Du panier danser l'anse !

LE PREMIER BOUILLON.

Mademoiselle Jeanneton
Est un' savante fille,
Certes, je ne dirai pas non ,
Dans la sauce elle brille ;
Mais l' premier bouillon
Est pour son dragon.
De ceci qu'est-c' qu'on pense ?
Et puis, tout cordon bleu
Fait toujours un peu
Du panier danser l'anse !

LA CUISINIÈRE ROMANTIQUE.

Toinette ne veut pas d'amant,
Près de son tournebroche ;
Mais toujours un nouveau roman
Est caché dans sa poche.
Pendant qu'on l' lira,
Le rôti brûl'ra,
Et voilà qu'il commence !
Et puis, tout cordon bleu
Fait toujours un peu
Du panier danser l'anse !

LES CARTES.

Belle Rose, de la vertu
Jamais tu ne t'écartes,
Mais, hélas ! que de temps perdu
A consulter les cartes !

Roi d' cœur, de carreau
Et poulet marengo
Sont peu d'intelligence.
Et puis, tout cordon bleu
Fait toujours un peu
Du panier danser l'anse !

LES CAROTTES.

Charlotte épluche si souvent
De légumes des bottes,
Qu'elle n'aime plus maintenant
Que les seules carottes.
En l'art d'en tirer,
Ell' s' fait admirer ;
C'est un puits de science.
Et puis tout cordon bleu
Fait toujours un peu
Du panier danser l'anse !

L'accusation qu'on porte ici contre le désintéressement de ces demoiselles est sans équivoque ; peut-être même que le refrain du poëte, qui en est la répétition, y ajoute quelque gravité : toutefois on passerait condamnation, si le délit cessait dans les limites indiquées par la chanson. Mais cette grâce, la cuisine la repousse, et les cuisinières en masse protestent contre la calomnie et le calomniateur. Non, elles ne font, pas même *un peu*, danser l'anse du panier. Ce n'est pas, il est vrai, la bonne volonté qui leur manque, mais l'occasion. Aujourd'hui, maîtres et maîtresses se sont mis sur le pied de surveiller sévèrement la dépense, de savoir à un sou près le prix des denrées, en un mot de faire eux-mêmes le marché ; ils permettent seulement à ces demoiselles de les suivre et de porter le panier. Non contents de cela, ils les font déroger à leur noble profession jusqu'à les forcer de laver la vaisselle, de débarbouiller les enfants, de faire les lits et les chambres, de raccommoder les chausses de monsieur et les robes de madame ; ils leur défendent en outre de trafiquer des os, de vendre les peaux de lièvre ou de lapin, et pour comble d'horreur, de régaler, à leurs dépens, le zouave ou le cuirassier qu'on avait accoutumé de recevoir à la cuisine à titre de compatriote, de cousin ou de fiancé. Ces prétentions sont insupportables ; elles violent à la fois les lois de l'équité et de l'humanité. Des centaines de chansons exploitent ce thème, et avec un tel accord qu'on les croirait écrites sous l'inspiration et presque sous la dictée des intéressantes victimes de la lésinerie bourgeoise.

LA CUISINIÈRE MÉCONTENTE

PAR M. VACHEROT.

Air du *Petit Bleu.*

Dieu ! quel chien d' métier
Que d'être aujourd'hui cuisinière !
Toujours travailler
Et pour cela très-peu gagner !
Dans chaque maison
Faudrait vraiment qu'on soit sorcière,
Pour faire danser,
Comme on dit, l'anse du panier.

J'ai fait plus d'un' maison,
Et c'est partout de même ;
Plus de r'tour du bâton ;
Partout même système.
Monsieur est arrogant,
Et madame à l'extrême
Bougonn' sans rien savoir
Du matin jusqu'au soir.
Dieu etc.

Faut fair' les commissions
Dans plus d'une cassine,
Récurer les chaudrons,
Comme aide de cuisine.

Par-dessus le marché,
Souvent ce qui taquine,
On vous fait sans égard,
Nettoyer le moutard,
    Dieu, etc.

Sans un sou de profit,
On est à tout's les sauces ;
Il faut fair' chambre et lit,
Brosser, laver leurs chausses,
Pour deux cents francs par an.
La chose n'est pas fausse,
Si on les écoutait,
L'on dans'rait d'vant l' buffet.
    Dieu, etc.

Autrefois du panier
L'on faisait danser l'anse,
C'était pour régaler
Certaine connaissance.
On n'peut plus maintenant
Se passer par la panse
Une aile de pigeon,
Ni le premier bouillon.
    Dieu, etc.

Dans ce maudit métier,
Aux maîtres, pour leur plaire,
Faudrait n' boire ni manger,
Travailler sans salaire.
Aussi des cordons bleus
Je n' suis pas la première
Qu'en ait par-dessus les yeux,
De ces maîtres crasseux.
    Dieu, etc.

Il est sûr que faire tant de choses pour deux cents francs, dans
un siècle où chacun roule sur l'or, c'est travailler gratis. Ajoutez
que, dans l'espèce, il s'agit d'un cordon bleu. Je ne vois donc

pas ce qu'on pourrait répondre à cette invective. C'est le cri de
la conscience et de la vérité.

LES TRIBULATIONS D'UNE CUISINIÈRE

CHANSONNETTE

PAROLES D'ALEXIS DALÈS.

Air : *C'est tout d' même embêtant.*

REFRAIN.

Quel ennui maintenant d'être cuisinière !
    L' bourgeois s'rait fâché
   De vous laisser fair' votr' marché ;
      Aujourd'hui.
      C'est fini,
   On n' peut plus rien faire ;
    Adieu le métier
  Où l'on n'a plus l'ans' du panier.

Dès le point du jour on vous carillonne :
Din, drelin, din, din, levez-vous la bonne !
C'est le déjeuner qu'il faut vite apprêter ;
C'est madam', par ci, qu'il nous faut habiller ;
C'est l'enfant, par là, qu'il faut débarbouiller.
  .Quel ennui, etc.

Pour garder un' place, on a tout à faire !
Faut êtr' bonn' d'enfant, faut êtr' cuisinière ;
On a du travail, c'est à n'en plus finir :
On doit récurer, nettoyer et blanchir ;
Faut la forc' d'un ch'val pour pouvoir y tenir.
  Quel ennui, etc.

Quand vient le dîner, chacun vous chagrine
Et trouve à redire à votre cuisine :
D'abord c'est l' bouillon qu' est pas assez salé,
Puis c'est le poulet qu'est un peu rissolé,
Enfin c'est l' rôti que l'on trouve brûlé.
  Quel ennui, etc.

Pour n' pas êtr' grondée, sitôt qu'on est bonne,
Faut, dans la maison, n' parler à personne ;
Il faut se priver du plus p'tit agrément,
Et dans sa cuisine on n' peut pas tant seul'ment
R'cevoir un cousin qui sort du régiment.
    Quel ennui, etc.

Pour récompenser vos nombreux services,
  On n'a qu' des raisons et pas d' bénéfices ;
Ne plus rien avoir me cause du chagrin.
Adieu, verr' cassé, comm' les os d'un festin ;
Nous n' pouvons plus vendr' même un' seul' peau de lapin.
    Quel ennui, etc.

VICTOIRE LA CUISINIÈRE

PAR M. REMY.

AIR de *la Croix d'or.*

C'est fini, cuisinière,
Not' bon temps est passé,
Maint'nant on n' peut plus faire
Danse l'ans' du panier.

Quand s' lève madam' J'ordonne
Demand' son chocolat :
Dépêchez-vous, la bonne,
Surtout n'en buvez pas.
Au marché faut la suivre
Tout comme le bœuf gras,
Portant l' panier plein d' vivres ;
Ça vous éreint' les bras.
    C'est fini, etc.

Toujours, à la cuisine,
Madame est sur mon dos ;
C'est d' peur, la vielle s'rine,
Que je goûte au fricot ;

Quand j' mets l' dîner sur table,
L' potage est trop salé,
L' ragoût ne vaut pas l' diable,
L' z'épinards sont brûlés.
C'est fini, etc.

Où je suis, c' qui m'enrage,
C'est que l'on n' fait qu'un repas,
D' la cassin' c'est l'usage,
On n' dîn' guère, on n' soup' pas.
L' jour d' l'an, pour me surprendre,
Madam' me donn' cent sous,
En me disant d' lui rendre
Là d'ssus trois francs dix sous.
C'est fini, etc.

Les portiers et portières sont une race qui ne vaut pas mieux que les cuisinières; que dis-je? ils sont cent fois plus détestables, eu égard à l'autorité, à la puissance même dont ils sont investis, à l'incurie, et souvent à l'avarice des maîtres qui les emploient et qui les payent à peine. Intéressés, avides, quémandeurs, insolents et bas tour à tour, gourmands, médisants, menteurs, diffamateurs, espions, ils sont le fléau des habitations dont ils ont la garde, alors même qu'ils n'ont que le quart ou le demi-quart de ces vices. Du fond de leur puant et obscur réduit, ils lancent sur quiconque entre ou sort un venin qui le salit toujours et qui le tue quelquefois. Ne lisait-on pas dernièrement dans les journaux l'histoire d'une jeune ouvrière qui s'est suicidée, pour avoir été en butte aux calomnies d'une portière! Rien n'est plus invraisemblable, et pourtant rien n'est plus vrai. Étonnez-vous après cela de la haine ou du mépris dont ces malheureux sont généralement l'objet. Aussi, ne sont-ils point ménagés par nos chansonniers; c'est un concert d'outrages et de malédictions à faire trembler les plus intrépides, à émouvoir les plus endurcis; c'est un déchaînement de plumes presque égal à celui des langues dont elles dénoncent les ravages;

c'est la voix de milliers de locataires persécutés qui crient vengeance contre leurs persécuteurs. Qu'on en juge.

LES CANCANS DE MON PORTIER

PAR M. CAHIGNÉ.

Air du *Docteur Isambart.*

Vous connaissez bien mon portier,
Tié tié ré tié tié tié tié ré tié tié tié,
C'est le plus bavard du quartier,
Tié tié ré tié tié tié tié ré tié tié tie.
J' vais vous en dire quelques mots,
Chicorico chicando chipoto,
Ils sont plaisants et rigolos,
Ah! ah! ah! ah!

Monsieur Chicobec est bien v'nu,
Nu nu ru nu nu nu nu ru nu nu nu.
Chaqu' fois qu'il lui donne un écu,
Nu nu ru nu nu nu nu ru nu nu nu,
Et qu'il a soin de l'accompagner,
Chicorico chicando chipoto,
Du superflu de son dîner,
Ah! ah! ah! ah!

Il prétend qu' l'épouse à Beaur'gard,
Gar gar ra gar gar gar gar ra gar gar gar,
Reçoit souvent le sieur Oscar,
Car car ra car car car car ra car car car,
En l'absence de son mari,
Chicorico chicando chipoto,
Sous l' titre de cousin chéri,
Ah! ah! ah! ah!

Quant à mon voisin Chicandar,
Dar dar ra dar dar dar dar ra dar dar dar,
Comme il rentre le soir fort tard,
Tar tar ra tar tar tar tar ra tar tar tar.

Il va, pour le faire enrager,
Chicorico chicando chipoto,
L'obliger à déménager,
Ah ! ah ! ah ! ah !

Il dit qu' la grisette en chapeaux,
Peau peau ro peau peau peau peau ro peau peau peau,
Porte des jupons en lambeaux,
Beau beau ro beau beau beau beau ro beau beau beau,
Des souliers vernis rapiéc'tés,
Chicorico chicando chipoto,
Et des bas sales et troués,
Ah ! ah ! ah ! ah !

Tous ces Pip'lets sont médisants,
San san ran san san san san ran san san san,
Cancanent sur tous les passants,
San san ran san san san san ran san san san.
Vous empêcheriez l'eau de couler,
Chicorico chicando chipoto,
Plutôt qu'un portier de parler,
Ah ! ah ! ah ! ah !

—

MA BAVARDE DE PORTIÈRE

PAROLES DE EUGÈNE LÉCART.

Air de *la Fille à Jérôme.*

REFRAIN.

Dieu ! qu'elle est bavard' la mèr' Martin,
La vieille carcasse,
Comme elle jacasse !
Dieu ! qu'elle est bavard', la mèr' Martin,
J'y enlèv'rai l' ballon un beau matin.

Du matin au soir, sur chaqu' locataire,
Ce vieux bas d' buffet fait tous ses dictons :

Une fois partie on n' peut la fair' taire,
Elle tiendrait tête à tous les démons.
    Dieu ! etc.

L'autre jour j'étais sorti d' ma boutique,
On vient m' demander, c'était mon cousin.
Ell' lui dit, croyant que c'était un' pratique,
Que j'étais toujours chez le marchand d' vin.
    Dieu ! etc.

J'arrive aussitôt à la vieill' bavarde,
De tous ses cancans j' lui d'mand' la raison,
Et je l'avertis qu'elle prenne garde,
  Qu'elle avait affaire à monsieur Pas-bon.
    Dieu ! etc.

Elle veut noircir une fille sage
Parc' qu'elle ne peut pas payer son loyer ;
Mais ell' ne dit pas qu'en concubinage
Elle vit aussi, ça s' sait dans le quartier.
    Dieu ! etc.

Pour fuir les cancans de c'te vieill' portière,
J'ai donné, ma foi, bien vit' mon congé ;
Mais avant que j' parte, ah ! la vieill' sorcière,
Ah ! Dieu, que j' vais donc la fair' enrager.
    Dieu ! etc.

MES DEUX PIPELETS

PARODIE

PAROLES DE JULES DE BLAINVILLE.

Air de *la Religieuse.*

Hier au soir, en passant d'vant la loge,
Il me sembla qu'on prononçait mon nom ;
Je m' dis : Sans doute on y fait mon éloge?
Mais pas du tout on m' traitait d' polisson !

On prétendait qu'il fallait qu'on m'enferme,
Vu que j'étais un mauvais garnement,
Un bambocheur n' payant jamais son terme,
Qu' sur l'échafaud j' finirai certain'ment.

Je les ai vus causer ensemble,
        Mes deux Pip'lets,
Et j'ai dit, dans ma peau qui tremble,
        Dieu, qu'ils sont laids ! (*bis*)

La vieille avait au moins la soixantaine,
Le vieux cerbère en paraissait bien plus :
Leurs regards louch's étaient ceux d'une hyène,
Et sur leur nez fleurissaient deux verrues.
Comme ils jasaient sur chaque locataire !
Comme ils trichaient en jouant au piquet !
Le diable seul aurait pu les fair' taire,
S'il n'avait craint leur dangereux caquet.

Je les ai vus causer ensemble,
        Mes deux Pip'lets,
Et j'ai dit, dans ma peau qui tremble,
Dieu, qu'ils sont laids ! (*bis*)

Dernièrement ils allèr'nt à la noce ;
C'était, je crois, cell' de mamzell' Leveau ;
La vieille avait, pour dérober sa bosse,
D'une voisine emprunté le Ternau.
L'époux portait l'habit en queu' d' morue,
D' plus il avait son pantalon d' nankin.
En les voyant, les gamins, dans la rue,
S' mirent à crier : Ah ! c'te biche ! Oh ! c' gandin !

Je les ai vus partir ensemble,
        Mes deux Pip'lets,
Et j'ai dit, dans ma peau qui tremble,
        Dieu, qu'ils sont laids ! (*bis*)

Depuis ce temps je tremble comme un lièvre,
Je suis bercé par d'horribles cauch'mars ;

J' bats la campagne, et j' crois voir, dans ma fièvre,
Du couple affreux les atroces regards.
Heureux, me dis-je, heureux le locataire,
Qui librement peut vivre en son réduit,
Sans qu'un portier, sans qu'un propriétaire
Vienne lui dire : Aujourd'hui c'est le huit !

> Je crois toujours les voir ensemble,
> Mes deux Pip'lets,
> Et je dis dans ma peau qui tremble,
> Dieu, qu'ils sont laids ! (*bis*)

Oui, sans doute, il est charmant de n'avoir pas de terme à payer, et le bon moyen est d'avoir une maison à soi. Malheureusement, il n'est pas si aisé de se donner cet immeuble qu'un chapeau ou une paire de chaussettes ; c'est pourquoi l'on voit tant de gens possédés de la passion de se loger gratis, loger à l'hôtel de la belle étoile, ou dans ceux que le gouvernement tient toujours à leur disposition. Ceux-ci sont les plus commodes ; on y est non-seulement logé pour rien, mais de plus nourri, blanchi, éclairé, chauffé pour le même prix.

J'ignore si les portiers sont contents de leur état ; cela doit être, à ne considérer que l'ardeur avec laquelle ces places sont recherchées. En effet, quel puissant attrait pour des hommes accoutumés jusque-là à servir et à obéir (la plupart des portiers sont d'anciens domestiques), qu'un emploi où ils seront servis à leur tour et où ils pourront donner des ordres ! quel honneur que celui de régir toute une maison, de s'y voir craints, ménagés, caressés quelquefois par les locataires, et d'être l'objet de leurs politesses obséquieuses ! quelle bonne fortune de pouvoir les taxer, les rançonner sous prétexte d'étrennes, de deniers à Dieu et autres revenants-bons admis par l'usage et plus exigibles que si la loi les avait sanctionnés ! enfin, quelle satisfaction d'être à même, à l'égard du contribuable récalcitrant, de se venger de lui tous les jours et à tout moment par mille petites tracasseries, mille petits coups d'épingle, jusqu'à ce qu'enfin on les exaspère et les force à déguerpir ! Tant d'avantages doivent faire passer sur bien des inconvénients. Cependant, certains portiers finissent par concevoir du dégoût pour leur profession. Si même il faut en croire nos chansonniers, et il ne leur faut pas une grande finesse pour arriver à cette découverte, les uns rêvent l'indépendance, qui s'obtient aisément quand on la veut à tout prix ; les autres la fortune, une maison à eux, toutes choses que le seul désir de changer d'état ne peut pas donner. Aussi est-il rare qu'ils ne tirent pas le cordon jusqu'à la fin de leur vie. Donnons ici quelques exemples de ce dégoût et de ces vœux indiscrets.

RÊVE DE VIEILLESSE

OU LE DÉPART DE PIPELET

PAROLES DE DUBOIS.

Air : *Rêve de jeunesse*, ou des *Souvenirs d'amour*, de feu G. Leroy.

Pauvre portier enfermé dans ma loge,
Tirer l' cordon fut mon bien le plus cher,
Le temps est beau, et gaiement je déloge
Avant qu'ici me renferme l'hiver.
Soleil d'août n'a plus rien qui m'étonne,
Car il n'abat que les petits marcheurs.
Je veux ma place à côté d'une tonne,
Les m'lons sont verts, les chardons sont en fleurs.

Je sais fort bien que le proprillétaire,
De cet exploit ne sera pas content,
Et qu'à la port', ce soir, le locataire
Ne pourra pas entrer facilement.
Mais du picton je chante les louanges,
De Cabrion [1] il cache les noirceurs,

---

[1] Cabrion, nom de convention pour locataire indocile, comme Pipelet pour portier.   (*Note de l'Auteur.*)

Et cette nuit j'ai rêvé de vendanges ;
Les m'lons sont verts, les chardons sont en fleurs.

Je sais aussi qu'on me traite d'ivrogne,
Si du raisin je rapporte le fard ;
Que Cabrion aperçoive ma trogne,
Il s'écriera : Le Pip'let est pochard !
Mais ce matin j'ai vu Anastasie
Qui du cognac savourait les roideurs ;
Je m' consol'rai dans les bras d'une amie,
Les m'lons sont verts, les chardons sont en fleurs.

Adieu, cassine, adieu, loge enfumée !
Je te délaiss' jusques à mon retour.
De marchands d' vin la route est parsemée,
Et je boirai jusqu'à la fin du jour.
Étant trop plein, si quelquefois je tombe,
Et que la mort termine mes malheurs,
Dans une cuv' je veux trouver ma tombe.
Les m'lons sont verts, les chardons sont en fleurs.

—

LES TRIBULATIONS D'UN PORTIER

PAR M. E. PECQUET.

A la Saint-Sylvestr', que j'étais content !
Je m' disais : C'est d'main les étrennes ;
J' vas m' débarbouiller, me mettr' proprement,
Je s'rai récompensé d' mes peines.
Moi qui comptais si bien là-d'ssus,
Le croirez-vous, eh bien, j' n'ai rien reçu !
Que l' diable emporte le métier,   } *bis.*
Non, je n' veux plus être portier ! }

D'abord au premier j' salu' poliment,
L'on me reçoit d'un air maussade,
Et puis l'on m' dit : Vous êtes un insolent,
Et votre femme une bavarde.

Du premier je monte au second :
Au nez l'on m' ferm' la porte : quel affront !
  Que l' diable, etc.

Au troisième enfin, habite un Anglais,
  Je me dis : Voilà mon affaire.
Il répond : Moa, pas comprendr' le français,
  Car chez nous, dans lé Angleterre,
  Lé portière il est tré-poli,
Il paye à nous, et puis tout est fini.
  Que l' diable, etc.

Mais au quatrièm', c'est bien différent ;
  L'on buvait du vin de Champagne ;
Je la souhait' bonne : on m'appelle manant,
  M' disant : Vous battez la campagne !
  Au cinquièm', comme un enragé,
Je frappe, j'ouvr' : tout est déménagé !
  Que l' diable, etc.

Au sixième enfin est mon dernier souhait.
  Tout le monde était en ribote.
Le mari me dit : Qu' veux-tu, vieux Pip'let ?
  Est-ce par hasard du jus d' botte ?
  Chez moi je descends tout penaud,
N'ayant pas reçu un seul monaco !
  Disant : Au diable le métier !
  Non, je n' veux plus être portier.

Non, j' n'en veux plus, l'on est trop malheureux,
  Et puis l'on en voit de cruelles ;
D'êtr' chiffonnier je serais plus heureux ;
  Je n' veux plus tirer la ficelle.
  Si je retire le cordon,
Ce sera pour moi et dans ma maison ;
  Là je bénirai mon métier,
  J' s'rai propriétaire et portier.

LAMENTATIONS DU PORTIER D'EN FACE

Air de *Calembourdin à Constantinople*.
(Musique de A. Marquerie.)

J' dois êtr' d'un' colère apparente !
Un contrat d' vingt mill' livr's de rente
   M' plairait, sans contredit,
   Mieux qu' les injur's qu'on m' dit ;
   Quand j' song', pour êtr' concierge,
   Que j' fis brûler un cierge !
Ah ! si bon qu' soit l'état d' portier, .
J'aim'rais bien plus celui d' rentier !

J' viens de m' qu'reller, mes membr's sont tremblants,
Regardez mon visage, en voit-on *trois d' si blancs ?*
   J' veux bien, ma foi, que l' diable emporte
   Ceux qui s' plais'nt à m' livrer assaut,
   Et quoiqu' d'aucuns m'appell'nt *clos-porte*,
   J' n'ai pas fait l' vœu d' passer *pour sot*.
   Un grognon part, l'autr' le remplace,
   Au milieu d' tous ces clapot'ments,
   J' voudrais bien vous voir à ma place,
   Pourvu qu' j'en euss' les appoint'ments.
   J' dois, etc.

Des gens, *oursons* malins comm' des *r'nards*,
Prétend'nt que les poulett's chez moi sont des *canards*,
   Jamais on n'y taill' de bavettes,
   La chose est simple à déchiffrer ;
   Je sais fort bien qu' dans des buvettes
   Certains bavards se font *coffrer*.
   Dans mon réduit, lorsqu'on s' soulage,
   On caus' de plante ou d'animal.
   On verrait fort peu d'*emballage*
   Si l'on n' faisait jamais plus d'*mal.*
   J' dois, etc.

D' ma politesse on s' plaint sans façon,
Je suis pourtant aimabl'' comm' les gens *polis sont*

On m' jette au nez mon cœur de glace,
Quand j' tourn' le dos, comm' c'est joli !
Mais justement, lorsqu'on est d' *glace*,
C'est là qu'on m' sembl' le plus *poli*.
Comm' dans un' pièc' d' défunt Sainville,
J' peux dire à c' mond' si plat, si vil :
On irait p't-êtr' jusqu'à *Séville*,
Pour voir comm' moi quelqu'un d' *civil*.
J' dois, etc.

Mais ces discours sont d' mauvais aloi,
L' propriétair' dehors, c'est l' concierg' qui fait *loi*.
  L' bâtiment neuf su' l' vieux s'installe,
  C' qui gên' pour l'instant l' travailleur ;
  Mais faut hanter la capitale
  Lorsque surtout on est *tailleur ;*
  Je l' dirai presque à mon éloge,
  D' Paris n'ayant jamais bougé,
  Qu' mes gens crient : Je garde *leur loge*,
  J'aim' bien mieux ça que d'êtr' *hors logé*.
  J' dois, etc.

J' pens'rais plutôt qu'on veut m' pourchasser,
A chaqu' *fenêtre* on voit la *jalousi'* s' placer.
  Pour l'honnête homme, un' chos' certaine,
  C'est que rien n' saurait l'amoindrir ;
  Pour protéger un' *Port'* lointaine,
  Ne voit-on pas nos preux courir ?
  De ces héros que l' zèl' transporte,
  L' service est comm' pour moi l' guidon ;
  En partant pour garder la *Porte*,
  Plus d'un saura gagner l' *cordon*.
  J' dois, etc.

Cette dernière chanson, assez obscure en somme, doit de plus
à ses calembours l'avantage d'être parfois inintelligible. Mais elle
nous offre un type assez rare de l'espèce qu'elle met en scène,
celui du portier plaisant. Je m'imagine que Cerbère, quand il ac-
cueillait aux portes de l'enfer quelque bon mort, bon vivant jadis,

avait avec lui des accès de gaieté de ce genre. Il est seulement dommage que Lucien, qui se procurait au moyen de la contrebande d'assez bons mémoires sur ce qui se passait dans ces quartiers, ne nous ait pas transmis un seul bon mot du redoutable guichetier.

Quoique extrêmement modeste, l'état de blanchisseuse et de repasseuse a trop d'importance aux yeux du moins de ceux qui tiennent à être propres, pour n'avoir pas eu les honneurs de la chanson. Il est vrai qu'il ne les a pas obtenus aussi souvent que l'état de cuisinière et de portière; c'est apparemment parce qu'il est plus estimé, et que l'estime se mesure avec plus d'économie que le mépris.

LA BLANCHISSEUSE.

PARODIE DE LA CHANSON DU MARTEAU.

MUSIQUE DE DARCIER, PAROLES DE J. SÉNÉCHAL.

Avec mon chien et mon battoir,
Mon savon, mon eau de Javelle,
Je travaill' du matin au soir,
Qu'il pleuve, qu'il tonne, qu'il gèle ;
Toujours active à mon devoir,
L'on me voit retrousser ma manche ;
Pan, pan, pan, frappe, mon battoir, (*bis*)
    Nous nous amuserons,
    Ensemble nous rirons,
Et puis nous danserons dimanche.

Mon pauvre cuvier bien longtemps
A contenu chiffon, dentelle ;
Le linge du pauvre en tout temps
Me fit savonner avec zèle.
L'ouvrier a si peu d'avoir
Qu'il lui faut une blouse blanche.
Pan, pan, pan, frappe, mon battoir, etc.

Mon battoir, double ta vigueur,
Tu travailles pour la grisette,
Pour le bon, le mauvais payeur,
Pour le rentier, pour la coquette.
Savonnons, si je veux avoir
Fichus, bonnets et robe blanche.
Pan, pan, pan, frappe, mon battoir, etc.

Quand nos battoirs frappent en chœurs,
Nous chantons tous à perdre haleine,
La gaieté réjouit nos cœurs
Et nous fait oublier nos peines ;
Si nous partageons notre avoir,
C'est d'un cœur pur, d'une âme franche.
Pan, pan, pan, frappe, mon battoir, etc.

—

LA REPASSEUSE

PAROLES DE M. HALBERT D'ANGERS.

Air du *Réveille-matin.*

C'est le travail, sur la terre,
   Qui fait le bonheur,
Oui, par lui seul on espère
   L'avenir meilleur.
A la main laborieuse
   Il donne le pain,
Et de l'âme soucieuse
   Bannit le chagrin.
  C'est enfin ton destin,
Restant sage, repasseuse,
   Fer en main,
  Centuple ton gain.

Déjà le charbon pétille
   Aux flancs du fourneau,
Alerte donc, jeune fille,
   Ce jour sera beau.

Fais, sous ta main gracieuse,
   Courber le lin fin ;
La mode capricieuse
   T'obéit sans fin.
     C'est enfin, etc.

Si l'active blanchisseuse,
   Avec son battoir,
Suspend sa chanson joyeuse,
   Lorsqu'il vient le soir,
Ainsi qu'elle insoucieuse,
   Garde ton dédain
Pour quiconque est paresseuse,
   Et redis soudain :
     C'est enfin, etc.

Pour aider ta vieille mère
   Au déclin des ans,
Travaille et songe, ma chère,
   A ses soins touchants.
Jadis elle était heureuse,
   Ou soir ou matin,
De te rendre plus rieuse,
   Toi, son doux lutin.
     C'est enfin, etc.

Mantilles, fichus, dentelles,
   Prendront sous tes doigts
Mille formes des plus belles,
   Mais, las! dans ton choix,
Tu ne peux être envieuse
   D'un luxe mondain ;
Si tu naquis travailleuse,
   Poursuis ton chemin.
     C'est enfin, etc.

Ici la chanson tourne à l'idylle, ou pour le moins à la romance. Mais, en général, les chansonniers populaires ne brillent pas dans l'expression des choses de pur sentiment; ils sont à peine plus heureux lorsqu'ils abordent les idées de morale ; les unes les attendrissent jusqu'à la grimace ; ils sont refroidis par les autres ; ils ne rencontrent un peu la poésie que quand ils se laissent aller, pour ainsi dire, au hasard de l'improvisation.

Nous voici maintenant dans la satire ; c'est M. Vacherot qui nous y introduit.

LE MÉNAGE D'UNE GRISETTE

RACONTÉ AU VILLAGE.

Air : *A la façon de Barbari.*

Puisque tu reviens de Paris,
　　Dis-nous, mon p'tit Mimile,
Si c'est toujours des sans-soucis
　　Dans cette grande ville ;
Si les farceurs de Parisiens,
　　Comm' les Bohémiens,
　　·Sont toujours malins,
Surtout lorsqu'ils font le dandy,
　　Comme on dit,
A la façon de Barbari,
　　Mon ami.

Ils sont toujours un peu blagueurs,
　　Ont la main toujours leste,
Assez bons enfants ; mais licheurs,
　　Vous le savez, au reste.
Quant aux grisett's à falbalas,
　　Le dessus, hélas !
　　Fait de l'embarras.
Mais le dessous est, comme on dit,
　　Biribi,
A la façon de Barbari,
　　Mon ami.

Ell's ont de très-jolis chapeaux
　　De paille d'Italie,
Pas de chemises sur le dos,
　　C'est par philosophie.

Avec ça gai's comme un pinson,
S' payent un rigodòn
Dans le meilleur ton ;
Fidèl's en amour, comme on dit,
Biribi,
A la façon de Barbari,
Mon ami.

Pour nous tromper tout leur est bon
Dans leur belle toilette,
Leurs appas c'est un bas d' coton
Ou bien une serviette,
Qui leur sert pendant tout' la nuit,
Quoiqu'un peu petit,
De drap à leur lit ;
C'est du propre, c'est du gentil,
Comme on dit,
A la façon de Barbari,
Mon ami.

Leur soi-disant appartement
Est tout orné de glaces.
Qu'apercevez-vous en entrant?
De mauvaises paillasses.
Auprès des restes d'un dîner,
L' peigne à démêler
Dans un saladier ;
C'est bien l' ménage d'un' sans-souci,
Comme on dit,
A la façon de Barbari,
Mon ami.

J'aime à citer M. Alexis Dalès ; il est populaire, et il le mérite autant par son inépuisable fécondité que par son talent. Lui
aussi a fait sa chanson de métier : *le Marchand de plumes*. Le
tour dont il s'est servi est fort en usage dans ce genre de chanson ; il consiste à faire débiter par l'homme du métier qu'on
chante, l'éloge de sa propre marchandise, en attachant à chaque

objet une allusion satirique. Il est un peu froid, comme tout ce
qui est affecté; néanmoins, je ne vois personne parmi les col-
lègues de M. Dalès, qui l'ait employé mieux que lui.

LE MARCHAND DE PLUMES

CHANSONNETTE

PAROLES D'ALEXIS DALÈS.

Air de *la Ronde des conscrits*, ou de *la Marchande de fleurs*.

Écrivains, connus ou non,
　Qui faites des volumes,
A moi venez sans façon
　Pour m'acheter des plumes;
J'en ai de tout's les couleurs
Et de toutes les grosseurs.
　Voyez, choisissez,
　Prenez, essayez,　　　　⎫
　Ma marchandise　　　　⎬　*Bis.*
　Exquise.　　　　　　⎭

Vous, gens de tous les métiers,
　Venez dans ma boutique,
J'ai, pour messieurs les banquiers,
　La plume *métallique*;
Pour les chanteurs du Tyrol,
J'ai des plum's de *rossignol*.
　Voyez, choisissez, etc.

Pour écrire à ses amis,
　La gentille grisette
Vient prendre dans mon logis
　Des plumes de *fauvette*;
Aux usuriers tous les jours,
Je vends des plum's de *vautours*,
　Voyez, choisissez, etc.

Tous mes articles sont bons,
　Ec plus ils sont solides;

J'ai des plumes de *dindons*
Pour les jobards candides ;
Pour le vieux boudeur grigou,
J'ai des plumes de *hibou.*
Voyez, choisissez, etc.

Chaque jour, dans mon bazar,
Je vois gross'r la foule ;
Pour l'amateur de billard,
J'ai des plumes de *poule ;*
Au marin, dur comme un roc,
J'offre des plumes de *coq.*
Voyez, choisissez, etc.

Fouillez dans chaque paquet,
Prenez de confiance ;
J' vends plum's de *perroquet*
Aux sots pleins de jactance ;
J'offre, dans bien des quartiers,
Plumes de *pie* aux portiers.
Voyez, choisissez, etc.

Bref, je livre aux amateurs ,
Les plumes les plus belles ;
Pour messieurs les voyageurs,
J'ai celles d'*hirondelles ;*
Un articl' que j' vends beaucoup,
C'est la plume de... hibou.
Voyez, choisissez, etc.

Pour clore agréablement cette série de chansons sur les métiers, je suis obligé de faire ici une excursion sur le domaine du
théâtre. J'emprunterai à celui de Belleville la ronde des *Cheva-*
liers du crochet, dits chiffonniers en langage vulgaire, chantée
par M. Lecart dans *la Lionne de la place Maubert·* On me saura·
gré de déroger en cette circonstance au plan que je me suis imposé, et qui est de ne tirer mes chansons que de la rue. Or, la
rue revendiquait celle-ci. Les chanteurs forains et les organistes

de Barbarie la lui ayant donnée, elle se trouve naturellement de ma juridiction. Elle est pleine de gaieté et de feu, avec une pointe de philosophie qui n'y gâte rien. Les paroles sont de M. Jules Dornay et la musique de M. Ventejoux :

Aux rives gauches de la Seine,
Non loin de Mouff'tard et d'Enfer,
Il est une plage malsaine
Qu'on appelle quartier Maubert.
C'est un dédale où se débrouille
Le fil de la nécessité.
Dans ces taudis noirs comme houille,
Ah ! fichtra ! faut voir comme grouille .
Le peuple de c' royaume crotté !
   C'est là qu'il faut entendre :
Ah ! peaux d' lapins ! ferraille à vendre !
   Verr' cassé ! des vieux chapeaux !
      Ah ! eaux !
      Habits ! galons !
      Des vieux chiffons!
      R'carleur d' souliers!
      Bon poussier d' motte !

REFRAIN.

Ohé les chiffonniers,
Rois de tous les métiers,
Vous marchez les premiers.   (Bis)
Ho ! noirs démons de la crotte !
Ho! corsaires des ruisseaux !
Ho! compagnons de la hotte !
Ohé! nocturnes corbeaux !
Apôtres de la taverne,
Du trois-six et du pich'net !
Le chiffonnier seul gouverne
Au royaume du déchet.
Ho! chevaliers d' la lanterne !   }
Ho ! chevaliers du crochet !   } . Bis.

Maubert est l' pays des ivrognes,
Il faut voir, autour des grands pots,
Hommes, femmes à rouges trognes,
On dirait des coquelicots.
Là, point d'étiquette, de gêne,
On s'habille au Temple d' hasard,
On emprunte à la p'tite semaine,
On cancane au bal du Vieux-Chêne,
Et l'on se grise au grand Chicart.
    C'est là qu'il faut entendre :
Ah ! peaux d' lapins, etc.

On a souvent vu maintes filles,
Pour Bréda, l' quartier de l'amour,
Quitter le quartier des guenilles,
Où l' besoin les ramène un jour.
Alors plus d' carmin sur la joue,
Plus de robes aux plis flottants.
La bottine en satin se troue,
On a les deux pieds dans la boue,
Et des loques pour diamants.
    Puis leur voix fait entendre :
Ah ! peaux d' lapins, etc.

Après les métiers, viennent, si l'on peut dire, les parodies des métiers. De ce nombre sont les charlatans, les banquistes, les hommes incomparables, les hommes comme il y en a peu, les propres à tout ou les propres à rien, et d'autres industries qui spéculent sur la crédulité humaine, et font des dupes même parmi ceux qui les surveillent et parmi ceux qui les jugent. Les chansons faites là-dessus, sans être très-nombreuses, ont toujours un tel succès que, sur dix recueils, huit au moins en contiennent une ou deux. De temps en temps ils en donnent de nouvelles ; mais ils se bornent en général à reproduire les anciennes, tantôt avec des variantes, tantôt avec des additions. L'air fameux du charlatan dans l'opéra du *Philtre*, a donné le branle. La première pièce du moins que je citerai, *le*

Docteur Isambart, date de là[1]. Dans les mauvais vers chantés par son charlatan, M. Scribe n'a pas laissé que de mettre de l'esprit; ses imitateurs lui ont pris des uns considérablement, de l'autre, beaucoup moins, estimant, d'ailleurs, ne prendre que ce qui leur appartenait. Pour les vers, cela est hors de doute, et pour l'esprit, M. Scribe en avait parfois de si commun, qu'on ne saurait dire si cet esprit lui venait de la rue, ou si la rue le lui avait dérobé.

LE DOCTEUR ISAMBART

REFRAIN.

Approchez tous, grands et petits,
Tir li ti ti ti ti ti,
Écoutez bien ce que je dis,
Tir li ti ti ti ti ti,
Je n'ai qu'un but, qu'un seul désir,
  Thin na na poum,
C'est le désir de vous guérir,
  Thin na na poum.

Une Anglaise de qualité,
Ter lé té té té té té té,
Ne pouvait plus prendre le thé,
Elle aval' maint'nant sans respect,
  Thin na na poum,
Le thé et la théière avec,
  Thin na na poum.
Approchez, etc.

Un catarrheux de Tombouctou,
Tour lou tou tou tou tou tou tou,
Toussait à n' pas s' tenir debout,
Tour lou tou tou tou tou tou tou,

---

[1] Il paraît que *le Docteur Isambart* a été traduit de l'allemand, apporté en France et mis à la mode par l'excellent comique Joseph Kelm.

Je le tuai du premier coup,
  Thin na na poum,
Maint'nant il ne touss' plus du tout,
  Thin na na poum.
Approchez, etc.

Le marguillier de Flagistral,
Tra la la la dera dral dral,
Avait un goître d'un quintal,
Tra la la la dera dral dral,
Je le pressai si fortement,
  Thin na na poum,
Qu'il sortit la langue d'un paon,
  Thin na na poum.
Approchez, etc.

A l'aide d'un tout petit lock,
Toc tac ti ti toc ti ta la toc toc,
Que je fis composer ad hoc,
Toc tac ti ti toc ti ta la toc toc,
A deux aveugl's de Montmédy,
  Thin na na poum,
J' fis voir l'étoile en plein midi,
  Thin na na poum.
Approchez, etc.

Le docteur Isambart étant mort, sa veuve inconsolable conti-
nua son commerce :

LA VEUVE DU DOCTEUR ISAMBART

PAROLES DE M. WALTER MOLS.

CHANSONNETTE CHANTÉE DANS TOUS LES CONCERTS

Je suis la veuve d'Isambart,
Bar bar bar bar bar bar bar bar,
Je sais les secrets de son art,
Nar nar nar nar nar nar nar nar,

Zign' badaboum badaboum badaboum,
Pourvu que l'on ait de l'argent,
Ah! ah! ah! ah!

Par un chien seriez-vous mordu,
Du du du du du du du du,
Avalez de l'acier fondu,
Du du du du du du du du,
Si ça ne vous fait pas d'effet,
Zign' badaboum badaboum badaboum,
Gargarisez-vous le sifflet,
Ah! ah! ah! ah'!

Il était une vieille fée,
Fé fé fé fé fé fé fé fé,
Qui ne pouvait prendr' son café,
Fé fé fé fé fé fé fé fé,
Je lui fis boire tout d'un coup,
Zign' badaboum badaboum badaboum,
La cuiller, la tasse et le tout.
Ah! ah! ah! ah!

Un habitant des colonies,
Ni ni ni ni ni ni ni ni,
Se trouvait presque à l'agonie,
Ni ni ni ni ni ni ni ni,
Je l'ai guéri si promptement,
Zign' badaboum badaboum badaboum,
Qu'il n'existe plus maintenant,
Ah! ah! ah! ah!

J'ai pour tous les maris jaloux,
Lou lou lou lou lou lou lou lou,
Un remède simple et bien doux,
Dou dou dou dou dou dou dou dou,
Si votre femme vous faisait,
Zign' badaboum badaboum badaboum,
Prenez-moi le manche à balai.
Ah! ah! ah! ah!

Si mes remèd's vous semblent bons,
Bon bon bon bon bon bon bon bon,
Mon adresse est à Charenton,
Ton ton ton ton ton ton ton ton,
Si vous voulez venir me voir,
Zign' badaboum badaboum badaboum,
J'y suis du matin jusqu'au soir,
Ah! ah! ah! ah!

Il n'y a que la reconnaissance pour un service essentiel, comme l'extirpation d'une molaire avariée ou d'un cor, qui puisse avoir inspiré à M. Alexis Dalès les agréables vers où le docteur qu'il fait parler se vante d'avoir des clients jusque dans les planètes, et ne fait pas difficulté de se mettre fort au-dessus des Isambart.

LE DOCTEUR MIRIFIQUE

CHANSONNETTE COMIQUE CHANTÉE PAR M. FLEURY,
AU CAFÉ-CONCERT DES AMBASSADEURS

PAROLES D'ALEXIS DALÈS.

Air : *En revenant de Saint-Denis en France*, ou *M. Pignouf.*

Sonnez, trompette, en avant la musique !
　　D'zing boum boum! (*bis*)
　　D'zing malatapoum !
Je suis, messieurs, le docteur Mirifique,
　　D'zing malatapoum! (*bis*)
　　Poum poum d'zing malatapoum poum !

Pour découvrir mes sublimes recettes,
　　D'zing boum boum! (*bis*)
　　D'zing malatapoum !
J'ai voyagé dans toutes les planètes,
　　D'zing malatapoum, etc.

Et pour cueillir chaque herbe salutaire,
　　D'zing boum boum! (*bis*)
　　D'zing malatapoum !
J'ai trois cents fois fait le tour de la terre,
　　D'zing malatapoum, etc.

Mon élexir, qui guérit la brûlure,
    D'zing boum boum !   (*bis*)
    D'zing malatapoum !
Fait à l'instant pousser la chevelure,
    D'zing malatapoum, etc.

Par sa vertu, ce roi des antidotes
    D'zing boum boum !   (*bis*)
    D'zing malatapoum !
Blanchit les dents et peut noircir les bottes,
    D'zing malatapoum, etc.

On peut guérir avec ce spécifique,
    D'zing boum boum !   (*bis*)
    D'zing malatapoum !
Le mal de dents, l'amour et la colique,
    D'zing malatapoum, etc.

Lorsqu'un bossu chez moi se recommande,
    D'zing boum boum !   (*bis*)
    D'zing malatapoum !
Crac ! je le rends plat comme une limande,
    D'zing malatapoum, etc.

Bref, *Isambart*, dont la fortune est faite,
    D'zing boum boum !   (*bis*)
    D'zing malatapoum !
Auprès de moi n'était qu'une mazette,
    D'zing malatapoum, etc.

Dépêchez-vous d'acheter à la ronde,
    D'zing boum boum !   (*bis*)
    D'zing malatapoum !
Car on m'attend à l'autre bout du monde,
    D'zing malatapoum, etc.

Lisez encore cet autre programme non moins pompeux que
celui-ci ; je suis garant qu'il ne vous ennuiera pas.

AH! AH! AH! AH!

LE ROI DES CHARLATANS

PAROLES DE THÉODORE B .. B.

CHANTÉ PAR EUGÈNE BEAUMESTER, AUX CONCERTS EN PLEIN VENT
DU CHATEAU-D'EAU ET DU TEMPLE,
AVEC ACCOMPAGNEMENT DE LA VOIX HUMAINE.

Air du *Docteur Isambart.*

Je suis le roi des charlatans,
Tan tan r'lan tan tan tan r'lan tan tan tan,
Sans douleur j'arrache les dents,
Tan tan r'lan tan tan tan r'lan tan tan tan,
J'extrais les maux dedans... le bec.
D'zign ra da boum ra da boum boum boum,
La langue et la mâchoire avec,
Ah! ah! ah! ah!

Un artiste de Charenton,
Ton ton r'lon ton ton ton r'lon ton ton ton,
N'avait plus de voix ni de ton,
Ton ton r'lon ton ton ton r'lon ton ton ton,
Maintenant il beugle fort bien,
D'zign ra da boum ra da boum boum boum,
Mais, hélas! on ne comprend rien,
Ah! ah! ah! ah!

J'ai guéri de plus d'un estoc,
Toc toc r'loc toc toc toc r'loc toc toc toc,
Un soldat du roi de Maroc,
Toc toc r'loc toc toc toc r'loc toc toc toc,
Pour preuve il m'a donné sa peau,
D'zign ra da boum ra da boum boum boum,
Que je conserve dans un pot,
Ah! ah! ah! ah!

Aux fous je donne de l'esprit,
Pi pi r'li pi pi pi r'li pi pi pi,

Aux gourmands je rends l'appétit,
Pi pi r'li pi pi pi r'li pi pi pi,
    Puis aux manchots je rend les bras,
D'zign ra da boum ra da boum boum boum,
    Aux sécos je fais manger gras,
            Ah ! ah ! ah ! ah !

    Aux vicieux je rends les vertus,
Tu tu r'lu tu tu tu r'lu tu tu tu,
    Aux vieux maris qui sont... bossus,
Tu tu r'lu tu tu tu r'lu tu tu tu,
    Je donne parfois des attraits ;
D'zign ra da boum ra da boum boum boum.
    Profitez de tous mes secrets,
            Ah ! ah ! ah ! ah !

    Je possède un bon purgatif,
Tif tif r'lif tif tif tif r'lif tif tif tif,
    Qui peut guérir un mal de pif,
Tif tif r'lif tif tif tif r'lif tif tif tif,
    L'effet s'opère par le bas,
D'zign ra da boum ra da boum boum boum,
    Votre nez n'en souffrira pas,
            Ah ! ah ! ah ! ah !

    Avez-vous un grand mal de reins,
Tin tin r'lin tin tin tin r'lin tin tin tin,
    Après dîner, tout les matins,
Tin tin r'lin tin tin tin r'lin tin tin tin,
    Mâchez ce caillou sans égal,
D'zign ra da boum ra da boum boum boum,
    Et vous n'aurez plus aucun mal,
            Ah ! ah ! ah ! ah !

    Je ne trompe pas le public,
Tic tic r'lic tic tic tic r'lic tic tic tic,
    En vendant un affreux mastic,
Tic tic r'lic tic tic tic r'lic tic tic tic,

Tout mes remèdes sont parfaits,
D'zign ra da boum ra da boum boum boum,
Surtout n'en avalez jamais,
Ah ! ah ! ah ! ah !

Les deux pièces qui suivent, en exagérant la méthode, perdent beaucoup de la qualité qui lui est propre, et sortent de la vraisemblance ; mais elles ont leur prix, en ce qu'elles témoignent de la persistance de certaines idées dans les chansons du peuple, quels que soient les temps qu'il traverse et les révolutions qu'il subit. On trouve en effet dans les *Variétés historiques et littéraires*, publiées par M. Jannet, quelques pièces de ce genre écrites au xvie et au xviie siècles[1], et dont le fond et le sens sont identiques. J'engage le lecteur à en faire la comparaison.

L'HOMME SANS-PAREIL

Air : *J'arrive à pied de la province.*

Je me nomme Sans-Pareil,
Dans c' monde ici-bas,
C'est moi qui conduis l' soleil,
J' suis de tout état :
J' suis graveur, marchand d' brioches,
Et j' fais des sabots,
J' suis tourneur, fondeur de cloches,
Et j' vends du coco.

Je raccommode la faïence,
Je suis accoucheur,
Je fournis dans la finance,
J'suis même décrotteur,
Je démontre l'écriture,
Et j' fais des couteaux,
Je suis peintre en miniature
Et j' ferre les chevaux.

---

[1] On en trouve même des exemples aux xiiie et xive siècles.

Je connais bien la cuisine,
   J' remont' les souliers,
J' fabrique aussi d' la mouss'line,
   J' suis mêm' tonnelier,
Car vraiment sans qu' ça paraisse,
   J' connais un peu d' tout,
J' suis bedeau dans notr' paroisse
   Et j' ras' pour un sou.

J' suis caf'tier, j' suis ébéniste,
   Je r'passe les ciseaux,
J' suis ramoneur et droguiste,
   J' fabriqu' les chapeaux,
Je raccommode les bottes,
   Je suis marchand d' vin ;
De plus je r'tiens les capotes
   Et j' suis médecin.

Chez nous j' suis maître d'école
   Et j' vends des harengs,
Je rétam' les casseroles,
   J' donn' des lavements,
J' suis fabricant d'allumettes,
   Je tiens la drap'rie,
J' vends des eaux pour la toilette,
   Et puis d' la frip'rie.

J'suis charcutier, j' sais tout faire,
   Et j' vends des couleurs,
J' suis charpentier, j' suis notaire,
   J' suis aussi tailleur,
J' suis de plus maître d'hôtel,
   J'achèt' du chiffon,
Je suis marchand de dentelle
   Et j' vends du poisson.

J' suis ferblantier, j' vends d' la braise
   Et j' fais des bonnets,
J' suis rentier, j' rempaill' les chaises
   Et j' vends des balais,

J' vends du baum' pour la brûlure
Et j' suis musicien,
Je guéris de toute enflure,
J' tonds aussi les chiens.

Pour les procès, les chicanes,
J' brav' les avocats,
J' tiens aussi la poste aux ânes,
Et j' card' les mat'las,
J' suis dentist' très-habile,
Je sers les maçons,
Et sans m'échauffer la bile,
Je vends des chansons.

DECANS (de Bordeaux).

LA FILLE SAVANTE.

RÉPONSE A L'HOMME SANS PAREIL.

Même air.

Dans Paris un homm' se vante
D' fair' tous les états,
Moi j' suis bien aussi savante,
Sans fair' d'embarras.
S'il sait faire des brioches
Mieux qu'un pâtissier,
Moi je fais mieux les galoches
Que le sabotier.

J' suis modiste et couturière,
J' garde les enfans,
Puis je vends à la barrière
Des œufs trois d' six blancs ;
Je suis bonne giletière
Pour les jeunes gens,
Puis excellente portière
Pour fair' des cancans.

20.

Je démontre la grammaire
    Dans les pensionnats,
Je suis bonne jardinière,
    J' coupe aussi les chats,
J' suis marchande à la toilette,
    J' fournis dans le fin
Plus d'une femme coquette
    Du quartier latin.

Je fais des gants, des bretelles,
    Je file au fuseau ;
Puis j'enfile aussi des perles,
    Je suis porteus' d'eau,
J' peins au daguerréotype,
    J' vends des peaux d' lapins,
Puis du lard et de la tripe
    A nos Limousins.

Pour vendre à la p'tit' voiture
    J'ai l' tic et le tac,
Je m'entends dans la coiffure,
    J' vends des bric-à-brac ;
Dans les manch's à la pagote
    J' travaille à façon,
Je n' crains pas qu'on me dégote
    Quand j' vends du cresson.

Dans la saison j'vends 'la pomme,
    Seul'ment un sou l' tas ;
J' suis artiste à l'Hippodrome,
    J' ravaude les bas,
J' suis habile sage-femme,
    Mesdam's, en un mot,
Mieux que Rachel je déclame
    Chez l' sieur Bobinot.

Comm' les fill's de la campagne
    Je sais moissonner ;
Puis à tous les coups l'on gagne
    Au jeu j' fais tirer ;

Des macarons je sais faire,
  Puis j' montre à danser
A plus d'une cuisinière,
  L'anse du panier.

En gros je vends d' la morue,
  J' fabriqu' des rubans ;
Quand je fais la double vue
  J'amus' les passants.
J'ai beau chercher à tout faire,
  Je n' peux attraper,
Le bon métier de rentière
  Pour me marier.

VACHEROT.

Il existait à Paris, et je crois qu'elle existe encore, une autre industrie d'origine toute moderne, mais qui rentre évidemment dans la catégorie de celles dont je viens de parler. Ses annonces ont illustré longtemps la dernière page des grands journaux, objet de scandale pour les abonnés de mœurs sévères, ou de divertissement pour les abonnés philosophes. Une seule maison eut, pendant assez longtemps, le privilége de cette industrie ; mais la vogue dont elle jouissait éveilla enfin la concurrence. Les annonces se multiplièrent, espèces de tréteaux du haut desquels les nouveaux venus mesuraient les anciens d'un regard insolent, et leur portaient des défis. Cependant les uns et les autres faisaient de leur marchandise des éloges à faire venir l'eau à la bouche du Grand-Turc, et à rendre jaloux tout le sérail. Leur clientèle se composait de cette classe de gens qui n'ont pas d'âge, pas de profession, pas d'établissement, pas de famille, et peu ou pas d'argent, qui recherchent tout cela, l'argent surtout, qu'ils acceptent avec une femme pour appoint, sans s'inquiéter si la source de l'un est pure, si la personne de l'autre est honnête, et si par cette double possession, il y aura moins à gagner pour eux en considération qu'en aisance. On voit que je parle ici des entrepreneurs de mariage et des

objets de leur trafic. Le peuple appelle tout crûment les premiers des *marchands de femmes*, et tel est le titre d'une chanson anonyme que je reproduis fidèlement :

LE MARCHAND DE FEMMES

REFRAIN.

Gai, gai, mariez-vous,
  Dit Guillaume,
A tout l' royaume ;
Gai, gai, mariez-vous,
Et passez l' contrat chez nous.

Venez dans mon magasin,
J'en ai de toutes les modes.
Pour que chacun s'accommode,
Du vieux, du neuf et du fin.

  Gai, etc.

J'ai des Iris, des Clara,
Des Rose, des Madeleine ;
J'ai tout's sort's de femmes vaincs,
De vertus, *et cætera*.

  Gai, etc.

Dès qu' les traités sont conclus,
Demoisell', dame ou marquise,
Gardez bien votr' marchandise,
Car le marchand n' la r'prend plus.

  Gai, etc.

Je n'aime pas les chalands
Qui viennent, quoi qu'on en dise,
Toucher à ma marchandise
Comme à des jouets d'enfants.

  Gai, etc.

V'là l' tiroir des femm's de bien,
V'là celui des demoiselles,
V'là l' tiroir des femm's fidèles,
Mais l' marchand n' garantit rien.
    Gai, etc.

Le nom d'un de ces entrepreneurs, quoique légèrement altéré, est assez clairement désigné dans le second vers du refrain pour qu'il soit inutile de le rectifier.

L'homme semble né d'abord pour détruire. Dès l'âge le plus tendre, il détruit ses joujoux, ses habits et généralement tout objet fragile qui lui tombe sous la main. Il ne se corrige que lorsqu'il s'aperçoit qu'il agit à son détriment, et lorsqu'il a reconnu les avantages de la propriété. Alors le destructeur fait place au conservateur. Il n'en est pas de même s'il est question de ce qui ne lui appartient pas, car alors, et avant d'avoir pensé aux représailles qu'on peut exercer contre lui, il se livre avec abandon à son instinct primitif, et redevient enfant comme devant. Il détruit gratuitement ou pour le motif le plus futile. Le ressentiment, la soif de la vengeance, un simple mouvement de colère le déterminent; à plus forte raison quand il a des prétextes d'une espèce plus grave et plus générale, comme une émeute, une révolution, la guerre; il détruit alors pour détruire, également encouragé dans son œuvre par l'exemple qu'il reçoit des autres, et par celui qu'il donne. Il était réservé à notre époque, où la démolition de Paris s'achève avec une continuité calme et inflexible, sous la sanction de la loi, de lui procurer une nouvelle occasion de détruire, non-seulement sans qu'il en ait le moindre remords, mais avec la conscience qu'il fait une action nécessaire, également profitable à lui-même et à tout le monde, et digne des applaudissements de la postérité. Aussi prend-il son temps pour détruire et pour faire durer, comme on dit, le plaisir plus longtemps.

Sans doute la destruction des maisons, des cités, principalement quand elle s'opère sous nos yeux, est triste à contempler, quelles qu'en soient la cause et la nécessité. Nul ne résiste à ce premier mouvement. C'est qu'alors il se fait dans les esprits un retour violent et douloureux vers le passé, qu'on voit les anciens objets de notre attachement anéantis, nos vieilles habitudes bouleversées, nos chers et vieux préjugés dissipés, qu'on sent se réveiller en soi et devenus tout à coup plus profonds et plus vifs les sentiments qu'on a pour les choses au milieu desquelles on a vécu, près de qui on a grandi, et à qui l'on ne croyait pas survivre. Mais à la fin, on en prend son parti, et quand on compare les acquisitions que Paris a faites avec les pertes qu'il a subies, on arrive bientôt à se réjouir de celles-là et à les admirer, au lieu de murmurer contre elles. C'est sur ce ton que l'ont pris nos chansonniers. A très-peu d'exceptions près, ils s'égayent sur les démolitions ; je vous conseille de faire comme eux. Les maçons nous montrent l'exemple; c'est tout simple. S'ils sont les représentants naturels du principe de destruction dans l'homme, ils ne le sont pas moins du principe de réédification, et ils vivent de tous les deux. Laissons-les donc parler les premiers.

LES DÉMOLITIONS DE PARIS
OU LES JOYEUX MAÇONS.

PAROLES D'ÉLÉONORE PECQUET.

Air du *Petit bleu.*

REFRAIN.

Vivons sans chagrin,
Travaillons tous avec courage ;
Par un gai refrain,
L'ouvrage va toujours son train.
L'on nous voit monter gaiement
Sur nos échafaudages.
Ensemble chantons :
Vive tous nos joyeux maçons !

A six heur' du matin
Nous somm' à la besogne,
Les outils à la main,
Narguant le plus malin.
Si nous buvons un coup pour nous rougir la trogne,
Nous savons employer
Le plâtre et le mortier.

(*Parlé.*) — La Rose! ho hé hou! monte-moi mes outils et mes rapointis. — Voilà, bourgeois!

Vivons, etc.

Que d' démolitions
Dans notre capitale !
Aussi faut des maçons
Pour refair' des maisons.
A la Grève et au Louvr', même aussi à la Halle,
L'on ne voit qu' démolir,
Mais c'est pour rebâtir.

(*Parlé.*) — Brûle-Moustache! ho hé hou! prends garde à toi, y tombe queuqu' chose. — Voilà, bourgeois! C'est-y bête! v'là mon chapeau tout aplati : un feutre de dix sous! Vous m'en payerez un neuf. — C'est bon, c'est bon, y te fera pas loucher.

Vivons, etc.

Tout un chacun se dit :
Mais, si ça continue,
Oui, bientôt tout Paris
S'ra comme la plain' Saint-D'nis,
Nous s'rons forcés, vraiment, de coucher dans la rue.
Farceur, taisez-vous donc,
Y a toujours des maçons.

(*Parlé.*) — Bras-de-Coton! ho hé hou! une truellée au sas! Quelle heure qu'il est? — J' sais pas, bourgeois. — Gâche clair! — Ça y est, bourgeois, v'là deux heures. — Eh bien, fais couler !

Vivons, etc.

Nous faisons tout aller, .
La sculptur', la peinture,
L' charpentier, l' menuisier,
Et puis le vitrier,
Fumiste, tapissier, et l'artiste en dorure, .
Enfin les ouvriers
De tous genr's de métiers.

(*Parlé.*) — Bois-sans-soif ! ho hé hou ! bois un coup, mon garçon,
t'as chaud; v'là le seau ! — Merci, j'en use pas; dimanche, à la barrière, je dis pas. — Eh ben, ramasse les outils, l'ouvrage est fini.

Vivons, etc.

L' dimanche nous montons
Gaiement à la barrière
Pour boire un vieux litron,
Danser un rigodon,
Puis nous redescendons voyant trente-six lumières,
J' le dis sans vous choquer,
Le nez un peu piqué.

(*Parlé.*) — Suce-Cannelle ! ho hé hou ! en route ! — Je travaille,
bourgeois. — Tu vois bien qu' nous sommes à la Californie ! — C'est
pour ça, je ramasse de l'or. — Prends garde de te faire ramasser. —
Allons, viens avec nous, et puis chantons tous ensemble notre refrain
d'habitude :

Vivons, etc.

Il y a un tel gâchis dans ce langage, vers et prose, qu'on peut
à peine distinguer l'un de l'autre. La muse de M. Pecquet est
tombée dans l'auge à maçon ; elle a la bouche pleine du plâtre
qu'elle y a bu et qu'elle avale en parlant.

Si MM. les maçons sont contents, il n'en est pas de même de
MM. les rats, dont ils détruisent les demeures sans penser à leur
en rebâtir d'autres.

DÉSESPOIR DES RATS DE PARIS

AU SUJET DES DÉMOLITIONS

Air de *la Fille à Jérôme.*

REFRAIN.

Ah ! plaignez, messieurs, plaignez les rats,
　Pour ces pauvres bêtes
　N'y a plus d' jours de fêtes.
Ah ! plaignez, messieurs, plaignez les rats,
　Car ils serviront de pâture aux chats.

V'là qu'on démolit tout' la capitale,
Quel malheur pour nous, mes pauvres amis !
On a démoli jusque près d' la halle ;
Dans quell' position v'là qu'on nous a mis !
　　Ah ! plaignez, etc.

Les démolitions étaient inutiles,
Vraiment les maçons n' sont pas généreux.
Ah ! *laissez les rats* dans leurs domiciles,
C'est bien, selon nous, c' que vous f'rez d' mieux.
　　Ah ! plaignez, etc.

Chez un grand fruitier, plac' Sainte-Opportune,
Nous nous nourrissions de mets délicats,
Nous mangions la c'ris', nous mangions la prune,
Mais voilà qu' la prun' n'est plus pour des rats.
　　Ah ! plaignez, etc.

L'autre jour enfin dans une assemblée
Que nous avons eue avec les souris,
On a décidé qu' la troup' désolée
S'en irait loger dans la plain' Saint-D'nis.
　　Ah ! plaignez, etc.

Si la plain' Saint-D'nis n'est pas assez grande
Nous pourrons y joindr' celle des Vertus.

Mais savez-vous bien ce que j'appréhende,
C'est que nous soyons partout *rats battus*.
    Ah ! plaignez, etc.

La ru' d' Rivoli sous l' pied nous coup' l'herbe,
Tàchons de trouver des endroits meilleurs ;
Notr' plac' n'est plus là, ça d'vient trop superbe,
Et sans plus tarder, *rats, battons ailleurs*.
    Ah !, plaignez, etc.

V'là qu' les rats d'égouts, qu'ont l'âm' très-humaine,
Vienn'nt de nous offrir leur humid' local ;
Plutòt qu' d'accepter un pareil domaine,
Nous aimerions mieux nous j'ter dans l' canal.
    Ah ! plaignez, etc.

Vraiment l'on en veut à notre famille,
Et pour les pauvr's rats on est bien méchant,
Car nos bons aïeux, plac' de la Bastille,
Ont eu le mèm' sort au temps d' l'éléphant.
    Ah ! plaignez, etc.

                    VICTOR GAUCHER.

Mais voici d'un autre style. Le poëte, auteur de *Paris s'en va*, M. Ch. Colmance, est visiblement ému. Il s'échauffe, il s'élève, il touche au lyrisme. Et n'allez pas croire que ce sont les démolitions de Paris qui lui donnent cet accent, c'en est le déménagement. Cette révolution valait la peine d'être signalée. M. Colmance chante l'*In exitu Israel* de Paris ; il chantera peut-être quelque jour son *Super flumina Babylonis.*

PARIS S'EN VA
CHANSON.

PAROLES DE M. CHARLES COLMANCÉ, MUSIQUE DE M. J. COUPLET
(ŒUVRE POSTHUME).

On ne découvre plus la trace
Des merveilles qu'il acheva ;
Bohémiens, truands, faites place !   } *bis*.
    Paris s'en va ! (*bis*)   }

Il part suivi de sa famille,
Couvert de haillons, d'oripeaux ;
Il se dissipe, il s'éparpille,
Dans les vallons, sur les coteaux.
Chargé de débris et d'années,
Il fuit pour ne plus revenir,
Et les bourgades étonnées
Se dispersent pour l'accueillir !
On ne découvre, etc.

Le Paris gaulois déménage
Ses tourelles et ses vitraux,
Ses campaniles moyen âge,
Et ses clochetons féodaux.
Puis la main du maçon r'habille
Ses murs maculés pour toujours
Par les balles de la Bastille
Et la mitraille des Cent-Jours.
On ne découvre, etc.

Il part, et des castes nombreuses
L'accompagnent dans son exil.
C'est l'artisan aux mains calleuses,
C'est l'ouvrière au doux profil ;
Et tous, d'un accord unanime,
Accompagnent leurs chants nouveaux
Des sourds grincements de la lime,
Des coups redoublés des marteaux.
On ne découvre, etc.

Fins métaux, machines puissantes,
Riens délicats plus chers que l'or,
Riches tissus, modes charmantes,
Avec lui prennent leur essor.
Dans sa course désordonnée,
Il entraîne tout à la fois
Et les chefs-d'œuvre de l'année
Et les miracles d'autrefois.
On ne découvre, etc.

Et le monde étonné regarde
Se mouvoir le *Léviathan.*
Le temps passé lui dit : Retarde !
Et l'avenir lui dit : Va-t'en !
Des manœuvres de toutes sortes
Ont comblé le gouffre béant,
Et brisé ses cinquante portes
Pour laisser passer le géant.
On ne découvre, etc.

C'est fort bien dit, trop bien dit pour figurer parmi des chansons des rues : revenons-y.

De tous les monuments à jamais effacés du sol de Paris, vous ne devineriez jamais quels sont ceux dont la destruction a le plus affligé les auteurs de ces chansons. Je vous le dirai tout de suite, pour ne pas vous donner la peine de le chercher : ce sont les cabarets, et par-dessus tous les autres, le cabaret du *Lapin blanc.*

LE CABARET DU LAPIN BLANC

Air du *Tonneau.*

Entre les deux bras de la Seine,
Il est une vieille maison
Que le jour éclaire avec peine ;
On pourrait s'y croire en prison.
Ce cabaret si populaire,
Chanté par un fameux roman,
Porte cette enseigne vulgaire :
Le Lapin blanc, le Lapin blanc.

Les murs de la sombre boutique
De mauvais vers sont tapissés ;
Le nouveau se mêle à l'antique,
Mille objets y sont entassés :
Auprès d'une Vierge moderne
Est un Silène chancelant,
Semblant protéger la taverne
Du Lapin blanc, du Lapin blanc.

Autour d'une table boiteuse,
Le cœur léger, la bourse aussi,
Se presse une troupe joyeuse,
Narguant le chagrin, le souci ;
Puis une effrayante légende,
Que l'on vend pour argent comptant,
Donne un air suspect à la bande
Du Lapin blanc, du Lapin blanc.

Nobles amateurs de l'histoire
Qui rendez visite au taudis,
Ne chargez pas votre mémoire
Des noirs mystères de Paris.
Qu'espérez-vous y voir de drôle ?
Un animal intelligent !
Il joue on ne peut mieux son rôle,
Le Lapin blanc, le Lapin blanc.

Puisque la loi veut que tout passe,
Que fera-t-on du vieux lapin ?
Si dans quelques jours il trépasse,
Comment s'accomplira sa fin ?
Mais, ô douleur ! chacun sanglote :
Un chiffonnier du Tapis-franc
Doit ensevelir dans sa hotte .
Le Lapin blanc, le Lapin blanc.

PHILIBERT LABERTHE.

—

LE LAPIN BLANC

Air nouveau.

Dans un bout de la rue aux Fèves,
Ce vieux reste du vieux Paris,
Un Lapin blanc fait d'affreux rêves :
On va démolir son taudis.
Où trouvera-t-il à sa guise
Un convenable logement ?
Il ne peut coucher à la bise, }
    Le Lapin blanc. (bis) } bis.

Grands amateurs de gibelotte,
Votre œil a convoité déjà
Sa chair fine et sa redingote
Bien plus fine que l'angora,
Déjà votre main par trop leste
Semble saisir ce vétéran ;
Au bout du nez, voyez le geste
 Du Lapin blanc !

Ce Lapin, qui servit d'enseigne,
A vu baptiser Charles Neuf.
De ses souliers voyez l'empeigne,
Bien plus vieille que le Pont-Neuf !
Il a vu là Fleur-de-Marie
Se régaler au Tapis-franc,
Une larme, je vous en prie,
 Au Lapin blanc !

On l'enlève de sa muraille,
Sans même lui donner congé.
Où diable voulez-vous qu'il aille ?
Où pourrait-il être logé ?
Près la place de la Concorde,
Prendra-t-il un beau logement ?
Ou couchera-t-il à la corde,
 Le Lapin blanc !

Que vois-je ?... Du vieux Lacépède
Le spectre se dresse, ô bonheur !
« Viens, dit-il au vieux quadrupède,
Prendre une place sur mon cœur.
Non, dit-il, réflexions faites,
Je veux te faire un monument
Au milieu du jardin des Bêtes,
 Beau Lapin blanc. »

TOSTAIN et AUBRY.

Deux chansons ! c'est bien peu (ces chansons surtout n'étant pas sans mérite) sur un sujet qui demanderait un poëme. Don-

nons-en donc une troisième, d'autant plus qu'elle est d'un
de nos bons faiseurs :

LE LAPIN BLANC

PAROLES DE JULES DE BLAINVILLE.

AIR : *sur un Tonneau.*

Au sein de la vieille Lutèce,
Un cri lugubre a retenti ;
Sous le fer qui frappe sans cesse,
Soudain la lumière a jailli.
Le progrès, que rien ne désarme,
Brise le dieu du tapis-franc :
Poivriers, donnez une larme } *bis.*
Au Lapin blanc, au Lapin blanc. }

Venez, enfants de la Bohème,
Venez, et de vos mille voix,
Adressez un adieu suprême
A ces restes des temps gaulois.
Du passé, qu'une immense lave
Semble entraîner vers le néant,
Venez recueillir une épave
Au Lapin blanc, au Lapin blanc.

Ivrogne à la face rougie;
Bohême au front dont la pâleur
Nous dit qu'une éternelle orgie,
Brûle ton sang, glace ton cœur !
Accourez, modernes Alcides,
Soutenir le temple croulant ;
Venez, vous servirez d'égides
Au Lapin blanc, au Lapin blanc.

Rêveur, Caton de mince étoffe,
Poëte inspiré du pich'net;
Et toi, mendiant philosophe;
Vous tous, chevaliers du crochet;

Chacun de vous pouvait, sans gêne,
Dormir étendu sur un banc,
Rêvant qu'il était Diogène,
Au Lapin blanc, au Lapin blanc.

La nuit vient, et son voile couvre
L'antre, dont le funèbre écho
Répond : Je suis l'étrange Louvre,
Digne de Macbeth et Banco !
Du *Chourineur* et de sa bande,
Regardez... le tableau sanglant
Se déroule, affreuse légende,
Au Lapin blanc, au Lapin blanc.

A EUGÈNE SUE[1].

O toi dont la plume féconde
A, des *Mystères de Paris*,
Retracé l'histoire, et qui fronde
Le vice et le livre au mépris,
Auprès de ton *Maître d'école*,
Fleur-de-Marie est, douce enfant,
L'ange qui pardonne et console,
Au Lapin blanc, au Lapin blanc.

Quoique ces chansons disent assez clairement ce qu'elles ont
voulu dire, elles ne disent pas tout cependant ; elles font désirer
quelques additions, sinon un commentaire. Le hasard m'a permis de donner ici l'un et l'autre. Je trouvai un jour sur les quais
une brochure in-12 de 32 pages, ayant pour titre : *Biographie
du père Mauras, et notice du Lapin blanc, le seul Établissement de la Cité qui ait conservé le souvenir des Mystères de
Paris : avec des inscriptions et poésies composées sur ce débit
de vins et liqueurs, appelé aussi par ses clients le Caboulot*

---

[1] On sait qu'il y a maints épisodes des *Mystères de Paris* de ce roman-
cier, qui se passent au cabaret de la rue aux Fèves.

du père Mauras. Paris, se trouve chez Mauras, rue aux Fèves, 6, 1860. Cette brochure est sans nom d'auteur, mais elle paraît avoir été faite par un homme qui connaissait bien les lieux, et qui écrivait, pour ainsi dire, sous la dictée du maître de l'établissement. C'est à elle que je dois les détails qui suivent.

Le père Mauras naquit à Bordeaux en 1786. Il avait donc soixante-quatorze ans en 1860. Il était fils d'un tonnelier. A douze ans, il entra à la manufacture des tabacs de Bordeaux, d'où la modicité de son salaire l'obligea bientôt de sortir. Il se fit emballeur et cordier. Au bout de deux ans (il en avait alors quatorze), il se dégoûta de ce double métier, et se fit admettre comme figurant dans un des théâtres de sa ville natale. Il ne savait ni lire ni écrire ; mais bien que pour exercer convenablement ses nouvelles fonctions, il n'était rigoureusement pas besoin de l'un ni de l'autre, il ne laissa pas d'en sentir vivement la privation, comme aussi qu'il n'arriverait jamais à rien, s'il ne possédait ces éléments essentiels des connaissances humaines. L'occasion se présenta tout à coup de combler cette lacune et de faire en même temps une bonne action. Il se trouvait alors à Bordeaux un maître d'école qui n'avait pas de quoi s'établir. Le jeune Mauras lui offrit ses économies, à la seule condition que, lorsque l'école serait ouverte et garnie des meubles indispensables, il en serait le premier écolier. C'est ainsi qu'il apprit à lire, écrire et compter.

A vingt ans, il entra comme apprenti chez un tonnelier. Il paraissait aimer ce métier, qui avait été celui de son père ; il y joignit pour son propre compte (car un apprenti ne gagne rien), celui de vinaigrier. Il faut croire qu'il s'en trouva bien, puisque, son apprentissage fini, il se mit à voyager, ici faisant des tonneaux, là brûlant de l'eau-de-vie, et finissant par trouver une femme qui lui apportait en dot trois maisons d'une valeur totale de 6,400 francs. Il se mit alors au service d'un négociant de Bordeaux, en qualité de *maître-chais*, et il y resta onze ans.

Ces débuts ne ressemblent guère à ceux des hommes de

Plutarque ; la fin n'y ressemblera pas davantage, quoique comme eux et dans sa sphère étroite, le père Mauras ait en l'ambition d'être quelque chose et de faire parler de lui.

Après avoir servi les autres si longtemps, il voulut un jour être son maître ; mais cela ne lui réussit pas ; les temps n'étaient pas venus. Il fonda un établissement de tonnelier qui tourna mal et où il perdit une partie de la dot de sa femme ; il mit dans une compagnie de chasse-marées le reste de cette dot qu'il perdit également. Ruiné, mais non découragé, il vint à Paris, et se mit encore au service d'un négociant en vins. Là, sa journée commençant à cinq heures du matin pour finir à onze heures du soir, et ses maîtres par-dessus le marché se servant de sa femme comme d'une cuisinière et de son fils comme d'un domestique, il dut quitter la place. Ce fut l'hégire du père Mauras. A partir de là commence « cette seconde partie de sa vie qui devait l'amener à trôner bientôt au comptoir du *Lapin blanc*. »

Il acheta d'abord, rue de la Vieille-Draperie, près des Halles, un fonds de fruitier. Il vit tout de suite qu'il ne s'y enrichirait pas. Il eut l'idée d'y joindre la fabrication de corbeilles rustiques ; il a même la gloire d'être l'inventeur de ce genre. Sa fortune était faite. Ses corbeilles devinrent tellement à la mode dans les ménages, qu'il en faisait un débit considérable, et que bientôt il fut en état d'acquérir un fonds de marchand de vin. C'était en 1836. Il se mit à vendre du *vin viné* à 60 centimes le litre, et dont la renommée s'étendit dans tout le quartier des Halles. Il en vendait, dit-on, jusqu'à cinq ou six pièces par semaine.

« De l'établissement des environs des Halles à celui de la Cité, la transition devait s'opérer naturellement. La succession Guingamp possédait dans la rue aux Fèves un débit de liqueurs presque abandonné, quoique son origine se perdît dans la nuit des temps, et qu'il eût servi de rendez-vous à tous les pègres et malingreux qui, pendant le moyen âge, pullulaient dans Paris.

Ce fut cet établissement, connu sous le nom si populaire du *Lapin blanc*, dont le père Mauras prit la suite. »

Maintenant que cet établissement a disparu et que le propriétaire jouit des rentes qu'il y a amassées, racontons-en l'origine, les vicissitudes et les mœurs. Ici encore, laissons parler la brochure; admirez-en l'érudition distinguée et surtout bien placée. Enfin n'oubliez pas que, lorsqu'elle fut publiée, le cabaret du *Lapin blanc* n'était pas encore détruit, il n'était que menacé.

« L'origine de cette maison de terrifiante mémoire se perd dans les ténèbres du passé, comme disait le vicomte d'Arlincourt; quelques chroniqueurs consciencieux assurent pourtant que le cabaret du *Lapin blanc* existait dès le VIIIe siècle, du temps de Pepin le Bref, qui avait dans la rue aux Fèves sa chancellerie attenant à la chapelle Saint-Éloi. Ce monarque de la seconde race des Carlovingiens, vingt-troisième roi de France, fut le premier qui se fit sacrer, pour imprimer à la royauté un caractère plus auguste. Cette cérémonie inconnue jusqu'alors, empruntée aux Juifs, s'est perpétuée depuis pour presque tous les rois qui nous ont gouvernés.

« Le jour de son sacre, le 15 avril 752, un de ses fidèles archers lui présenta à genoux, sur un coussin bordé de franges d'or, un magnifique lapin blanc d'une grosseur extraordinaire; le roi n'accepta pas le lapin. Cependant, en reconnaissance de cet excentrique hommage, il lui (à l'archer ou au lapin?) permit de fonder un petit établissement auprès de sa chancellerie : c'est le curieux cabaret qui existe encore aujourd'hui. Le lapin mourut de pléthore en 755, après avoir excité l'enthousiasme des guerriers qui, sous les ordres du roi, venaient de battre Astolphe, roi des Lombards. Le portrait de ce lapin modèle resta longtemps pour enseigne; il est remplacé à présent par un branchage desséché qui fut à la première révolution un arbre de la liberté. La maison a conservé son titre historique; mais, comme on le voit, elle n'a plus que l'enseigne banale d'un cabaret vulgaire. La maison du *Lapin blanc* a fait la triste célébrité de la rue aux Fèves ; elle a été le *traquenard* de grands coupables ; dans cette taverne qui suinte la vétusté et l'odeur des crimes d'autrefois, bien des drames ont commencé ou ont fini, et il n'est pas étonnant que M. Eugène Sue l'ait choisie pour y amener les héros et les héroïnes impossibles de ses *Mystères de Paris*.

« La rue aux Fèves se ressent des embellissements, des constructions nouvelles qui ont changé l'aspect primitif des rues adjacentes, quoique conservant encore beaucoup de maisons affreuses où la misère et la débauche logent à la nuit.

« Le cabaret du *Lapin blanc* est le même depuis des siècles ; il a un peu plus d'air peut-être, mais c'est la même entrée, ce sont les mêmes murailles enfumées, la même lueur lugubre qui éclaire les commensaux de cet antre extraordinaire.

« Il y a plus de vingt ans, avant même le roman de M. Eugène Sue, son personnel s'était sensiblement amélioré : ce ne sont plus ces *escarpes* maudits, ces *grinches du grand trimard*, ces Aspasies *décolletées*, ces *don Juan des lupanars voisins*, qui viennent s'asseoir sur les tables vermoulues de la vieille taverne ; ce sont des ouvriers sans emploi, des chaudronniers, des corroyeurs, à la mine noircie par le travail, qui vous rappellent, par le physique seulement, les créations effrayantes d'Eugène Sue et les vrais scélérats du temps jadis ; on y remarque aussi quelques femmes, jeunes encore, tristes, étiolées, abandonnées des élégances de l'amour, pauvres beautés *omnibus* qui cherchent à consoler leurs époux factices tombés dans la pénurie et le chômage. On n'y voit plus l'étalage dégoûtant d'un libertinage patenté, soutenu par ces athlètes, ces *Antony à cravate rouge, au chapeau blanc sur l'oreille, qui protégent et qui vendent la plus belle moitié de l'espèce humaine.*

« La maison du *Lapin blanc* se ferme maintenant à dix heures du soir. La police n'a plus l'occasion d'y venir exercer sa rigueur et ses arrestations ; cette cantine de l'indigence est plus morale peut-être que les maisons de jeu et certaines sociétés en commandite ; elle a pour propriétaire actuel le père *Mauras*, né à Bordeaux vers 1786, et qui réunit les qualités et les défauts du présomptueux Bordelais ; son accent prononcé le fait passer dans ces ténébreux parages pour un véritable Auvergnat ; avec sa moralité brutale, il a passé au laminoir la clientèle de sa maison, il a lavé avec du chlore de chaux les traces d'iniquité, les taches du sang qui, à des époques éloignées, ont souillé l'antique refuge des bandits qui ne sont plus.

« La consommation presque exclusive du *Lapin blanc* consiste en vin de Bordeaux, d'une nature louche et hyperbolique, en bière à quatre sous la canette, en eau-de-vie à un sou le verre, et dans les jours de somptueuses ripailles, quand un ouvrier chaudronnier ou corroyeur est embauché, on obtient quelquefois de la munificence du travailleur, du champagne des Batignolles à 22 sous la bouteille.

« L'eau-de-vie pure de betterave règne en souveraine dans ce singulier Eldorado ; il serait difficile de la détrôner ; les habitués l'adorent à l'exclusion du vrai cognac et des rectifications et améliorations qu'on veut méchamment introduire dans leur boisson favorite. Que les estimables chimistes *Duret* et *Brégeon* ne se fassent pas connaître au *Lapin blanc*.

« Le père Mauras préside en patriarche aux joies et aux peines de son établissement ; il encourage l'infortuné, il se réjouit avec le consommateur heureux : c'est le conseil, le prud'homme intègre de toute cette pauvre plèbe qui ne réfléchit et ne discute que devant l'alcool de la cambuse. Ce vieillard original, doué d'esprit naturel et d'une petite érudition, est presque poëte.

« Je fais des bouts-rimés, dit-il avec abandon ; je sais l'ortho-
« graphe, mais je ne connais pas bien les règles de la versifica-
« tion. » Or, il monte souvent sur son cheval Pégase, et voici quelques échantillons de ce qu'on lit sur les murs moisis de sa truanderie : nous copions textuellement, au hasard :

A UN CHIFFONNIER.

Bienheureux chiffonnier, quand tu bois à la ronde,
Tu dis que ton état est le premier du monde :

Tu crois ton vieux grenier un superbe manoir ;
Philosophe pochard, tu l'es sans le savoir !

À UNE ÉCAILLÈRE.

Dans les riches quartiers elle était écaillère,
De ses fameux appas elle était toute fière,
Et quoique pour l'amour elle ait par trop souffert,
On la trouve chicarde à la place Maubert.

À UN MARCHAND DE LÉGUMES.

Vieux marchand de champignons,
    Tu perds, je crois, la boule,
Quand tu dis que les oignons
    Sont parents de la ciboule.

ÉPITAPHE D'UN HABITUÉ DU LAPIN BLANC.

Ci-gît un buveur émérite,
    Qui fut aimé, sans contredit,
Car il eut toujours le mérite,
    De ne jamais boire à crédit.

—

Pour un marchand de vin quel terrible malheur
De coller chaque jour des rimes sans valeur
    Sur les vieux murs de sa triste boutique,
    Pour amuser la mauvaise pratique !

—

Le malheureux chez nous cache sa nudité ;
Nous donnons l'eau pour rien et l'hospitalité.

—

Allez, allez au loin, mes pauvres petits vers,
Vous m'avez mis souvent la cervelle à l'envers ;
Ne laissez pas flotter ma barque à la dérive
Et tâchez d'arriver jusqu'aux bords de la rive.

« Nous n'en finirions pas si nous devions livrer à la publicité
toutes les élucubrations fécondes du père Mauras, dont je me

trouve par cas fortuit le prosaïque Mécène ; sa muse indécise se ressent de l'obscurité qui l'entoure, mais elle est modeste, cette muse, et elle avoue franchement sa faiblesse et ses soixante-quinze ans.

« Au milieu de ce sombre asile, on remarque un poêle colossal qui ressemble à un mortier à la Paixhans fondu pour l'expédition de Crimée, et sur lequel le bon tavernier a écrit ces jours derniers :

RELACHE.

RÉOUVERTURE A LA TOUSSAINT.

« L'entrée et l'intérieur de la maison du *Lapin blanc* sont tapissés d'images, d'emblèmes, d'allégories, de caricatures populaires auprès desquelles la main intelligente du patron a cloué des tableaux qui représentent les scènes émouvantes qu'Eugène Sue a fait passer au tapis-franc de la rue aux Fèves ; presque chaque jour des élégants, en équipage, arrivent pour respirer les émanations du Chourineur, de Rodolphe, de Fleur-de-Marie, de la Borgnesse et du Maître d'école ; le vieux Bordelais leur sert de cicérone, et ces touristes empressés, tenant les *Mystères de Paris* à la main comme un livret du musée de Versailles, s'en retournent enchantés de leur pèlerinage à la taverne du temps de Pépin le Bref.

« Je vous le conseille, mes braves lecteurs, allez visiter la maison du *Lapin Blanc*, et, si vous êtes dans le commerce des liquides, faites vos offres de service au père Mauras ; livrez-lui en toute sécurité ce qu'il vous demandera, c'est un honnête homme ; il vous payera comptant avec trois pour cent d'escompte... »

Qu'on me pardonne cette longue digression. Je ne me la serais certainement pas permise si l'établissement qui l'a motivée était encore de ce monde, et que je pusse y renvoyer le lecteur pour comparer l'original avec les portraits qu'en font nos chansonniers. Mais cet établissement n'est plus ; tout, jusqu'aux

ruines, en a péri. Et parce que, tandis qu'il florissait, il a non-
seulement forcé la littérature à s'occuper de lui, mais qu'il en
a aussi agrandi le domaine, en révélant à l'un de nos roman-
ciers les plus à la mode des mœurs que celui-ci, avec tout son
talent, n'eût jamais pu imaginer, j'ai cru que, pour un si émi-
nent service et à propos de poésies où il est encore question de
lui, il avait droit à une oraison funèbre. L'extrait qu'on vient
de lire était celle qui lui convenait le mieux. Je n'eusse pas osé
la faire moi-même, et très probablement je n'en eusse pas été
capable; l'ayant trouvée toute faite, je n'ai pas hésité à m'en
servir. Il ne me reste que le regret de n'en pouvoir nommer
l'auteur; ce qui ne me dispense pas toutefois de le remercier.
Je reviens à nos chansons.

Au fur et à mesure que j'avance, il semble que le nombre s'en
accroisse. La dernière que je cite en attire mille autres après elle.
En voici un paquet, mais il est gros, qui concerne Béranger
seulement. Le malheureux y est accommodé de toutes les façons,
ainsi que sa Lisette. De plus, il n'y a que le bon Dieu dont on ait
chanté les louanges si souvent et avec un pareil concert. Les uns
chantent ses amours, les autres sa philosophie ; ceux-ci sa bonté,
ceux-là sa pauvreté. Il y en a qui le prennent en détail et qui
chantent ou son habit, ou sa fleur de prédilection, ou ses cheveux blancs, ou sa mansarde. Quelques-uns lui ouvrent les portes
du Panthéon et de l'Olympe; moins païen que ceux-ci, M. Bathol,
maréchal ferrant, lui ouvre ou plutôt lui fait ouvrir par saint
Pierre les portes du paradis. Notez que Béranger vivait encore.

> Au même instant un nuage azuré
> De Béranger porte l'âme candide.
> Le vieux bonhomme, d'un pas assuré,
>   Vers le portier marche sans guide.
>   « Ah ! viens, mon fils, viens dans mes bras,
>   Dit saint Pierre en ouvrant les portes ;
>   Je sais comment tu te comportes,
>   En paradis viens de ce pas. »

A quoi Béranger répondait finement :

« Grand merci, mon cher monsieur, de la place que vous voulez bien me donner en paradis. Mon âge me permet d'espérer que bientôt je saurai si vous vous êtes ou non trompé. Je me présenterai à saint Pierre avec votre chanson à la main, car je doute que la voix me revienne alors pour la lui chanter. J'espère qu'elle le fera sourire, et je vous en remercie d'avance, ainsi que du plaisir qu'elle m'a fait, surtout venant d'un homme jeune et d'un travailleur qui n'a pas beaucoup de temps à donner aux études littéraires. Des sentiments honnêtes et de l'esprit naturel valent mieux que tous les secrets du frivole métier de rimeur : votre chanson le prouve bien.

« Avec mes remerciements, recevez, cher monsieur, l'assurance de ma sympathie bien sincère.

« BÉRANGER.

« Passy, 24 mai 1850. »

Je pourrais citer ici une ou deux chansons qui ne sont pas tout à fait indignes de cet illustre sujet, et qui appartiennent à la muse exclusivement populaire; mais celle de M. Arsène Houssaye, *Béranger à l'Académie*, ayant eu l'honneur d'être chantée et, ce qu'il y a de pis, cruellement écorchée dans les rues, avec accompagnement de l'orgue de Barbarie, il est difficile de ne pas lui donner la préférence :

> Non, mes amis, non, je ne veux rien être,
> C'est là ma gloire, adressez-vous ailleurs.
> Pour l'Institut Dieu ne m'a pas fait naître,
> Vous avez tant de poëtes meilleurs !
> Je ne sais rien qu'aimer, chanter et vivre,
> Et je veux vivre encore une saison !
> Je n'y vois plus; Lisette est mon seul livre ;
> Mon Institut à moi, c'est ma maison. (*Bis*)

22.

Qu'irais-je faire en votre Compagnie ?
Il me faudrait écrire un long discours !
A mes chansons j'ai borné mon génie,
Et si mes vers sont bons, c'est qu'ils sont courts.
Ici, messieurs, la Muse est familière,
Pourvu qu'on ait la rime et la raison.
Ici Courier a commenté Molière,
L'Académie était dans ma maison.   (*Bis*)

Vous le voyez, c'est la maison du sage,
Et l'hirondelle y revient au printemps ;
Je suis comme elle un oiseau de passage ;
Depuis Noé j'ai parcouru les temps.
Je fus un Grec au siècle d'Aspasie ;
J'ai consolé Socrate en sa prison ;
Homère est là : chantez, ma poésie !
J'ai réveillé les dieux de ma maison.   (*Bis*)

Hier j'étais sur le pas de ma porte,
Quand l'orient soudain s'illumina.
Qu'entends-je au loin ? le vent du soir m'apporte
Les airs connus d'Arcole et d'Iéna !
Ils sont partis les jeunes gens stoïques :
Quatre-vingt-neuf, ils gardent ton blason !
Dieu soit en aide aux soldats héroïques !
Je les bénis du seuil de ma maison.   (*Bis*)

Vos verts rameaux ceignent des fronts moroses,
Il ne faut pas les toucher de trop près.
Je veux mourir en respirant des roses,
Et vos lauriers ressemblent aux cyprès,
Roseau chantant, déjà ma tête plie,
Laissez-moi l'air, laissez-moi l'horizon,
Immortel... moi ! Mais chut ! la mort m'oublie...
Si vous alliez lui montrer ma maison !   (*Bis*)

Mais il chantait et la mort est venue,
La mort jalouse, elle a pris Béranger !
Il est parti pour la rive inconnue,
D'où ne revient jamais le passager.

L'Académie, en style d'hécatombe,
Ne dira plus sa funèbre oraison ;
Mais tout le monde a pleuré sur sa tombe,
Et le bon Dieu lui donne sa maison. (*Bis*)

Ainsi, comme M. Bathol, M. Arsène Houssaye met Béranger
en paradis ; il a du moins attendu que le *bonhomme* fût mort,
précaution qui dénote autant de prudence que de tact.

D'autres s'évertuent à célébrer la taxe de la viande, le lingot
d'or, les mines de la Californie, la comète, le daguerréotype, la
photographie, les plaisirs de la pipe, la crinoline, les tribulations des pêcheurs à la ligne, l'impôt sur les chiens, le palais
de l'Industrie, l'Exposition universelle, les filles de marbre,
l'isthme de Suez, les tables tournantes, Dumolard et cent autres
sujets, les uns dits de circonstance, les autres tirés des pièces
de théâtre qui ont eu le plus de succès depuis quinze ans : c'est
un pêle-mêle à ne pas s'y reconnaître, un brouhaha à faire
chauvir les oreilles, comme l'âne lorsqu'il entend le braiment
d'un frère, ou le cheval quand il est surpris par le bruit du
canon. J'en épargnerai même l'écho à mes lecteurs.

Le peuple a de grandes prétentions à être philosophe; il faut
avouer aussi que la plupart du temps il en a grand besoin. Les
chansons des rues offrent çà et là des lambeaux de sa philosophie; quelques-unes même ont pour objet spécial de la définir
et de donner l'énumération des différents articles dont elle se
compose. C'est quelquefois la philosophie de la résignation;
c'est le plus souvent celle de l'insouciance et du débraillé.
Chanter, rire et boire quand on a du chagrin, faire de même
quand on a craint d'en avoir; jouir au jour le jour et détourner
les yeux du lendemain; aimer la fillette, épouser le plus tard possible, se moquer du créancier; enfin, et c'est l'inévitable couplet final de toute chanson à boire, narguer la mort : telles sont
les principales vérités du catéchisme philosophique dont le peu-

ple a les oreilles rebattues, et qu'il sait, personne n'en doute, mieux que celui du diocèse.

> Je chante, (*bis*)
> Et narguant toujours le destin,
> Je chante (*bis*)
> Soir et matin.

> Au diable la mélancolie
> Qui peut abréger notre vie !
> Moi qui tiens à vivre longtemps,
> Je bannis soucis et tourments,
> Et, vrai Roger Bontemps,
> Je chante, etc.

> Aux maux que le ciel nous envoie,
> Toujours moi j'oppose la joie,
> Et, sans jamais m'inquiéter,
> Sans gémir et sans m'attrister,
> Pour mieux les supporter,
> Je chante, etc.

> Si quelque créancier avide
> Vient chez moi quand ma bourse est vide
> Et me dit, en homme exigeant :
> De suite il me faut de l'argent !
> A son nez, ricanant,
> Je chante, etc.

> Quand viendra la Parque cruelle
> De mes jours couper la ficelle,
> Jusqu'à la fin bravant le sort,
> Je veux, à l'heure de ma mort,
> Vous répéter encor :
> Je chante, etc.

LEPANGLE.

Allons, joyeux drilles,
Rions du sot
Qui n'a pas un défaut.
Bon vin et jeunes filles,
Voilà ce qu'il nous faut.

Pour jouir est-il besoin d'avoir
Tout l'or de la Banque ?
Non, morbleu ! le soleil se fait voir
Partout jusqu'au soir.
Point de gêne en ce jour de gala,
Moquons-nous de qui nous blâmera,
Et si l'argent manque,
Nos effets sont là.
Allons, joyeux drilles, etc.

Aux belles d'un joyeux partisan
De nos peccadilles,
Gardons-nous de lancer en passant
Un trait séduisant ;
Mais de ces bigots dont les sermons
Osent nous comparer aux démons,
Enlevons les filles,
Et d'eux nous rirons.
Allons, joyeux drilles, etc.

Mais ne donnons jamais notre nom
A fillette aimable,
Car il vaut mieux être à Charenton,
Que mari Caton.
Amis, regardez autour de vous,
Voyez quel est le sort des époux,
Un tourment semblable
Est-il fait pour nous ?
Allons, joyeux drilles, etc.

Morbleu ! nous perdons tous nos instants
Et Momus en gronde ;
N'allons pas le fâcher plus longtemps :
Partons, il est temps.

> Aujourd'hui, nargue du genre humain,
> Jetons le plaisir à pleine main,
>   Et la fin du monde
>   Peut venir demain.
> Allons, joyeux drilles, etc.
>
> EUG. PETIT.

Ce ne sont là, sans doute, que d'insipides lieux communs, et, au fond, peu engageants; ce n'est même pas une philosophie qui cherche à faire des prosélytes, c'est tout bonnement un rabâchage aussi vieux que le monde, mais qui malheureusement, à cause de son ancienneté même, et parce qu'il semble consacrer l'empire de certains penchants non moins déplorables que faciles, passe pour exprimer des vérités reçues et qui ne sont pas sujettes à contradiction.

Ces *vérités* toutefois n'ont pas leur source dans un sentiment d'égoïsme ; elles sont nées de ce préjugé qu'il faut des compensations telles quelles aux misères de la vie, et de cette erreur que, pour que ces compensations soient sensibles, efficaces, il faut que le plaisir qu'on y recherche l'emporte en vivacité, sinon en durée, sur les maux auxquels elles servent de contre-poids. D'ailleurs le peuple est plein de charité. Connaissant les privations mieux que personne, il compatit davantage à celles de ses égaux, et ce sentiment, presque toujours mêlé d'ostentation, est un des plus fréquents qu'il éprouve ; il le laisse percer, même dans les chansons où il fait bon marché des principes les plus respectables.

> Petits et grands qui pouvez, sur la terre,
> Faire le bien, faire la charité,
> Que votre cœur soulage la misère,
> Séchons les pleurs, calmons l'adversité.
> Ah ! donnons tout, l'humanité l'ordonne,
> Qu'importe, amis, si nous n'offrons qu'un peu !
> Donnons toujours, quand c'est du cœur qu'on donne,
> Faire le bien c'est honorer son Dieu.

Assise, hélas ! près de notre demeure,
Tendant à tous une tremblante main,
Vois, mon enfant, cette femme qui pleure ;
Tiens, porte-lui vite ce peu de pain.
Vois sur son sein, vois sa petite fille,
Portant ses mains pour y chercher du feu ;
Va, ce secours peut sauver sa famille.
Faire le bien c'est honorer son Dieu.

Eug. Lecart.

—

Je venais de chez le notaire
Avec cent écus bien comptés,
Quand, près de la mare à Jean-Pierre,
J'ai vu... c'est bien triste, écoutez :
J'ai vu que, pour un pauvre terme,
Son maître, vieillard inhumain,
Faisait tout vendre dans la ferme
Et qu'il l'en chasserait demain.

REFRAIN.

Je suis riche avec ma Thérèse ;
Mais lui, pauvre homme il n'a plus rien :
On doit avoir le cœur à l'aise
Quand on peut faire un peu de bien !

Ne pouvant pas fléchir l'avare
Qui gronde et menace toujours,
En son désespoir, dans la mare,
Jean-Pierre allait finir ses jours.
Là-haut le bon Dieu qui m'écoute,
En me plaçant sur son chemin,
Dans son malheur voulait sans doute
Qu'un ami lui tendît la main.
Je suis, etc.

Tiens, lui dis-je, prends cette somme,
En serai-je plus malheureux ?
Mais croirait-on que le pauvre homme
Voulait faire l'orgueilleux ?

Quand j'y songe, cruelle épreuve !
Si j'avais pris par les moulins,
Sa femme aujourd'hui serait veuve,
Ses petits enfants orphelins.

C'était la dot de ma Thérèse,
J'ai tout donné, je n'ai plus rien ;
Mais comme on a le cœur à l'aise
Quand on a fait un peu de bien !

ANONYME [1].

Le peuple ne sent pas moins vivement l'amitié, et, comme elle est plus étroite entre hommes qui souffrent des mêmes peines, qui luttent contre les mêmes obstacles, elle est de sa part ou plus indulgente ou plus aveugle. Dans les actes qui en offensent la délicatesse, il ne voit que des espiègleries, et dans les vices qui la dégradent, un abus du sans-gêne et de la familiarité. Il me semble que la jolie *bluette* qui suit (c'est ainsi que M. A. Dalès appelle sa chanson) donne une idée aussi exacte que plaisante de ce genre d'amitié :

LES DEUX AMIS

Air : *Scène de comédie*, ou *Gn'y a plus d'huile dans la lampe.*

Paul, se promenant un lundi,
　　Disait à son ami :
. La loupe a pour toi des attraits,
　　Tu vis en vrai bohême.
　　Ah ! quel flâneur tu fais !
　: T'es mon ami tout d'· même.

Tu bois du jus du bois tortu
　　A bouche que veux-tu ;
Usant, pour licher à longs traits,
　　De plus d'un stratagème.
　　Ah ! quel pochard tu fais !
　　T'es mon ami tout d' même.

[1] M. Francis Tourte.

Lorsque les poches sont à sec,
    Pour régaler ton bec,
Pour me flatter tu t' mets en frais,
    Ta douceur est extrême.
    Quel carottier tu fais !
    T'es mon ami tout d' même.

Tu peux manger à ton dîner,
    Et ça sans te gêner,
Un gigot, deux ou trois poulets,
    Et douze pots de crème.
    Ah ! quel glouton tu fais !
    T'es mon ami tout d' même.

Lorsque nous jouons au piquet,
    Crac ! tu fais le paquet ;
Gagner et ne perdre jamais
    Fut toujours ton système.
    Ah ! quel tricheur tu fais !
    T'es mon ami tout d' même.

S'il te fallait ne plus mentir,
    J' crois qu' t'aimerais mieux mourir.
Tu fais des cancans, des caquets
    , Avec un goût suprême.
    Ah ! quel blagueur tu fais !
    T'es mon ami tout d' même.

Il fut un temps, et il n'est pas encore très-éloigné, où, tout
en faisant un éloge pompeux et pathétique du travail, on ne lais-
sait pas d'insinuer à l'ouvrier que celui dont il tirait sa subsis-
tance n'était pas l'œuvre de sa volonté, mais bien un impôt levé
sur lui par certaines gens qui s'engraissaient de ses sueurs, et
jouissaient en ne travaillant pas. C'est ce qu'on appelait l'ex-
ploitation de l'homme par l'homme. Il est resté quelque chose
de cette doctrine menteuse et sinistre dans les chansons des
rues. La couleur sans doute en est très-affaiblie ; elle suffit
néanmoins pour constater la persistance du préjugé. On parle

toujours du travail avec respect, mais ce respect a je ne sais quoi de forcé, de grimaçant, pareil à celui du subordonné à l'égard du supérieur dont il dépend, et sans le bon plaisir duquel il ne saurait garder sa place. Il est vrai pourtant que cette manière d'envisager le travail est une exception. Le plus souvent on le chante comme une loi de la nature, un plaisir ou un bienfait. Appuyons ceci de quelques exemples :

REFRAIN.

Bons ouvriers au courage énergique,
Du paresseux soyez l'épouvantail ;
Chantez en chœur ce chant patriotique :
Gloire au travail ! gloire au travail !

Honneur à vous, travailleurs de nos villes,
Vous dont les bras portent de lourds fardeaux !
Au genre humain vous vous rendez utiles,
Vous travaillez le bois et les métaux.
Le ciel bénit votre mâle courage,
En travaillant vous êtes bien heureux,
Car chaque soir, revenant de l'ouvrage,
Vous fredonnez quelques refrains joyeux.
        Bons ouvriers, etc.

Travaillez donc, bons pères de famille,
Pour élever vos chers petits enfants ;
Sur vos genoux, votre petite fille
Vous comblera de ses remerciments.
Vos jeunes fils, d'un exemple si sage,
Avec bonheur se souviendront toujours ;
Et lorsqu'enfin vous serez au vieil âge,
Par leur travail ils charmeront vos jours.
        Bons ouvriers, etc.

                            VICTOR GAUCHER.

Au paresseux livrons toujours bataille,
Grand ennemi de la société ;

Car, s'il se plaint de coucher sur la paille,
C'est un malheur par lui bien mérité.
Dans nos chantiers, usines et fabriques,
Dès le matin rendons-nous à l'appel ;
En conduisant nos grandes mécaniques,
Chantons d'accord ce refrain fraternel :
  Ouvriers, etc.

Dieu nous a dit par la voix des apôtres.:
Faibles ou forts, étant à l'atelier,
Doivent s'aider et les uns et les autres,
C'est le devoir du loyal ouvrier ;
Soulageons-nous, amis, comme des frères,
En observant du droit le gouvernail :
Car nous avons des enfants et des mères'
Qui de nos bras attendent le travail.

ANTOINE RÉMY.

Pour le travail Dieu m'a mis sur la terre,
Et je bénis le rang qu'il m'a donné ;
Je suis enfant de la classe ouvrière,
Et mes deux bras me rendent fortuné.
De la grandeur, mon âme est peu jalouse,
Car un palais ne vaut pas l'atelier,
Et je me dis en regardant ma blouse :
Voilà l'habit de l'honnête ouvrier.

Autre fragment d'une pièce plus relevée, plus dramatique, plus propre à faire sentir le prix du travail, et fuir les occasions qui peuvent en détourner :

LE GRAND SAINT LUNDI

Pour saint Joseph, Lundi, plus de pratique ;
De saint Éloi les soufflets ne vont plus ;
De saint Crépin on ferme la boutique ;
A sainte Barbe on préfère Bacchus !

Une fois l'an, ô bons saints, on vous fête :
C'est bien assez, n'êtes-vous pas contents ?
Pour saint Lundi, ce serait malhonnête :
C'est le patron de tous les bons enfants.

Hélas ! j'entends une femme qui pleure
Et des enfants qui demandent du pain.
Bien tard je vois rentrer dans sa demeure,
En trébuchant le maître souverain.
Il gronde, il jure, il fait le tintamarre ;
Il bat son chien, sa femme, ses enfants.
Est-ce un démon qui revient du Tartare ?
De saint Lundi c'est un des bons vivants.

Beaux habits noirs, blanches robes de noces,
Bagues, colliers, ô bien-aimés bijoux !
Quoi ! des gourmands, quoi ! des buveurs féroces
Vous ont portés au mont... pour quelques sous !
Oui, saint Lundi possède son calvaire
Où vient couler le sang de l'ouvrier ;
De ses sueurs on y fait l'inventaire :
Ah ! saint Lundi, c'est un cruel fripier !

O mes amis ! allons vite à l'ouvrage :
C'est le travail qui donne le bonheur,
Les bras nerveux, la santé, le courage
Et la gaîté cet aliment du cœur.
Ne rions plus du repos du dimanche :
A notre bourse il n'est jamais fatal ;
Sur saint Lundi prenons notre revanche,
Car ce coquin nous mène à l'hôpital.

Jadis le Christ, pour nous donner l'exemple,
A manié la hache, le ciseau.
Dans l'atelier heureux qui le contemple !
O mes amis, que le Christ était beau !
Par ses labeurs il a purgé le monde
Des vils tyrans qui l'avaient garrotté ;

Puis il a mis dans notre main féconde
Tous les outils de notre liberté.

P. Rogron.

Il serait à souhaiter que, dans les chansons des rues, on montrât autant de respect pour le mariage que pour le travail ; mais la plupart du temps il n'en est rien. Les personnages qui y sont mis en scène font peu de cas de la ménagère en général et des leurs en particulier. L'aimable créature qui devient l'épouse de l'homme du peuple ne tarde guère non plus à devenir le témoin journalier de ses désordres, et par conséquent un hôte incommode, une ennemie et enfin un remords. Soit qu'elle se plaigne, soit qu'elle souffre et se taise, ses plaintes sont insupportables et son silence menaçant. Tous les jours en tête-à-tête avec cette femme à la fois sa victime et son juge, que fait un jour le mari, contrarié d'une part dans la satisfaction de ses passions mauvaises, enhardi de l'autre par l'autorité que lui reconnaît la loi, et qu'il est toujours prompt à invoquer ? Il lève la main et frappe. Ce n'est pas que le peuple ne se rende bien compte de la faiblesse des femmes et qu'il ne condamne, quand il est de sang-froid, toute violence exercée contre elles ; mais un mouvement de colère, une fausse honte, ou simplement le dépit lui font oublier vite ce bon sentiment, et sa pratique dément sa théorie. Il n'admet pas d'ailleurs, et il est très-entêté là-dessus, que la raison de la femme puisse prévaloir sur celle de l'homme ; la faiblesse qu'il voit dans sa constitution, il la voit dans son cerveau, et il faut qu'elle lui fasse croire que les motifs qu'elle lui oppose sont les siens propres pour qu'il les adopte. Je pourrais citer cent couplets qui justifient ce que j'avance ; je me borne à une chanson où, sous une forme aussi gaie que le fond en est triste, l'auteur anonyme [1] ou plutôt celui qu'il met en scène, fait assez prévoir ce qu'il

---

[1] M. Eugène Berthier.

23.

adviendra de son ménage, par le détail des procédés dont il se propose d'user envers sa moitié :

LA PRÉVOYANCE

Air connu.

Assez longtemps, en joyeux sans-souci,
J'ai fait sauter ma vaisselle de poche !
Je suis garçon, mais demain, Dieu merci,
J'épouse Lise, et Lise est sans reproche.
Que parmi vous, messieurs, plus d'un vaurien
Jette sur moi la maligne épigramme :
Moi maintenant qui n'ai presque plus rien,
    Je•le conserve pour ma femme.

Ma vieille tante, en mourant, m'a laissé
Un sansonnet pour unique héritage ;
Un savetier m'en offrait l'an passé,
Trois francs dix sous sans exiger la cage.
Vendre un oiseau qu'on m'apporta du Pec,
Et le priver du peu d'air qu'il réclame !
Oh ! non jamais j' n'aurai le cœur si sec,
Il dit si bien : Veux-tu taire ton bec !
    Je le conserve pour ma femme.

J'avais jadis un caniche à poil ras,
Et vous savez si l'espèce en est rare ;
Nous nous aimions, mais, un matin, hélas !
Mon chien se noie au milieu d'une mare.
Des souvenirs parfois savent toucher,
Il m'en reste un de mon pauvre Pyrame :
C'est un gourdin que j'ai soin de cacher,
Qui bien souvent l'empêcha de broncher ;
    Je le conserve pour ma femme.

En visitant mon trousseau, lundi soir,
J'ai retrouvé, sous une vieille veste,
Un drap de lit qu'un jour de désespoir,
Je préparais pour un dessein funeste.

Son aspect seul, je crois, peut attendrir
Tel qui rirait du dénoûment d'un drame ;
Il était là, tout prêt à me servir,
Non pour coucher, mais pour m'ensevelir;
    Je le conserve pour ma femme.

La religion, dans nos chansons, est presque aussi cavalière
que la philosophie ; elle ne saurait s'y passer d'une forte dose
de paganisme. C'est de tradition et comme l'essence du genre.
Tant qu'on chantera le vin, l'amour et la guerre, il sera difficile de n'en pas évoquer les anciens patrons, Mars, Vénus et
Bacchus. Souvent, sans intention de moquerie, mais faute de
jugement, de goût et un peu de sens moral, on présente sous
une forme plaisante ou burlesque, des traits puisés dans nos
histoires sacrées ; tantôt on les amalgame avec d'autres tirés des
histoires profanes, comme s'ils provenaient d'une même source
et pouvaient servir aux mêmes applications; tantôt on en dé-
duit des conséquences impertinentes, ou on en fait l'objet de
rapprochements du plus mauvais goût. Par exemple :

LE FRUIT DÉFENDU

PAROLES DE MARIUS DUCHAMP.

AIR du *Dieu des bonnes gens.*

Notre mère Ève, espiègle et fort gourmande,
Apercevant ce fruit, dit tout à coup :
On pourrait bien sans redouter l'amende,
En un clin d'œil satisfaire son goût.
Si tu permets ?... Adam lui dit : Ma blonde,
De commencer que l'honneur te soit dû.
Et patatrac; ce qui perdit le monde,
    C'est le fruit défendu !   (*Bis*)

Sexe charmant que j'honore et que j'aime,
Permettez-moi d'ici vous mettre en jeu.
Observez-vous, tâchez dans le carême,
N'avoir jamais l'oubli des lois de Dieu.

Sanctifiez ce temps par l'abstinence,
Que votre amour soit aux cieux suspendu.
C'est le moment de garder l'innocence
    Pour le fruit défendu.   (*Bis*)

Mais d'où te vient ce visage si pâle ?
En vérité tu frappes chez les morts.
Je ne vois-plus cette vigueur si mâle
Que j'admirais jadis en tout ton corps.
Je le comprends, de l'amour invalide,
Mon pauvre ami, dans ce chemin perdu,
Là tu suivais un trop dangereux guide,
    Pour le fruit défendu.   (*Bis*)

Cependant, au fond de toutes ces chansons, il n'y a ni parti pris d'insulter à la religion, ni incrédulité proprement dite. Dieu y est loué, chanté sur un ton respectueux, quoique assez familier, et avec plus de confiance dans sa miséricorde que de crainte de sa sévérité ; il n'y est ni méconnu, ni moqué. Mais parce qu'il est reçu, dans la chanson, d'en user ainsi avec le bon Dieu, les chansonniers croiraient sans doute manquer à leur profession, s'ils ne suivaient avec une obéissance aveugle et moutonnière les règles de cette poétique sans cérémonie.

Il en est aussi parmi eux qui non-seulement parlent de Dieu comme il convient, mais chantent les fêtes et les mystères de la religion chrétienne, les actes de ses martyrs et confesseurs, avec une foi qui ne laisse pas d'équivoque. J'ai remarqué surtout cette disposition dans les chansons qui nous viennent du Midi, comme de Lyon, de Marseille, d'Avignon, d'Aix, d'Agen, de Limoges et de Toulouse. Elles sont plus nombreuses qu'on ne pense. Ce ne sont pas non plus des cantiques ; ce ne sont pas davantage des pièces écrites sous l'influence et ayant le cachet de telle ou telle congrégation, ce sont de vraies chansons, émanées de chansonniers qui travaillent pour la rue, qui ont de la foi et qui la confessent. J'en citerai deux qui me tombent sous la main :

L'APOTRE

Sur les degrés d'un portique en ruines,
Un homme jeune, entouré de vieillards,
D'un nouveau maître enseignait les doctrines :
C'était du temps où régnaient les Césars.
— Oui, disait-il, frères en Dieu nous sommes,
Venez à nous, bien douce est notre loi ;
C'est l'indulgence et le salut des hommes,
La charité, l'espérance et la foi.
Et du forum aux saintes basiliques,
On le suivait à toute heure, en tout lieu.
Ainsi l'Apôtre aux regards angéliques
Allait, semant la parole de Dieu.

Mais des maudits le frappèrent de pierres,
— Meurs ! criaient-ils en le frappant encor :
Fermé à jamais la bouche et les paupières,
Meurs ! laisse-nous nos dieux de marbre et d'or.
— De ces fureurs que votre foi vous donne,
Mon Dieu, dit-il, ne vous punira pas :
Vous me frappez, moi j'oublie et pardonne :
Pour vous mon cœur prie encore ici-bas.
Et sa voix douce entonnant des cantiques,
Disait au monde un éternel adieu.
Ainsi l'Apôtre aux regards angéliques
Mourait, semant la parole de Dieu.

La vérité par sa voix faisait taire
Le faux savoir des docteurs impuissants :
Les malheureux et les grands de la terre,
Tous entendaient ses sublimes accents.
— Oui, disait-il, l'encens et les hommages
Sont à Dieu seul : ouvrez, ouvrez les yeux !
Pour vous, un jour, esclaves, rois et mages,
Il ouvrira son royaume des cieux.
Sans redouter les peuples fanatiques,
Il passait seul, impassible, au milieu.
Ainsi l'apôtre, etc.

ANONYME.

LE PRONE D'UN VIEUX CURÉ DE CAMPAGNE
OU L'ANGÉLUS DU SOIR

PAROLES DE CARLE DANIEL.

Air de *Caleb*.

C'est l'heure où Dieu reçoit l'hommage
Des êtres et des éléments ;
Les fleurs, les prés et le feuillage
Ont d'étranges frémissements.
Le lac rose mêle à la brise
La voix limpide de ses eaux ;
La cloche chante dans l'église,
Le rossignol dans les roseaux.
Écoutez l'Angélus qui sonne :
Frères, priez !... Le jour finit ;
Vous, méchants, le Dieu qui pardonne,
Et vous, bons, le Dieu qui bénit !

Vous savez la mauvaise année
Qu'ont vos voisins, mes bons amis ?
Dans votre plaine fortunée
Ondule un océan d'épis.
Hier je vous lisais les apôtres,
Souvenez-vous de cette loi :
« Homme, ici-bas, sois pour les autres,
Ce que tu veux qu'il soient pour toi ! »
Écoutez l'Angélus qui sonne, etc.

De vos cœurs chassez la vengeance,
Pardonnez à votre prochain ;
Car aujourd'hui s'il vous offense,
Vous pouvez l'offenser demain.
Du pardon l'amour est le père :
L'amour est ce souffle de feu
Qui fit jadis, sur le Calvaire,
D'un homme mort renaître un Dieu !
Écoutez l'Angélus qui sonne, etc.

Prions donc d'une voix commune,
Pour nos sœurs, nos mères, nos fils,
Pour nos frères dans l'infortune,
Prions surtout, prions, amis,
Vous, garçons, pour votre chérie ;
Vous, filles, pour un saint hymen ;
Moi, votre vieux curé, je prie
Pour le bonheur de tous. — *Amen !*
Écoutez l'Angélus qui sonne, etc.

Je ne veux pas finir sans ajouter ici, soit purement et simplement, soit avec de courtes remarques, un certain nombre de chansons qui ont obtenu une vogue extraordinaire, et qui le méritaient, bien que très-inégalement. Quelques-unes se chantent encore comme au premier jour ; mais celles qui ont perdu cet avantage, en ont joui assez pour avoir le droit d'être comptées à l'avenir parmi les chansons qui furent le plus populaires. Celles que je vais citer donneront en quelque sorte sa date à la publication de ce livre. En outre, elles pourront servir, au moins en partie, à marquer la nouvelle phase dans laquelle la chanson populaire tend visiblement à entrer. Est-ce un progrès, est-ce un simple changement ? C'est ce qu'on verra plus tard. Toujours est-il que quelques-unes de ces nouvelles compositions appartiennent à des auteurs plus lettrés et, si l'on peut dire, plus littérateurs que d'ordinaire ; que ceux qui le sont moins semblent s'en apercevoir et sentir le besoin de se corriger ; qu'enfin les uns et les autres également jaloux de la popularité, font les mêmes efforts pour obtenir celle dont le niveau s'élèverait davantage.

LES FRAISES

Ah ! qu'il fait donc bon, qu'il fait donc bon
Cueillir la fraise,
Au bois de Bagneux,
Quand on est deux, quand on est deux !

Mais quand on est trois, quand on est trois,
    Mamzell' Thérèse,
    C'est bien ennuyeux,
    Il vaut bien mieux
    N'être que deux.
Ah ! qu'il fait donc bon, qu'il fait donc bon
    Cueillir la fraise,
    Au bois de Bagneux,
Quand on est deux, quand on est deux !

    Ah ! mamzell', mamzelle,
Si vous vouliez un peu m'entendre,
    Sans vous offenser,
Vous m' laisseriez prendre un baiser !
    — Pas d' ça, monsieur Blaise,
Ou, vrai comm' je m'appell' Thérèse,
    J' vous dévisag'rais
Et ça nuirait à vos attraits.
Ah ! qu'il fait donc bon, etc.

    Ah ! mamzell', mamzelle,
Comment vous rendre moins sévère ?
    J'ai des procédés ;
Que faut-il faire ? Répondez !
    — Parlez à ma mère,
Et menez-moi chez le notaire !
    Un bon conjungo,
Puis nous chanterons en duo :
Ah ! qu'il fait donc bon, etc.

Il y a plusieurs imitations de cette chanson, une entre autres de M. de Villeneuve, qui vaut peut-être mieux que le modèle. Mais je défie qu'on imite le *Sire de Framboisy*. On a osé pourtant l'essayer ; on a fait je ne sais quelle réponse de madame son épouse, je ne sais quelle histoire de monsieur son fils, plus absurdes l'une que l'autre. On a cru sans doute qu'il fallait à cette plaisanterie adorable et d'un genre jusqu'alors inconnu, cette preuve de plus de son mérite supérieur ; mais elle n'en avait pas besoin, et si quelque jour les grands événements et les grands écrits laissent un peu de loisir à la postérité, elle ne sera que juste en disant quelques mots aimables de ce petit chef-d'œuvre du burlesque.

LE SIRE DE FRAMBOISY

LÉGENDE DU MOYEN AGE

PAR MM. E. BOURGAT ET LAURENT DE RILLÉ

Au bruit retentissant de ma grande trompette,
Du bugle et du saxhorn, venez, petits et grands,
Peuple, bourgeois, manants,
Venez prêter l'oreille à mon historiette,
Elle contient pour tous de hauts enseignements.
Or donc, oyez! oyez! oyez!
Ce qui veut dire :. écoutez ! écoutez !

(Il se mouche sur le dernier accord.—Avec emphase et d'un ton héroïque.)
Avait pris femme le sir' de Framboisy; (*Bis*)
(Avec regret.—Voix cassée de vieillard.)
La prit trop jeune... bientôt s'en repentit.   (*Bis*)

(D'un air belliqueux.)
Partit en guerre pour tuer les ennemis,
(D'un air piteux et boitant.)
Revint de guerre après sept ans et d'mi.

(D'un air ébahi.)
De son domaine tout l'monde était parti.
(Avec anxiété.)
Que va donc faire le sir' de Framboisy?

(D'un air effaré.)
Cherche sa femme trois jours et quatre nuits.
(Avec indignation.)
Trouva Madame dans un bal de Paris.

(Le sire de Framboisy.—Voix sourde et cuivrée d'un tyran basse-taille.)

—Cordieu, madame, que faites-vous ici ?

(La dame de Framboisy.—Voix de fausset.—Avec coquetterie.)

— J' dans' la polka avec tous mes amis.

(Le sire avec une fureur croissante.)

— Cordieu ! madame, avez-vous un mari ?

(La dame d'un air folichon et satisfait)

— Je suis, monsieur, veuve de cinq ou six.

(Le sire avec exaspération.)

—Corrrdieu ! madame, cett' vi'-là va fini' !

(La dame suffoquée et effrayée.)

— Qui êt's-vous donc pour me parler ainsi ?

(Le sire d'une voix foudroyante.)

— Je suis lui-même... le sir' de Framboisy.!

(Avec une précipitation effarée.)

La prend, l'emmène au château d' Framboisy.

(Explosion criarde.)

Lui tranch' la tête... d'un' ball' de son fusil,

(Parlé pendant la ritournelle.)

Hélas !

MORALITÉ.

(D'un air piteux.)

De cette histoire, la moral' la voici :   (Bis)

(Gaiement.)

A, jeune femme il faut jeune mari !   (Bis)

LE MIRLITON

FARIBOLE

PAROLES DE J. VOILIER, MUSIQUE DE A. OLIVIER[1].

M' trouvant un peu pompette,
A la fête d' Saint-Cloud,

---

[1] Ces deux noms appartiennent à un seul et même auteur, M. Olivier, dont *Voilier* est l'anagramme. Voyez dans les *Mémoires de Bachaumont*, t. VI, p. 189, une chanson du même titre, et dont le sujet est le jugement de Pâris. C'est charmant, mais ce n'est pas de mise ici.

Dimanch' j'ai fait emplette,
Moyennant mes quat' sous,
D'un très-joli mirlitir,
D'un très-joli mirliton,
C' qui fait que j' pus m'en r'venir,
L' cœur content, l'air folichon,
En jouant du mirlitir,
En jouant du mirliton,
En jouant du mir, du li, du ton, du mirliton.

C' soir-là, ma ménagère,
Trouvant que j' rentrais tard,
J' lui dis : Écout', ma chère,
J'apport' pour le moutard,
Un joli p'tit mirlitir,
Un charmant p'tit mirliton.
Là d'ssus, se mettant à rir',
Ma femm', qui change de ton,
Veut jouer du mirlitir,
Veut jouer du mirliton,
Veut jouer du mir, du li, du ton, du mirliton.

A ma portièr' qui r'clame
Deux termes de loyer,
L' lend'main j' réponds : Madame,
Je n'ai pour vous payer
Qu'un bel air de mirlitir,
Qu'un grand air de mirliton.
Si c'te monnai' peut suffir',
Écoutez-moi tout du long !
Jouez-vous du mirlitir?
Jouez-vous du mirliton?
Jouez-vous du mir, du li, du ton, du mirliton?

Sa musique gentille
Met tous les cœurs en train,
Ell' fait danser les filles,
Ell' rend heureux l' gamin ;

Grâce au joyeux mirlitir,
Grâce au joyeux mirliton,
On éprouve un vrai plaisir,
Qu' chacun goûte à sa façon,
En jouant du mirlitir,
En jouant du mirliton,
En jouant du mir, du li, du ton, du mirliton.

Puisqu'à la fin d' chaqu' chose
Faut une moralité,
Pour cell'-ci je propose,
A l'unanimité,
D' chanter : Viv' le mirlitir !
D' chanter : Viv' le mirliton !
Tâchez donc d' vous en souv'nir,
Faut, pour être heureux tout d' bon,
Faut jouer du mirlitir,
Faut jouer du mirliton,
Faut jouer du mir, du li, du ton, du mirliton.

—

UNE MAISON TRANQUILLE

CHANSON

PAROLES ET MUSIQUE DE CHARLES COLMANCE.

REFRAIN.

Ah ! eh ! les p'tits agneaux,
Qu' est-c' qui cass' les verres,
Les poêlons, les fourneaux,
Les plats, les soupières ?
Qu' est-c' qui cass' les pots ?
Les p'tits, les gros,
Les brocs, ·
Les verres ?
Qu' est-c' qui cass' les verres ?
Qu' est-c' qui cass' les pots ?

Je perche au poulailler,
Dans une citadelle ;
C'est, du comble au premier,
Une immense querelle.
Loin de m'effrayer,
Quand j'entends ce remue-ménage,
Étant le plus sage,
Je leur crie à m'égosiller :
Ah ! eh ! les p'tits agneaux, etc.

Juste sous mon réduit,
Un ménage fidèle
Essayait cette nuit
Un lit nouveau modèle ;
Pan ! j'entends un cri,
Le couple tombe en défaillance ;
Adieu la faïence,
Tout est cassé, brisé, meurtri !
Ah ! eh ! les p'tits agneaux, etc.

Au cabaret du coin,
Des buveurs intrépides,
En se montrant le poing,
Cassent les pichets vides.
Hardi, mes lapins,
Faites du bruit, cassez les vitres,
Décollez les litres,
Mais respectez ceux qui sont pleins.
Ah ! eh ! les p'tits agneaux, etc.

Lasse de son réchaud,
Le cordon bleu Palmyre,
Dans l'espoir du gros lot,
Casse sa tirelire.
Malgré ses joyaux,
Constance, voyant que sa glace
Lui fait la grimace,
En a fait dix mille morceaux.
Ah! eh ! les p'tits agneaux, etc.

Leurs vases à la main,
Deux dames, mes voisines,
Se cognent en chemin
En allant aux... cuisines,
Tels deux avisos
Qu'un triste abordage submerge,
Au nez du concierge,
Le choc a brisé leurs vaisseaux.
Ah! eh! les p'tits agneaux, etc.

Moi, quand j'ai le nez dur,
Je regagne mon gîte ;
En rentrant je suis sûr
D'entendre Marguerite.
Va, tu peux crier,
Jeter au vent torchons, serviettes ;
Mais quant aux assiettes,
Halte-là ! ça vaut un d'mi-s'tier.
Ah! eh! les p'tits agneaux, etc.

Enfin nous fournissons,
A la hotte, à la pelle,
Des monceaux de tessons,
Des débris de vaisselle.
Dieu! quel bacchanal !
C'est au point que le commissaire,
Un jour de colère,
A mis sur son procès-verbal :
Ah! eh! les p'tits agneaux, etc.

Héraclite lui-même rirait à de pareils tableaux.

PANDORE

OU LES DEUX GENDARMES

PAROLES DE G. NADAUD.

(Le brigadier doit avoir l'accent gascon, et Pandore l'accent alsacien.)

Deux gendarmes, un beau dimanche,
Chevauchaient le long d'un sentier ;
L'un portait la sardine blanche,
L'autre le simple baudrier.
Le premier dit d'un ton sonore :
« Le temps est beau pour la saison !
— Brigadier, répondit Pandore,   )
Brigadier, vous avez raison. »   ) *Bis.*

Phébus, au bout de sa carrière,
Put encor les apercevoir ;
Le brigadier, d'une voix fière,
Troubla le silence du soir :
« Vois, dit-il, le soleil qui dore
Les nuages à l'horizon.
— Brigadier, etc. »

« Ah ! c'est un métier difficile :
Garantir la propriété,
Défendre les champs et la ville
Du vol et de l'iniquité.
Pourtant l'épouse qui m'adore
Repose seule à la maison.
— Brigadier, etc. »

« Il me souvient de ma jeunesse ;
Le temps passé ne revient pas ;
J'avais une folle maîtresse
Pleine de mérite et d'appas ;
Mais le cœur,.. pourquoi ? je l'ignore,
Aime à changer de garnison.
— Brigadier, etc. »

« La gloire, c'est une couronne
Faite de rose et de laurier ;
J'ai servi Vénus et Bellone ;
Je suis époux et brigadier.
Mais je poursuis ce météore
Qui vers Colchos guidait Jason.
— Brigadier, etc. »

Puis ils rêvèrent en silence ;
On n'entendit plus que le pas
Des chevaux marchant en cadence ;
Le brigadier ne parlait pas.
Mais quand revint la pâle aurore,
On entendit un vague son :
« — Brigadier, répondait Pandore,
Brigadier, vous avez raison. »

Voilà qui est charmant, chanté même par une voix éraillée
ou qui lutte de tapage avec une voiture roulant sur le pavé ;
mais il faut dire que, chanté dans un salon et par le poëte en
personne, cela est parfait.

Voici une niaiserie qui a, Dieu merci ! fait assez parler
d'elle ; c'est *l'Pied qui r'mue.* La chansonnette elle-même
n'est pas sans agrément ; mais que signifie le refrain et à quoi se
rapporte-t-il[1] ? On prétend que les chanteurs forains, lorsqu'ils
la chantent, altérant quelque peu son caractère, l'accompagnent
d'un certain mouvement qui, d'abord localisé au pied, gagne
insensiblement tous les autres membres, et finit par un tré-
mou-sement général qui ravit les auditeurs. On ajoute que la
police, moins ou autrement touchée de cette pantomime, a dû
l'interdire.

---

[1] Ce refrain, me dit-on au dernier moment, constituerait à lui seul une
sorte de chant habituel aux fileuses de Normandie, qui le répètent en faisant
tourner leur rouet avec le pied.

L' PIED QUI R'MUE

RENGAINE NORMANDE.

CHANTÉ AUX CONCERTS DE L'ALCAZAR PAR JOSEPH KELM.

PAROLES ET MUSIQUE DE PAUL AVENEL.

J'ai un pied qui r'mue,
Et l'autre qui ne va guère,
J'ai un pied qui r'mue,
Et l'autre qui ne va plus.
— Ah ! dites-met qui vous a donnet (*bis*)
Ce biau bouquet que vous avet ? (*bis*)
— Mossieu, c'est m'n'amant,
Quand je le vois, j'ai le cœur ben aise,
Mossieu, c'est m'n'amant,
Quand je le vois, j'ai le cœur content.
— Ah ! dites-met qui vous a donnet (*bis*)
Ce biau fichu que vous avet ? (*bis*)
— Mossieu, c'est m'n'amant,
Quand je le vois, j'ai le cœur ben aise,
Mossieu, c'est m'n'amant,
Quand je le vois, j'ai le cœur content.
J'ai un pied, etc.

— Ah ! dites-met qui vous a donnet (*bis*)
Ce r'gard fripon que vous avet ? (*bis*)
— Mossieu, c'est m'n'amant,
Quand je le vois, j'ai le cœur ben aise,
Mossieu, c'est m'n'amant,
Quand je le vois, j'ai le cœur content.
— Ah ! dites-met qui vous a donnet (*bis*)
Ce teint si frais et si rouget ? (*bis*)
— Mossieu, c'est m'n'amant,
Quand je le vois, j'ai le cœur ben aise,
Mossieu, c'est m'n'amant,
Quand je le vois, j'ai le cœur content.
J'ai un pied, etc.

Ah! dites-met qui vous a donnet (*bis*)
Ce gros baiser près de la haie? (*bis*)
— Mossieu, c'est m'n'amant,
Quand je le vois, j'ai le cœur ben aise,
Mossieu, c'est m'n'amant,
Quand je le vois j'ai le cœur content.
— Ah! dites-met, si je vous faisais (*bis*)
Tous les présents qu'on vous a faits? (*bis*)
— Mossieu, gnia qu' m'n'amant
Qui peut m' donner queq' chos' qui m' plaise,
Mossieu gnia qu' m'n'amant
Qui peut faire mon content'ment.
    J'ai un pied, etc.

— Mais si pourtant je vous donnet (*bis*)
Ma pip', mon cœur, et ce bouquet? (*bis*)
— Mossieu, gnia qu' m'n'amant,
Qui peut m' donner queq' chos' qui m' plaise;
Mossieu, gnia qu' m'n'amant
Qui peut m' donner ben d' l'agrément.
Vot' pip', vot' cœur, et vot' bouquet, (*bis*)
Je refus' tout, vous èt's trop laid. (*bis*)
Car il gnia qu' m'n'amant
Qui peut m' donner queq' chos' qui m' plaise,
Mossieu, gnia qu' m'n'amant
Qui peut m' donner ben d' l'agrément.
    J'ai un pied, etc.

Personne n'a oublié le fameux cri de : « Hé! Lambert! » qu'un prince, hôte un jour de la France, prit, dit-on, pour un hourra poussé en son honneur, et qui, à cause de cela peut-être, faillit devenir un cri séditieux. Il a servi depuis de refrain à une chansonnette chantée dans l'un des cafés-concerts de Paris, et a eu assez de vogue pour que l'éditeur, M. Lebailly, ait été obligé d'en faire de nombreuses éditions. On s'explique ce succès, en la lisant ; rien n'est plus conforme au tempérament du peuple de Paris, et s'il n'a pas fait la chanson, il a du moins la gloire de l'avoir inspirée.

HÉ! LAMBERT!

SCIE PARISIENNE CHANTÉE PAR ALEXANDRE LEGRAND AUX CONCERTS
DU XIX° SIÈCLE.

PAROLES DE FÉLIX BAUMAINE.

Air de *la Belle Polonaise.*

C'est pour moi plus qu'un frère,
Y a quinze ans qu' je l' connais :
Il couchait chez mon père,
C'est moi qui l' nourrissais !
Il a l'œil bleu, l'humeur franche,
Il est toujours mal vêtu !
Et v'là l' troisième dimanche
Que je ne l'ai pas revu !
(*Cri*) Eh ! Lambert !

Vous n'auriez pas vu Lambert,
A la gar' du chemin de fer ?
Vous n'auriez pas vu...
Lambert ? (5 *fois*)
S'est-il noyé dans la mer,
S'est-il perdu dans l' désert ?
Qu'est-c' qu'a vu Lambert ?
Lambert ? (4 *fois*)

J'ai fait mettre une affiche
Ousque je l' r'clamais ;
Oui, mais va te fair' fiche,
Il n'y a qu' moi qui l' connais !
J'ai parcouru tout' l'Asie,
Bagnolet et l' Bas-Meudon,
S'rait-il mort d'apoplexie
Dans l' parterr' de l'Odéon ?
Vous n'auriez pas vu Lambert, etc.

Il d'meurait ru' Vivienne,
Ou bien ru' du Vert-Bois,

Mais il est, quell' déveine !
Parti depuis six mois !
Je pleurais comme un' baleine,
Quand l'autre jour, c'était l' soir,
En plein' plaine de Vincennes,
Tout l' mond' criait pour le voir :
Vous n'auriez pas vu Lambert, etc.

Bref, je me désespère
D' le r'trouver ; entre nous,
J'ai d'jà, pour ce vieux frère,
Dépensé cent dix sous !
Mais voilà qui n'est pas bête !
J'offre à qui me l' rapport'ra
Une récompense honnête ;
C'est Loisel[1] qui la paiera !

Vous n'auriez pas vu Lambert,
A la gar' du chemin de fer ?
Vous n'auriez pas vu...
       Lambert ? (5 *fois*)
S'est-il noyé dans la mer ?
S'est-il perdu dans l' désert ?
    Qu'est-c' qu'a vu Lambert ?
       Lambert ? (4 *fois*)

Le même cri a donné lieu à beaucoup d'autres chansons sous le même titre. C'est ce qui a engagé quelques bibliophiles à rechercher l'origine de cette singulière exclamation. L'un d'eux a donc découvert que les chansons où elle figure ne sont que des parodies d'une complainte qui date du temps des croisades, et dont il donne le texte. Est-ce bien vrai, et les auteurs de ces parodies sont-ils en effet si savants ? Je gagerais bien, pour ma part, qu'ils ne s'en doutent guère ; mais il feront bien tout de

---

[1] Directeur du Café-Concert du xixᵉ siècle.

même d'en accepter le brevet. Au reste, voici cette complainte
avec les remarques et la signature de l'éditeur[1] :

MADAME LAMBERT

PLEURANT SON MARI MORT AUX CROISADES

Vous qui v'nez d' la Syrie,
Où combat mon mari,
Dites-moi, je vous prie,
A-t-on nouvelle de li ?
Il a quitté sa montagne
Pour venger l' Seigneur Jésus.
Depuis sa dernièr' campagne,
De li nous n'avons rien sçu :
Vous n'auriez pas vu — Lambert   (3 *fois*)
Qui quitta son Château-Vert[2]
Pour partir o l' sir d'Yffer?
Qu'est-ce qu'a vu Lambert!   (4 *fois*)
Vous n'auriez pas vu Lambert,
Qui me quitta l'autre hyver ?

Il s'en fut en croisade,
Et chevauchait bon train;
On dit qu'un camarade
L'a vu s' blesser en ch'min.
Il a l'œil noir, la peau blanche,
Il était rich'ment vêtu;
V'là le centième dimanche
Que je ne l'ai pas revu. — Hé! Lambert!
Où c' qu'est en c' moment Lambert?
Est-ce au ciel ou en enfer?
Vous n'auriez pas vu Lambert   (3 *fois*)
Qui s' battit au Pont-de-Fer[3] ?

[1] Elle a été publiée dans le *Bibliophile français*.
[2] *Alias :* Son perron vert. Et la Ville-Lambert, le Gué-Lambert, le Val-
Lambert, noms qui sont tous de ces cantons.
[3] *Alias :* Qui des Turcs affront' le fer.

S'est-il noyé dans la mer ?
S'est-il perdu dans l' désert ?
Qu'est-c' qu'a vu Lambert? — Lambert! (*4 fois*)
Est-il mort au Pont-de-Fer ?
J'en suis foll' de désespoir !

Belle, séchez vos larmes,
Répond le chevalier ;
C'est l'honneur de nos armes,
Un valeureux guerrier.
Bien rud' est cette guerre,
Mais aussi plein' d'honneur ;
Notr' sang qui rougit la terre
Est reçu par le Sauveur. — Hé ! Lambert !
Vous n'auriez pas vu Lambert,
Qui des Turcs brave le fer
Et qui partit[1] avec d'Yffer[2] ?

Il portait la croix sainte
Tout près de Bethléem ;
Marchait ferme et sans crainte
Devant Jérusalem.
Il était auprès d'Antioche,
Attaquait vaillamment.
De son corps j'étais tout proche
Quand il fléchit noblement. — Hé ! Lambert !
Ah ! qui me rendra Lambert !
Il est mort au Pont-de-Fer, etc.

Ainsi la belle Raymonde,
Plein' d'angoiss's et d' souci
Parcourt la terre et l'onde
Appelant son mari.
Elle est tout' désolée,
S' lament' de désespoir ;
Et n' veut être consolée ;
Elle est bien triste à voir. — Hé ! Lambert !

---

[1] *Ou :* Partit après l'hiver.
[2] *Alias :* Taill'fer et d'Alibert.

Calmez-vous, ô Raymonde !
Ne pleurez pas ainsi ;
Il est quelqu'un dans l' monde
Qui d' vous prendra souci.
D' la douleur, sachez, Madame,
Que l'excès est un défaut
Qui vous dessécherait l'âme ;
Aussi bien pas trop. n'en faut. — Hé ! Lambert !

L' croisé sauv' son âme ;
N' plaignons pas trop Lambert :
S'il meurt sous l'oriflamme
Au combat du Pont-d' Fer,
Lambert succombe avec gloire ;
Ah ! si la mort l'a surpris,
Il sera grand dans l'histoire,
Il va droit en Paradis. — Hé ! Lambert !

Las ! ne plaignons pas Lambert.
Mais de sa mort soyons fiers.
Mort pour son Dieu, pour sa foi,
Son lot est de bon aloi.
Honneur et gloire à Lambert
Qui mourut au Pont-de-Fer !

Le Pont-de-Fer, où eut lieu une célèbre bataille pendant les guerres saintes, était auprès de la ville d'Antioche. D'un autre côté, tous les historiens des croisades font figurer un Lambert à la prise de Jérusalem.

Le château du Chêne-Vert ou Castelvert est sur le bord de la Rance, dans les dépendances des Lambert, sieurs de Bicort et de Riv'gors, dont les parents étaient sieurs de la Villelambert et de Launay-Quinard situés à côté, et partagés avec Saint-Ermager.

Cette chanson ou complainte est chantée depuis un temps immémorial sur les rivages armoricains, dans les environs de la *Villelambert*, du *Vaulambert* et du *Gué-Lambert*.

Nous devons la copie de cette antique chanson et les réflexions qui la suivent à M. Le Court de la Villethassetz, un savant breton que le monde des lettres connaît par son remarquable travail : *l'Alexandriade*.

Le Bibliophile JULIEN.

Je professe sans doute la plus haute estime pour la science
de M. Le Court de la Villethassetz ; mais j'aimerais à voir son
assertion appuyée de ces autorités dont les érudits, comme il ne
l'ignore pas, sont si friands, et qui me semblent ici laisser
beaucoup à désirer. Quoi qu'il en soit, la rencontre est assurément curieuse.

On ne peut s'empêcher de rire, et l'on aurait tort de s'en
gêner, en lisant la pièce qui suit. Elle prouve qu'il n'est, en
France, que de savoir être bête à propos, pour avoir de l'esprit.

LE BAPTÊME DU P'TIT ÉBÉNISTE

SCÈNE DE FAMILLE

EXÉCUTÉE PAR M. BERTHELIER AU THÉATRE DU PALAIS-ROYAL

PAROLES DE M. ÉMILE DURANDEAU, MUSIQUE DE M. CHARLES PLANTADE.

(*Parlé.*) Mesdames et Messieurs, m'étant trouvé de société dans un
repas de famille, donné par mon patron, fabricant d'ébénisterie, à
l'occasion du baptème du petit Léon, son nouveau-né, faubourg Saint-
Antoine, 35, au fond de la cour, j'ai composé moi-même, pour la
circonstance, quelques couplets familiers que je vais prendre la faveur
de vous chanter.

> Que j'aime à voir autour de cette table
> Des scieurs de long, des *ébénisses*,
> Des entrepreneurs de bâtisses...
> Que c'est comme un bouquet de fleurs !
> (*Parlé.*) En chœur : Bis.

(*S'adressant à l'enfant.*)

> Petit Léon, dans le sein de ta mère,
> Tu n'as jamais connu l'adversité :
> Tu n'as pas vu le drapeau de tes pères
> Souillé de boue, couvert d'iniquité...
> Que j'aime à voir, etc.

Mais, sans vouloir parler de politique,
Dessur l'ancien versons *tousse* des pleurs ;
L'ennemi l'a plongé *dedans* une île
Ous qu'il est mort ! ce grand législateur...
Que j'aime à voir, etc.

(*S'adressant à l'enfant.*)

Ah ! si jamais l'ennemi de tes pères
Te menaçait dans tes institutions,
C'est dans le sang de ces horribles traîtres
Que baignerait ta satisfaction.
Que j'aime à voir, etc.

(*Avec finesse.*)

Là-bas, là-bas, tout au bout de la terre,
Là-bas, là-bas, tout près du *Lustenbourg,*
Fut un vieillard, chansonnier populaire,

(*Tout bas à son voisin*) BÉRANGER.

Oh ! celui-là, respectons-le toujours !
Que j'aime à voir, etc.

Laissons, laissons les débauchés vulgaires
Sércher l'amour *dedans* la volupté,
Le vrai amour, ah ! c'est celui d'un père,
Qui met-z-au jour un petit nouveau-né.
Que j'aime à voir, etc.

Pourquoi donc pas nous occuper d' la mère,
Qu'à l'heur' qu'il est-z-est encore alité,
Elle a bien plus *souffer-re* que le père,
Qui lui *a u* tout' la félicité.
Que j'aime à voir, etc.

Ne cherchons pas *dedans* la nourriture
Les vains plaisirs du boire et du manger,
De ce festin la plus belle parure,
C'est de nous voir d'accord sur l'amitié...

Que j'aime à voir autour de cette table
Des scieurs de long, des *ébénisses*,
Des entrepreneurs de bâtisses...
Que c'est comme un bouquet de fleurs !
(*Parlé.*) En chœur : Bis.

Je ferai sur les deux chansons qui suivent la même remarque
que pour la précédente ; mais elles ont sur celle-ci cet avantage
que la personne qui les a chantées n'a pas contribué médiocrement à les rendre célèbres, n'y ayant rien, encore au moment
où j'écris, qui fasse plus de bruit autour des chopes et des bocks
de tous les estaminets de Paris que le nom de mademoiselle
Thérésa.

RIEN N'EST SACRÉ POUR UN SAPEUR

CHANSONNETTE BOUFFE CHANTÉE PAR Mlle THÉRÉSA AUX CONCERTS DE L'ALCAZAR D'ÉTÉ,
ET PAR Mlle MARGUERITE BAUDIN, AUX CONCERTS DES AMBASSADEURS.

PAROLES DE M. LOUIS HOUSSOT, MUSIQUE DE M. A. DE VILLEBICHOT.

Qu'un' pauv' servante a donc d'misère
A l'égard de son sentiment,
Et qu'elle a d'mal à satisfaire
L'objet d'son doux attachement
Sans avoir du désagrément; (*bis*)
T'nez, pas plus tard qu'à l'instant même,
J'viens d'êtr' victim' de mon bon cœur,
    Ah !
Malgré qu'nous soyons en carême,
Rien n'est sacré pour un sapeur!
Malgré qu'nous soyons en carême,
Rien n'est sacré, rien n'est sacré pour un sapeur !

Tout à l'heur' je r'çois la visite
De celui que j'dis mon cousin,
Et comm' de juste je l'invite
A prendr' quéqu' chose, un verr' de vin,

Mêm' que c'était du chambertin.
Il m' dit : — Ça se trouve à merveille.
J' vous obtempèr' cette faveur ;
     Ah !
Et puis il lich' tout' la bouteille ;
Rien n'est sacré pour un sapeur !
Et puis il lich' tout' la bouteille ;
Rien n'est sacré, rien n'est sacré pour un sapeur !

Or, comme il avait le vin tendre,
De force il voulut m'embrasser ;
Je n' crus pas d'voir trop m'en défendre
A seul' fin d' m'en débarrasser ;
J' t'en fiche, il voulut r'commencer.
Je dus subir la récidive,
Ce fut, hélas ! pour mon malheur,
     Ah !...
J'eus beau lui dir' : v'là m'sieur qu'arrive ;
Rien n'est sacré pour un sapeur !
J'eus beau crier : v'là m'sieur qu'arrive ;
Rien n'est sacré, rien n'est sacré pour un sapeur !...

C' qui rend la chose plus fàcheuse,
C'est qu' monsieur qui prend tout à r'bours
S'est mis dans un' colère affreuse,
Et vient de m' donner mes huit jours.
C'est ainsi qu'ça finit toujours. *(bis)*
Vous n'auriez pas besoin d'un' bonne,
J' f'rai votre affair', parol' d'honneur ;
     Ah !
Car je n'recevrai plus personne,
Du moins, ça n's'ra pas un sapeur,
Non, je n' recevrai plus personne,
Du moins, du moins, ça n' sera pas un sapeur [1] !...

[1] Cette chansonnette est extraite de l'*Almanach de la Jeune chanson française*, 2° année, 1865, contenant 52 romances et chansons en vogue, et illustré de vingt gravures par Bertall, Cham et Célestin Nanteuil.

LA FEMME A BARBE

PARADE CHANTÉE PAR Mlle THÉRÉSA AUX CONCERTS DE L'ALCAZAR LYRIQUE.

PAROLES DE ÉLIE FRÉBAULT, MUSIQUE DE PAUL BLAQUIÈRE.

Entrez dans mon établiss'ment,
Vous n' trouv'rez pas dans tout' la foire
Un phénomèn' plus surprenant
Que c'te barbe qui fait ma gloire.
Vous pouvez toucher, n' craignez rien,
Ça ne vous rest'ra pas dans la main.
Touchez, voyez qu' c'est pas des frimes,
Et ça n' vous coût' que dix centimes.

Entrez, bonn's d'enfants et soldats,
Tâchez moyen d' fair' ployer c' bras.
On f' rait plutôt ployer un arbre :
C'est moi qu' je suis la femme à *barbre*. (bis)

Quand j' vins au monde on reconnut
Que j' s'rais l'honneur de la famille,
Jusqu'ici l'on n'avait pas vu
De barbe au menton d'une fille.
En m' gratifiant de c't agrément,
L' ciel m'a fait un fier boniment ;
Avec ça je n' suis pas feignante,
J' soulève des poids d' trois cent cinquante.
Entrez, bonn's d'enfants, etc.

J' trouv' qu'au sujet de c't ornement
Les homm's ont l'âme un peu trop fière ;
Je n' suis qu'un' femme et cependant
Moi, j'en vaux six, d'mandez à Pierre ?
Pierr' l'hercul' d'en face, un agneau,
Qu'est jaloux d' moi comme un taureau.
Aussitôt qu'un civil me lorgne,
Ah ! nom d'un chien ! comm' y vous l' cogne.
Entrez, bonn's d'enfants, etc.

Les sergents de la garnison
Me font parfois le galant'rie
D' m'offrir un canon sans façon,
Mais j',vas pas avec l'infant'rie.
On a d' la barb' mais d' la pudeur,
J' suis un' femme et pas un sapeur,
J' plains celui qu'aurait l'impudence
D' pas respecter ma corpulence.

Entrez, bonn's d'enfants et soldats,
Les hommes grêlés ne paieront pas ;
C'est pas d' la chair, ça c'est du marbre,
C'est moi qu' je suis la femme à *barbre*. (*bis*) .

Chaque jour voit naître des chansons pareilles. L'une n'a
pas plutôt élu domicile dans ces lieux malsains où s'en-
tassent tous les soirs les altérés, les déclassés, les fainéants
et les filous, qu'une autre vient pour l'en expulser ou pour
lui disputer l'empire, jusqu'à ce qu'elle soit elle-même dé-
possédée par une troisième de son règne éphémère. Je n'en
citerai donc pas davantage ; mais je clorai cette étude par une
courte nomenclature de chansons qui, bien qu'ayant été chantées sur toutes les orgues de Barbarie, n'ont pas trouvé place ici.
Ce n'est pas que quelques-unes ne fussent excellentes, mais,
comme j'ai eu soin de le dire en commençant, je n'avais pas à
m'occuper de celles-ci, et peut-être que si je les eusse mêlées aux
autres, elles s'y fussent trouvées en trop mauvaise compagnie.
J'ajoute que c'est d'après les obligeantes indications d'un des
auteurs les plus connus et les plus estimés de ces chansons[1], et
pour lui donner satisfaction, que j'ai établi cette nomenclature,
en l'y comprenant :

La *Dixième muse*, de M. Colmance ;
La *Religieuse*, de M. Baillet ;
Le *P'tit Riquiqui*, de M. P. Mérigot ;

[1] M. Jules Choux.

Le *Duc de Byzance*, de M. J. Prével ;

Madame veuve Michel, de M. Durand ;

Glycère, de M. Donvé ;

Le *Sou*, de MM. Laurencin, Cormon et Grangé ;

La *Locomotive*, de M. Rabineau ;

Les *Enfants de Bacchus*, de M. Bouffier ;

Le *Repas de famille*, ou la *Gueule à quinze pas*, par M. Colmance ;

Dansez, Canada, de MM. Chantagne et de Jallais ;

Tiens, ma Lisette, quittons-nous, de M. Paul de Kock ;

Le *Petit Bordeaux*, de M. A. Liérat ;

Tic et Couic, de M. Delange ;

Quatre hommes et un caporal, du même ;

La *Fille de Parthenay*, de M. Turpin de Sansay ;

Le *Vengeur*, le *Bataillon de la Moselle*, la 52e *demi-brigade*, de M. Ch. Gilles ;

La *Mésange*, de M. Al. Guérin ;

Le *Dernier souper de garçon*, de M. Numa Mercier ;

Les *Bottes à Bastien*, de M. Imbert ;

Simple fleur des champs; le *Vieux quartier latin*; *Traine-caisse*; le *Parisien de Saint-Flour*; *Aimons, buvons, chantons*, de M. Jules Choux ;

La complainte de *Geneviève de Brabant*, par M. Salvador ; enfin, nombre de chansons de MM. Alais, Alexis Badou, Barillot, J. Bertrand, Bouvier, Ciolina, Chaplain, Drappier, Ducret, Festeau, Guémied, Guffroy, Hachin, Jolly (Aug.), Loynel, Lamy, Lachambaudie, Labédollière, Mazabraud, Regnard (Ch.), Sailer, Savary, Tisserand, Voitelin, Vincent (Ch.), Vergeron, Vinçard, Varin (Émile), Yvert, etc., etc. C'est toute une armée.

Si l'on a eu la patience de me suivre jusqu'ici, on saura désormais à quoi s'en tenir sur ces productions d'un jour qui font partie des délassements du peuple, et qui donnent à peu près l'exacte mesure, au point de vue poétique, de ses besoins intellectuels. Car s'il ne se contente pas toujours de si peu (et son goût toujours soutenu pour Béranger montre assez qu'il le distingue des poëtes à soi et le met fort au-dessus d'eux), cela n'empêche pas que les chansons comprises dans cette seconde partie ne constituent l'ordinaire et ne soient comme le pain quotidien dont on nourrit son esprit. J'ai dit, je crois, tout ce qu'il y avait à dire, j'ai dit du moins ce que je pensais, bien qu'avec plus de sévérité peut-être que ne le voulait la matière, de cette alimentation chaque jour plus irritante que tonique ; il n'est pas nécessaire de me résumer. Ce serait m'amuser à chercher des termes différents pour exprimer les mêmes choses, et je n'en vois pas l'utilité. Je constaterai seulement que la chanson purement populaire s'est fort perfectionnée depuis quelques années ; on en a vu maint exemple. Cela tient sans doute à ce qu'on n'en a jamais fait en aussi grande quantité qu'aujourd'hui ; cela tient surtout à ce que la faveur inouïe dont ce genre est en possession, non-seulement auprès des classes appelées seules jusqu'ici à faire sa fortune, mais auprès des classes les plus élevées de la société, encourage les chansonniers, leur donne des idées, et les oblige à étudier la manière de les mieux exprimer. Tel est l'effet de la mode ; car cette faveur n'est pas autre chose. Elle exerce chez nous un empire despotique aussi bien sur les ouvrages de l'esprit que sur ceux des tailleurs ou des couturières, et devient plus raffinée à mesure qu'elle devient plus mobile et plus exigeante. Ici, elle reçoit une nouvelle force de l'impossibilité où sont plus que jamais ses adeptes de chercher leur plaisir dans des œuvres littéraires d'un ordre plus élevé, parce que les œuvres frivoles tiennent le haut du pavé et attirent tous les hommages. J'ajoute que tant qu'ils ne sont pas détournés de leur culte habituel par quelque grand intérêt public qui les oblige à partager leur attention, ils l'accordent tout entière à l'objet de ce culte, et par là forcent ceux dont la fonction est de suivre, de prévenir même leurs caprices, d'y déployer tout leur zèle et tout le talent dont ils sont capables.

Si donc, en ce qui regarde les chansons populaires, il arrivait que ceux qui y applaudissent le plus, pensant ainsi ne payer tribut qu'à la mode, aient effectivement favorisé, encouragé la culture d'une des branches les plus humbles de notre littérature, et contribué à sa perfection, ils auraient le droit de croire qu'ils ont bien mérité de la poésie, puisqu'ils auraient atteint le même but que les Auguste et les Mécène, quoique par des voies et pour des considérations fort différentes. Je suis trop juste pour leur envier cette satisfaction.

FIN

TABLE DES MATIÈRES

DU TOME SECOND

DEUXIÈME PARTIE

ÉTUDE SUR LA CHANSON DES RUES CONTEMPORAINE

TABLE ANALYTIQUE

Le chiffre romain indique le tome, et le chiffre arabe la page.

Λ

B

C

---

[1] Et non le *cardinal*, comme il a été imprimé dans le texte, p. 556 du t. I.

D

E

« Eh quoi ! tu t'ennui's d'être veuve, » chanson contre le mariage, II, 29.

Elèvé de Brienne (l'), chanson sur Napoléon Ier, II, 127 et suiv.

ÉLIEN ; pensait que les lois chantées chez les Grecs étaient en paroles rhythmées, I, 107.

ÉLISABETH LOKETEK, mère de Louis Ier, roi de Hongrie ; son goût pour les jongleurs, I, 137.

Éloge de l'eau ; deux chansons sous ce titre, I, 104 ; II, 113.

Embatérie ou chant du départ chez les Grecs, inventée par Tyrtée, I, 125.

EMILIUS MAMERCUS, vainqueur de Tolumnius ; roi de Veïes, I, 130.

En avant la baïonnette, chanson sur la guerre d'Italie, II, 171.

« En chambre a or se siet la bèle Béatris, » chanson d'amour du treizième siècle, II, 11, note.

« En chantant viel mon duel faire ; » chanson de Philippe de Nanteuil, I, 209.

« Encor que le peuple murmure ; » chanson sur les Enfarinés, I, 342.

« Encore un coup d'picton ; » chanson, II, 71.

Enfarinez (chansons des), contre une mode ridicule du temps de Louis XIII, I, 341.

« Enfant de Bacchus et d'Amour ; » chanson en l'honneur de la fille d'un marchand de vin, I, 93.

Enfants de Bacchus (les), chanson indiquée, II, 298.

ENGUERRAND DE COUCY, un des barons révoltés contre le gouvernement de la reine Blanche, I, 245.

« En talent ai que je die, » chanson contre Thibaud, I, 218.

ÉON (le chevalier d'), chansonné, I, 424.

Épantée (l'). Voir Épimulie.

Épimulie (l'), *épantée* (l'), et *épinoste* (l') ; chansons de meuniers, I, 442.

Épinicie, chant de victoire chez les Grecs, I, 115 ; son nom est applicable au chant en l'honneur de David, vainqueur de Goliath, 116 ; au cantique de Débora ; au chant de victoire de Séhon, vainqueur du roi Moab, 117 ; la première, chez les Grecs, chan-

F

G

H

I

J

K

L

M

N

O

« Oh ! maintenant nous le croirons sans peine, » chanson en l'honneur de la sœur Hélène, décorée de la main du Prince-président, II, 158.

OLAUS, surnommé Skautkonung, fait brûler les poésies runiques, I, 140.

OLAUS WORMIUS, a traduit en latin les chants de Ragnar Lodbrog, roi de Danemark, I, 141.

OLIVA (Mlle), chansonnée, I, 427.

« O ma bouteille, » chanson, II, 70.

« O ma tendre musette, » chanson de Laharpe, I, 62.

« On ne songe en cette ville, » chanson, I, 57.

« On parl' de fair' payer un droit, » chanson contre les célibataires, II, 43.

« On va disant que j'ay fait une amie, » chanson à boire, II, 66.

« Or avant, entre nous tuit frère, » chanson des Flagellants, I, 226.

« Or, écoutez, petits et grands, » chanson en l'honneur de Louis XVI, I, 422.

« Or hi parra, La cerveyse nos chauntera, » chanson ba-

chique du douzième siècle, I, 82.

Oraison (l') *.Dominicale;* comment on fait voir que cette prière est en vers, I, 119.

Oraison funèbre du vin, ou les *Adieux au petit bleu,* chanson, II, 92.

ORANGE (le prince d'), tué au siége de Florence, en 1544, I, 277, 287, 288.

ORLÉANS (Gaston d') chansonné, I, 555.

ORLÉANS (le duc d'), régent, auteur de chansons, I, 93 ; chansonné, 574 et suiv.

OTFRIED, moine de Wissembourg, auteur de chansons religieuses ou cantiques en vers théostiques, I, 11.

Oui (le) *et le Non*, chanson sur l'élection à la Présidence, II, 142.

« Oui, nous pouvons boire tranquilles, » chanson sur la recherche en mariage des garçons par les filles, II, 44.

Ouvriers (les); chansons qui leur sont propres; quand ils en eurent de telles et quand ils les chantent, I, 437. A quelle époque ils font remonter l'origine du compagnonnage, 437-438, 454

tauration napoléonienne sans la guerre, 133 ; était convaincu de l'honnêteté du prince Louis-Napoléon, 135, 146 ; lui attribue le dessein de marcher sur les traces de son oncle, 147. Comment il naît soldat, aime la gloire militaire et l'a chantée sous tous les régimes, 158, 159. Comment tout pour lui est matière à chanson, 190, 191. A de grandes prétentions à être philosophe, 259 ; est plein de charité, 262 ; ressent vivement l'amitié, 264 ; reconnaît la faiblesse de la femme et ne laisse pas de la maltraiter, 269. Malgré la faveur qu'il accorde à ses chansonniers, ne se contente pas toujours de si peu, 299.

Pfeiffer (Auguste), auteur d'une dissertation sur la poésie des Hébreux, I, 118, 119.

Phænias d'Erèse, auteur d'un écrit sur les Sophistes, I, 72.

Phémius, chanteur à la table des prétendants de Pénélope, I, 131.

Phénix de Colophon, cite la chanson de la *Corneille*, I, 444.

Philipot. Voy. Savoyard.

Philippe Ier, roi de France, ne prit en personne aucune part aux croisades, I, 187.

Philippe Auguste ; chansons faites en son honneur, après la victoire de Bouvines, I, 160, 184 ; part pour la troisième croisade, 193.

Philippe le Bel ; chanson sur le soulèvement de ses barons, I, 222 ; ses exactions, son despotisme, 223.

Philippe le Bon, duc de Bourgogne ; sa campagne contre le pays de Liége, I, 253 ; assiége Calais, 257 ; n'échappe à la révolte des Brugeois que par la fuite, 257, note 3, 259, 260.

Philippe de Nanteuil, prisonnier des Sarrasins ; chanson composée par lui dans sa prison, I, 209, 214.

Philippe de Valois, roi de France ; sa légitimité contestée sous prétexte qu'il ne pouvait pas guérir les écrouelles, I, 224.

Philippe V, roi d'Espagne et petit-fils de Louis XIV, après la défaite de ses troupes à la bataille de Saragosse, quitte Madrid, I, 366.

Philosophe (le), chanson de Philippe d'Orléans, régent, I, 94.

---

[1] Et non Pilon, comme il est dit page 347 du texte et de la note, t. I.

Q

R

S

T

U

V

W

PARIS. — IMP. SIMON RAÇON ET COMP., RUE D'ERFURTH, 1.